박현모

1999년 서울대학교에서 '정조(正祖)의 정치사상'으로 박사 학위를 받은 뒤, 2001년부터 14년간 한국학중앙연구원에서 정조와 세종, 정도전과 최명길 등 왕과 재상의 리더십을 연구했다. 2013년부터는 미국 조지메이슨대학교, 일본 '교토포럼' 등에서 외국인 대상으로 '한국형 리더십'을 강의하는 한편, 시민강좌 '실록학교'를 운영해 왔다.(2018년 기준 2,600여 명 수료) 현재 여주대학교 사회복지학과 교수 및 세종리더십연구소 소장으로 재직하며 '세종 리더십'을 강의하고 있다.

저서로 『정치가 정조』, 『정조 사후 63년』, 『세종처럼』 등이 있고, 『몸의 정치』와 『휴머니즘과 폭력』을 우리말로 옮겼다. 「경국대전의 정치학」, 「정약용의 군주론: 정조와의 관계를 중심으로」, 「국왕의 동선과 정치재량권의 관계에 대한 연구: 정조와 순조」 등 80여 편의 연구논문을 발표했다.

정조

평전

正祖

정조

평전

말안장 위의 군주

박현모

민음사

일러두기

1. 『조선왕조실록』기사의 날짜는 다음과 같이 간략히 적었다. 『정조실록』정조 재위 22년 4월(음력) 9일 자 기사 → 정조실록 22/4/9.

2. 『조선왕조실록』과 고전 문집의 내용은 세종대왕기념사업회와 고전번역원의 번역을 참고하되, 원문을 직접 읽어 가면서 지금의 어법과 용례에 맞게 재번역하였다.

3. 이 책의 3장 어두운 유산 극복 중 '금등지사의 비밀' 전후 내용은 필자의 『정치가 정조』(2001년 간행) 51~60쪽, 4장 새 시대를 위한 준비와 5장 대통합의 리더십 중 성학론과 성왕론 부분은 『정치가 정조』101~107쪽, 6장 경장의 정치 중 신해통공 조치와 화성 건설 찬반 논쟁 부분은 『정치가 정조』252~271쪽과 318~324쪽 그리고 8장 왕과 법 그리고 서학 논쟁 중 반회사건과 조정 내 천주교 논쟁 등은 『정치가 정조』192~217쪽의 내용을 추려서 활용하였다. 마지막으로 9장 대외 정책, 그 지속성과 변화는 『정조 사후 63년: 세도정치기의 국내외 정치 연구』(2011)의 233~259쪽에서 가져왔음을 밝힌다.

   이렇게 한 이유는 우선 해당 인물을 종합적으로 서술해야 하는 평전(評傳)의 특성에 있다. 이 책이 다루는 정조를 이해하는 데 빠뜨릴 수 없는 이 내용들을 이미 다른 책에서 다뤘다고 해서 누락시킬 수는 없었다. 이 주제들에 대한 필자의 생각이 그때나 지금이나 다름없다는 점과 이 책들이 이미 절판되어 독자들이 접근하기 어렵다는 점도 그 내용을 다시 살려 낸 배경이 되었다.

1

정조 시대는 변화와 희망이 꿈틀대던 때였다. 서울 등 대도시로 인구가 집중되면서 주변 지역에 채소, 과일 등 상업적 농업이 발달했고, 금난전권의 혁파로 신흥 상업 세력이 부상했다. 서얼과 아전 등은 신분적 제약을 타파하기 위해 통청(通淸) 운동을 전개했으며, 15만여 명이 과거를 보겠다고 하루 동안 도성 안을 가득 메우던 '과거 열풍'의 시대였다. 그런가 하면 과거 시험과는 무관하게 자신만의 전문 분야에 몰두하는 마니아 그룹이 등장했고, 소설을 목판으로 찍어 돌려야 할 만큼 출판 문화가 번성하던 시대이기도 했다.

이와 같은 문예 부흥의 배경에는 국왕 정조의 개혁 정책이 있었다. 정조는 즉위 초에 "나라의 근본은 민생에 달려 있고, 먹을 것이 풍족해야 교육의 효과도 나타날 것"(정조실록 2/6/4)이라며 국정의 첫 번째 목표를 경제 개혁으로 정했다. 금난전권이라는 규제를 혁파해 생산자와 소비자가 서로 통할 수 있게(通共) 한 통공 조치는 "이미 부유하게 해 주어야 사람들은 바야흐로 착하게 된다."(정조실록 2/6/4)라는 그의 정치관에 따른 것이었다. 정조는 또한 정치에서 중요한 것은 누가 옳고 누가 그른가를 따지는 문제가 아니라 온 신민(臣民)이 "다 같은 동포"이자 "한집안 식구"처럼 서로 화합하고 오복(五福)을 더불어 누리게 하는 것이라고 보았다. 정약용과 박제가 그리고 김홍도의 경우에서 보듯이 그가 당파와 신분을 초월해 인재를 등용하고, 규장각을 활성화해서 국가 경영에 필요한 지식을 효과적으로 이용한 것은 이런 목표를 달성하기 위한 것이었다.

정조는 지배자가 최소화된 국가를 만들려 했다. 생산자와 소비자 사이를 "중간에서 가로막는" 독과점 상인들이나 임금과 백성들 사이의 "탐오하고 교활한 관리들"(정조실록 2/5/4) 그리고 "상대편은 무자비하게 짓밟고 자기편은 무조건 감싸는(出奴入主)" 정치 풍토를 개혁하지 않으면 나라의 미래는 없다고 보았다. 그는 국왕과 백성의 관계를 달과 시냇물로, 왕과 신하의 관계를 달빛과 구름에 비유하곤 했다.(정조실록 7/6/15) 그에 따르면 좋은 정치란 중간의 장애물(구름) 없이 신민(냇물)들과 직접적으로 소통되는 정치이므로 지배자는 국왕 한 사람이면 족했다. 나머지 신민들은 "균등한 한 집안의 사람들(一室之人)"로서 서로 협력하면서 살아가야 할 "다 같은 동포"였다.(정조실록 0/9/22) 이는 종래 사림 정치의 구도, 즉 군(君)-신(臣)-민(民)의 3단계 구도에서 신의 역할을 부정 내지 최소화하고 군-민의 2단계 구도를 천명한 것으로서 주목된다.

정조는 이를 위해 청요직을 혁파하고 재상권을 강화하는가 하면, 군사 조직을 개편하여 국왕의 재량권을 넓혔다. "망건의 윗부분을 팽팽하게 묶어야 아래가 좍 퍼지는 것처럼"(정조실록 24/3/5) 재상을 중심으로 관료제의 위계질서가 잡히고, 그 위의 국왕에게 인사권이 집중될 때 세도(世道)가 바로 설 수 있다고 보았기 때문이다. 군사 분야에서 기존의 오군영 체계 대신 건국 초기의 오위 체계를 복구해 병조 판서의 권한을 강화한 것도 같은 맥락에서 볼 수 있다. 즉 "가병(家兵)의 폐단과 다문(多門)의 근심"거리였던 각 군영 대장의 권한을 위축시키는 한편 국왕의 직계 체계인 병조 판서의 권한을 강화해 군령 체계를 통일하고 중앙집권적 오위 체계를 복구한 것이 그 예이다.

영조에 이어 정조는 고질적인 당쟁의 폐해를 줄이기 위해 언관의 권한을 대폭 축소시켰다. "당습(黨習)의 근원지"이자 국가의 기강을 문란하게 만드는 이조 전랑(正郎·佐郎)이나 예문관 검열(翰林·史官) 등의 청요직을 혁파하거나 약화시킨 것이 그 예이다. 언관의 탄핵 대상을 제한하거나 특정 사안에 대해 금령을 내려 아예 언로를 봉쇄하기도 했다. 또한 그는 재위 후반부의 경연에서 재야 지식인들의 낮은 학문 수준을 노정시키거나 문묘 종사 사건에서 '산림(山林)'들의 권위를 고의적으로 실추시키곤 했다. 재조(在朝)의 청요직과 마찬가지로 재야의 산림들이 국가 기강을 문란하게 하고 국왕의 재량권을 약화시킨다고 보았기 때문이다.

그런데 이러한 일련의 개혁 조치들은 조선 왕조를 오랫동안 지탱시켜 온 메커니즘에 중대한 변화를 초래했다. 공론 정치의 변질이 그것이다. 국왕에 대한 언관들의 간쟁과 비판, 고위 관료에 대한 하위 관료의 감시와 탄핵 그리고 조선 후기에 정립된 재조 언론에 대한 재야 언론의 견제 등은 사실상 조선 왕조를 부패와 특정인의 전횡으로부터 지켜 왔다. 하지만 영조에 이어 정조가 언관의 면책 특권을 약화시키고, 자체 인사권을 혁파하면서 '죽음을 무릅쓰고 할 말을 다 하는' 풍토가 급속히 쇠퇴했다. 정조 재위 말년의 경직된 언론 상황, 즉 언관의 비판 활동은 극히 저조한 가운데 국왕의 금령, 즉 특정 사안에 대한 언급 금지가 남발되는 상황이 그것이다. 순조·헌종·철종기의 잇따른 괘서와 대규모 기근 사태는 그러한 '정치의 실종'의 결과라 할 수 있다.

2

그동안 나는 정조를 다소 비판적으로 보아 왔다. 영조 시대, 아니 좀 더 거슬러 올라가면 숙종 시대부터 인재들이 쏟아져 나오고 백성들의 먹는 문제가 나아지는 등 나라꼴이 갖추어진 상황에서 왕이 되었으면 세종 시대만큼의 치세를 이뤘어야 하는 것 아닌가 하는 아쉬움 때문이었다. 특히 그의 사후에 전개되는 세도정치라는 정치적 암흑기를 보면 결과로 평가받아야 하는 정치가로서 정조의 책임이 더욱 무거워 보였다.

그런데 수원 화성에서 운영한 정조실록학교와 세종문화회관에서 시민들을 대상으로 『정조실록』을 강의하기 위해 그 시대 기록들을 다시 보면서 정치가 정조보다는 한 인간으로서 정조의 모습이 눈에 아른거렸다. 아버지 사도세자는 물론이고 그 앞의 임금 영조조차도 그에게 듬직한 의지처가 되지 못했다. 의지처가 되기는커녕 오히려 '죄인의 아들'이라는 매우 무거운 짐을 남기고 떠났다. 신하들 역시 서로 당색이 달라 사사건건 대립하고 갈등했다. 노론의 김종수와 남인의 채제공은 정조가 가장 의지하는 신하였지만 둘은 '한 하늘 아래 같이 설 수 없는' 사이였다. 세종 시대의 신하들도 서로 대립했다. 하지만 기본적으로 황희, 허조, 김종서 등은 서로 신뢰하는 사이였고, 당파로 갈라져 싸우지 않았다. 왕실이나 조정 어느 한 곳도 온전히 믿고 의지할 수 없는 정조가 겪어야 했던 고독과 좌절 등을 책장을 넘기면서 읽을 수 있었다. 이 책을 통해 바로 그런 인간 정조의 모습과 내면세계를 들여다보려 한다. 무엇보다 그가 꿈꾸었던 좋은 세상과 정치 개혁 그리고 그것의 의미를 차근차근 되짚어 보려 한다.

흥미로운 것은 국왕 정조를 바라보는 시선이 시기별로 달랐다는 점이다. 처음에 정조는 많은 사람들에게 놀라운 인물로 인식되었다. 정약용, 박제가, 박지원 등을 등용해 18세기 조선의 문예 부흥을 가능케 한, 탁월한 학문 능력을 갖춘 지도자, 다시 말해 '군사(君師)' 정조의 모습이 그것이다.(정옥자 교수의 연구) 정치적으로 소외되어 있던 당파(남인)에서도 인재를 발탁해 중용하는 지도자, 다시 말해 '탕평 군주'로서 정조의 모습이 부각되는 시기도 있었다.(박광용 교수의 연구) '정치가'로서 정조의 모습이 재조명되기도 했다. 정치적 다수파인 노론의 견제를 받으며 왕위에 올라 규장각과 장용영이라는 문무의 지지 세력을 키워 자신의 정치적 입지를 강화하는 주도면밀한 지도자의 모습이 그것이다.(김준혁 교수의 연구) 그의 재위 기간에 추진된 개혁 정책의 성취와 함께 왕의 사망 이후 전개된 세도정치라는 역사의 암흑기와 연관 지어 정조의 정치적 책임을 묻는 연구도 있었다.(박현모의 연구) 찬탄이 중심을 이루었던 앞 시기의 연구들과 달리 최근의 연구에서는 부정적 측면도 많이 노정되었다.

정조에 대한 관심은 한동안 잠잠하다가 심환지의 후손들이 보관해 오던 297건의 비밀 편지가 2009년에 공개되면서 장안의 화제가 되었다. 어떻게 '임금이자 스승'이었던 정조가 정적으로 알려져 있던 사람에게 비밀리에 그 많은 편지를 보낼 수 있었단 말인가. 사람들은 그 점을 의아해하면서 200여 년 전에 전개된 정치 세계의 복잡함과 어려움에 대해 이야기했다.

3

정조의 면모 가운데 아직까지 거의 드러나지 않은 것이 있다. 바로 정조의 미적 감각과 디자인 경영 능력이다. 수원 화성을 쌓을 때 성이 튼튼하면 됐지 왜 이렇게 아름답게 짓느냐고 불만을 제기하는 신하들에게 "성의 기초를 견고히 하는 것이 물론 중요하다. 하지만 겉모양을 아름답게 하는 것도 적을 방어하는 데 도움이 된다."라고 대답한 것에서 볼 수 있듯이 정조는 미적인 면을 매우 중시하는 인물이었다. 나중에 수원 화성이 세계 문화유산으로 선정되는 데 결정적인 힘이 된 정조의 창의적 아이디어는 그의 미적 감각과 관련이 있다.

좋은 역사책은 좋은 그림과 같아서 신운(神韻)을 얻는 데 달렸을 뿐이다. 그러므로 귀, 눈, 코, 입이 모두 닮았더라도 반드시 뺨 위의 세 가닥 수염을 그려야만 그 사람이 되는 것이다. 평범한 화공(畫工)이

보기에는 세 가닥 수염이 있건 없건 상관이 없을 듯하지만 아는 사람은 거기에 정신(精神)이 모인 것을 알기 때문에 반드시 공력을 다 들인다.[1]

여기에서 "세 가닥 수염"이 정조의 미적 감각을 상징적으로 보여준다. 정조는 역사책을 쓸 때나 그림을 그릴 때 모두 신운을 터득하는 게 중요하다고 강조한다. 신운이란 '신비롭고 기품 있는 운치'로 풀이할 수 있는 말인데, 뛰어난 작가나 화가가 작품에 담고자 하는 정신을 일컫는다. "음식에는 신맛과 짠맛이 없으면 안 된다. 그러나 가장 훌륭한 맛(美味)은 시거나 짠맛만이 아닌 맛 밖의 맛에 있는데 그 '맛 밖의 맛'이라는 것이 바로 신운(味外味者 神韻也)"이라는 당나라의 시인 사공도(司空圖)의 시평(詩評)에서도 볼 수 있듯이 신운이란 일정한 안목과 수준에 이른 사람들끼리 통하는 경지이다.

정조가 말한 "정신이 모인" 곳, 곧 '수염 세 가닥'이 그 예인데, 이는 디테일이 매우 중요하다는 말로 바꿔 표현할 수 있겠다.[2] 그에 따르면 "역사를 잘 기술하는 사람은 일의 크고 작음에 관계없이 오직 신운이 붙은 곳을 적는 것에 뛰어나다." 따라서 그림을 잘 그리는 사람이 형태보다는 정신을 그리는 데 집중하듯이 역사를 잘 기술하

---

1   정조, 『홍재전서』 163권 『일득록』 3.(良史如善畫. 在於得其神韻而已. 故耳目口鼻無不似也. 而必加頰上三毛. 然後乃得其. 自庸工觀之 三毛有無似無關焉. 而知者知其爲精神之所湊.)

2   정조가 말한 협상삼모(頰上三毛)론은 『세설신어(世說新語)』 「교예(巧藝)」편에도 나온다.

는 사람은 "사건을 기록하기보다는 정황(情)을 드러내는 데 집중한다(紀其情 不紀其事)."[3]

『홍재전서』에 나타난 정조의 미적 감각을 읽으면서 떠오른 사람은 고(故) 스티브 잡스였다. 월터 아이작슨의 『스티브 잡스』에는 스티브 잡스가 얼마나 신운을 강조했는지 잘 나타나 있다. 쿠진아트의 주방 기기나 포르쉐 자동차의 디자인 감각을 살펴 매킨토시 컴퓨터에 반영하고자 했고, "아이폰이 담긴 상자를 열 때 처음에 느껴지는 촉감에서부터 제품에 대한 인상이 확실하게 심겨야 한다."[4]라는 태도가 그 예이다. 스티브 잡스가 매킨토시 컴퓨터의 디자인이 완성되었을 때 "진정한 예술가들은 작품에 사인을 남기지."라면서 매킨토시 팀원 45명 모두에게 컴퓨터 내부에 서명하도록 한 것[5]은 정조가 수원 화성을 건설하면서 그 일에 참여한 장인(匠人)들의 이름을 새기게 한 것을 떠오르게 한다. 예나 지금이나 장인 정신과 디테일이 중요하다는 점을 두 사람의 말 곳곳에서 확인할 수 있다.

미적 감각 외에도 정조와 스티브 잡스는 비슷한 점이 많다. 첫째, 부모의 불화 속에서 성장한 어린 시절이다. 알려진 것처럼 정조의 부모인 사도세자와 혜경궁 홍씨는 사이가 좋지 않았고, 스티브 잡스 역시 미혼모에게서 태어나 다른 가정에 입양돼 자랐다. 그 영향 때문인지 두 사람은 모두 아내(효의왕후와 브레넌)와 사이가 좋지 않았다. 그

---

3   정조, 앞의 책.

4   월터 아이작슨, 『스티브 잡스』(민음사, 2011), 137쪽.

5   같은 책, 223쪽.

들은 아내 말고 다른 여성들에게도 종종 차가운 태도를 보이곤 했다. 둘째, 정조가 국왕임에도 옷차림을 매우 검소하게 한 것처럼 스티브 잡스 역시 청바지 하나로 지내는 날이 많았다. 셋째, 스티브 잡스가 "소크라테스와 한나절을 보낼 수 있다면 애플의 모든 기술을 주겠다."라고 말할 만큼 철학적 통찰에 대해 깊은 관심을 가졌던 것처럼 정조 역시 고전에 대한 지적 호기심이 왕성했고 그 안에서 놀라운 통찰을 발견하곤 했다. 세미나식 어전 회의인 경연의 대화에서 고전의 내용이니 옳겠지 하고 지나쳤던 부분에 대해 정조가 날카롭게 문제 제기하며 재해석하는 대목에 이르면 무릎을 치면서 탄복하곤 한다.

『정조실록』을 읽으면서 감탄한 대목이 또 있다. 나라에서 가장 취약한 처지에 놓인 백성들을 만나는 왕의 모습이다. 왕조 국가에서 국왕이 굳이 길가의 백성들을 찾아가 만나지 않아도 뭐라 할 사람은 없었다. 그런데도 정조는 궁궐 밖으로 나가 굶주린 백성들이 없는지 살피고 다녔다. 억울한 죄수가 생기지 않도록 몇 차례나 반복해 범죄 사실을 심리하곤 했다. "백성들은 비록 어리석어 보이나 지극히 신명한 자들(下民蚩蚩 愚而亦神)"(정조실록 22/4/9)로서 그들을 억울하고 고통스럽게 만드는 것은 곧 하늘을 노하게 만드는 일이라고 보았기 때문이다. 정치적 정당성을 사회적 약자에 대한 배려에서 찾은 조선 시대 정치가들의 말과 행동을 그저 옛날 것으로 치부할 수만은 없겠다는 생각이 든다.

4

이 책은 크게 아홉 부분으로 이뤄져 있다. 먼저 정조 재위 24년의 주요 사건과 그에 대한 정조의 대응을 개괄한다.(1장) 이어서 어린 시절 정조의 에피소드와 감수성이 풍부한 인간적 면모 그리고 주변의 사람들을 살핀다.(2장) 다음에는 새로 즉위한 정조가 영조로부터 물려받은 무거운 유산(사도세자 문제)을 어떻게 풀어 나가는지에 대해 알아본다.(3장) 이어서 규장각이라는 싱크 탱크를 활용하는 지식 경영 리더십과 18세기 지식인들의 지식 정부의 네트워크는 어떤 양상이었으며, 정조가 감행한 '문체반정'은 어떤 성격이었는지 살피고(4장) 그가 발휘한 대통합의 리더십, 즉 탕평 정치의 본질에 대해서도 살핀다.(5장)

다른 한편 정조가 계획하고 추진한 일련의 개혁 조치들, 즉 경제 분야의 신해통공 조치, 군사 분야의 장용영 창설 과정을 경장(更張)의 정치라는 관점에서 고찰하고(6장) 복합적 개혁 프로젝트인 수원 화성 건설을 디자인 경영이라는 측면에서 고찰한다.(7장) 다음에는 정조의 재판 기록인 『심리록』을 통해 정조 시대 사람들의 굴곡진 삶과 국왕 정조의 인의로운 판결에 대해 살핀다. 이어서 그 시대의 가장 강력한 도전이자 당시 많은 지식인과 백성에게 충격을 주었던 천주교의 확산 및 조정의 대응 방식을 고찰한다.(8장)

마지막으로 정조 시대의 대외 관계를 다룰 텐데, 그 시대의 국제 정치는 마치 폭풍 전야와 같은 고요함 같은 것이었다. 당시 북경과 나가사키에는 서양의 상인과 선교사들이 줄지어 오고 갔고, 인근 해역에는 수많은 이양선이 출몰했다. 하지만 그것들은 모두 사대교린의 전통적 대외 정책으로 통제되리라 여겨졌다. 곧 들이닥칠 거대한 파고(波高)를 낮은 방파제로 막아내려 했던 그 시대의 안이함을 세도정치기의 대외 정책과 연계해 고찰한다.(9장)

이 책이 빛을 보기까지 많은 분의 도움과 기다림이 있었다. 먼저 정조의 생애와 업적을 다시 돌아볼 기회를 마련해 준 경기문화재단에 심심한 감사의 인사를 드린다. 2012년에 '경기 인물 평전 사업'에서 정조를 맡게 되었을 때만 해도 원고가 금방 완성될 줄 알았다. 하지만 직장을 옮기는 등 몇 가지 일에 쫓기면서 6년이 지난 이제야 출간하게 되었다. 묵묵히 기다려 준 재단 측에 미안함과 고마움을 전한다. 정조실록학교에 강사와 수강생으로 참석하여 그 시대를 다양한 관점에서 바라볼 수 있게 해 준 여러 선생님들께도 머리 숙여 인사드린다. 그분들과의 토론이 없었으면 정조를 이해하는 나의 생각은 박사 학위 논문 집필 때를 벗어나지 못했을 것이다. 마지막 단계에서 원고를 읽고 조언해 준 세종이노베이션의 권혜진 대표님과 수정 작업을 도와준 세종평생학습네트워크의 한상기 부원장님 그리고 민음사 편집부에 고마운 마음을 전하며, 귀중한 사진 사용을 허락한 김경원 선생님, 김봉렬 총장님, 이인미 작가님께도 감사드린다.

이 책에 미처 싣지 못한 정조 이야기가 너무나 많다. "일에서 완벽하기를 요구하지 말며, 말을 다 하려고 하지 말라(事不要做到十分 言不要說十分)."라는 『일득록』의 한 구절이 떠오른다. 정조의 반성이 담긴 이 말을 위안 삼으며 나머지 이야기는 후일을 기약하기로 한다.

2018년 가을

박현모

차례

말안장에서 내려오지 못한 사람

정조의 생애를 일별해서 한마디로 요약한다면 그는 '평생 말안
장에서 내려오지 못한 사람'이었다. 할아버지와 아버지의 팽팽한 대
립 속에서 보낸 어린 시절에 그는 이미 눈치의 달인이 되어 있었다.
그는 할아버지 영조가 좋아하는 책인 『소학』을 읽고 되읽어서 칭찬
을 받곤 했다. 열네 살이 되던 해에는 아파 누운 상황에서도 칸막이
너머 어전 회의 대화를 들으며 기쁜 표정을 짓기도 했다.

영조 말년인 1776년 2월에 정조가 아버지 사도세자의 죽음 전
후의 기록을 세초하자고 제안한 것 역시 눈치 살피기의 한 측면이었
다고 할 수 있다. 여전히 자신을 미심쩍어하는 영조와 노론 신하들에
게 믿음을 주기 위해 『승정원일기』에서 아버지의 죽음에 관한 대목
을 삭제하도록 요청했던 것이다. 한마디로 정조가 여덟 살 때 세손으

로 책봉된 이래 스물네 살에 왕위에 오르기까지 17년은 잠시도 긴장을 늦출 수 없는 위기의 시간들이었다.

정조가 왕위에 오른 뒤에도 긴장 국면은 끝나지 않았다. 1776년 즉위한 직후 정후겸의 처벌(정조실록 즉위년/3/25)로 시작된 정적 제거 정국은 왕 스스로 시작한 것이었지만 마무리하기가 쉽지 않았다. 정조는 애초에 김상로의 관작을 추탈하고 숙의 문씨의 작호를 삭탈하는 한편 이덕사와 조재한을 친히 국문하고 처단하는 수준에서, 즉 자신의 즉위를 방해한 세력들을 처벌하고 어저 도리 결과를 영조의 빈전(殯殿)에 고함으로써(정조실록 즉위년/4/6) 정적 제거 정국을 마무리하려 했던 듯하다.

하지만 영조의 왕비 정순왕후의 오빠 김귀주 계열과 혜경궁의 아버지 홍봉한 계열이 첨예하게 대립하면서 정조의 즉위를 방해한 홍인한과 정후겸까지 사사(賜死)해야 했다.(정조실록 즉위년/7/5) 일은 거기에서 그치지 않았다. 홍인한·정후겸 사사 후 서둘러 '토역 교문'을 발표했지만(정조실록 즉위년/8/24) 이번에는 한후익이 사도세자의 죄를 연상시키는 문구("기사(機事)는 갔지만 기심(機心)은 남아 있다.")를 써 가며 신랄하게 국정을 비판하고 나섰다.(정조실록 즉위년/11/21) 게다가 "국법을 범하면 지체(肢體)를 찢어 죽인다."라는 등 흉흉한 내용의 위조된 윤음(綸音)이 나돌고(정조실록 즉위년/12/25) 설상가상으로 홍상범이 기획한 궁궐 내 자객 침투 사건(정조실록 1/7/28, 1/8/11)까지 불거지자 정적 제거 정국은 이제 걷잡을 수 없는 지경에 이르렀다.

끝이 없을 것 같던 정적 제거 정국을 가까스로 멈춘 것은 주요 인물들의 사망 내지 정계 은퇴였다. 1778년(정조 2년) 12월에 홍봉한

이 자연사했다는 보고는 정조에게 가슴을 쓸어내리게 하는 소식이었다. 그는 생부 사도세자의 죽음에 가장 깊숙이 연루된 인물이면서 할아버지 영조의 대리인이었고, 무엇보다 어머니 혜경궁의 친정아버지였다. 그를 사도세자 사건과 연루시켜 처형하는 것은 곧 할아버지와의 약속('사도세자 문제로 정치 보복을 하지 않겠다.')을 어기는 일이었다. 그것은 동시에 어머니의 마음을 아프게 하는 불효 행위였다.

그렇다고 처벌을 하지 않고 보호할 수도 없었다. 그러는 것은 생부에 대한 효친의 의리를 저버리는 셈이 되고 무엇보다 자신의 즉위 반대 세력 제거 작업에 차질을 빚을 수 있었다. "세손(정조)은 세 가지를 몰라도 된다."라는 참람한 발언을 하면서 정조의 즉위를 극력 저지했던 사람이 바로 홍봉한의 동생 홍인한이었다. 이 때문에 수많은 언관과 유생들은 홍봉한 형제의 처단을 줄기차게 요구했다. 정조가 정적 제거 작업을 시작한 지 10여 일 만에 영조의 빈전에 역적 토죄 결과를 알리고 서둘러 마무리하려 한 이유도 사실 홍봉한 때문이었다. 그를 국문장에 불러 조사를 시작하는 순간 사도세자 사건 등 영조 시대의 감춰진 모든 정치적 사건들이 판도라의 상자에서 튀어나올 것이 불 보듯 뻔했다. 그 '뜨거운 감자' 홍봉한이 어떤 형벌도 받지 않고 예순여섯의 나이로 자연사했다는 것은 정조에게 실로 천행이었다.

홍국영의 정계 은퇴는 어떤 의미로 보든 정조의 정치에서 중요한 전환점이었다. 나중에 오회연교(五晦筵教)에서 정조가 술회하듯이 재위 3~4년 즈음은 홍국영에 의한 '대리인 정치(avatar politics)'를 끝내고 집현전에서 기른 인재를 등용할 때였다. 홍국영은 정조 즉위 과정에서 혁혁한 공을 세웠고, 정조로 하여금 손에 피를 묻히지 않고 정적을 제거하게 만든 일종의 정난공신(靖難功臣)이었다. 하지만 정조로서는 손에 피를 묻힌 홍국영과 언제까지나 함께 갈 수 없는 일이었다. 홍국영도 아마 권력의 그런 속성을 알았기에 정조 대신 또 다른 종친(은전군 찬)에게 대권을 옮기려 했는지도 모른다. 바로 그즈음에 홍국영 역모 사건이 터졌고, 그를 고향으로 쫓아냄으로써 비로소 정조의 정적 제거 정국이 마무리될 수 있었다.

정조가 세종을 찾아간 까닭은?

홍봉한의 사망과 홍국영의 사퇴 이후 의금부 도사가 나장을 거느리고 도성을 휘젓고 다니는 모습이나 궁궐 안에 국청(鞫廳)이 설치되어 왕이 친히 심문하는 일이 사라졌다. 하지만 신민들의 불안한 마음은 쉬 가라앉지 않았다. 역적 토벌 전후 내막을 윤음으로 반포한 지 이틀 만에 다시 정적을 처형하는 일이 벌어졌고, 토역 교문의 먹물 자국이 채 마르기도 전에 또다시 궁궐이 추국(推鞫) 현장으로 바뀌는 일을 여러 차례 목격했기 때문이다. 이러한 상황에서 정조는 어떻게 했을까?

정조의 선택은 세종대왕을 찾아가는 것이었다. 1779년(정조 3년) 8월에 정조가 도성에서 200여 리나 떨어진 경기도 여주에 행행(行幸)하기로 한 것은 오랜 고심 끝에 내린 결정이었다. 표면상의 이유는 같은 여주에 있는 효종(1619~1659년)의 능인 영릉(寧陵)을 찾아 서거 120주년을 기린다는 것이었다. 하지만 정조가 8일이라는 결코 짧지 않은 기간 동안(재위 중 가장 오래) 궁궐을 비우면서 여주까지 간 데는 또 다른 이유가 있었다.

정조는 도성을 나선 지 사흘째 되던 날(8월 5일) 드디어 세종의 능인 영릉(英陵) 앞에 섰다. 물론 효종의 능에 참배하고 간략한 의식을 거행한 뒤였다. 영릉 앞에서 정조는 "세종대왕은 실로 우리 동방에 태평 만세의 터전을 닦으신 임금"이라고 말했다. 세종의 정치를 이어받아 실천하는 것이야말로 자신의 '책임'이라고 천명하기도 했다.(정조실록 3/8/5)

이 말 속에는 "우리나라 예악 문물의 기틀을 마련한" 세종의 문화 정치 전통을 자신이 이어받았다는 뜻, 다시 말해 집현전을 운영하고 금속 활자인 갑인자(甲寅字)를 개발한 세종의 문화 정치를 계승한다는 뜻도 내포되어 있었다. 하지만 정조가 더 힘주어 말하고 싶었던 것은 '재위 중에 단 한 명도 역모 등의 정치적인 이유로 죽이지 않은 세종처럼 나 역시 정치 보복을 일절 하지 않겠다.'라는 다짐이 아니었을까. 자신이 가장 존경하고 따라 배우려 하는 준거 군주(reference prince) 세종 앞에서의 다짐이야말로 어떤 정치적 약속이나 다짐보다 극적이고 효과적인 행동일 수 있었다.

여주 행차에서 인상적인 것은 정조가 말을 타고 도성을 출발했다는 점이다. 물론 그는 그 전에도 융복(戎服)을 입고 노량진에서 친히 군대를 검열할 때나(정조실록 2/9/2) 영조의 능을 찾아갈 때(정조실록 3/2/10)도 말을 타고 이동했다. 하지만 왕으로서 황금 갑옷을 입고 말을 타고 성 밖으로 나간 것은 매우 이례적인 일이었다. 정조는 조선의 왕 중에서 태조 다음으로 말을 잘 타고 승마를 즐긴 군주였다.

『조선왕조실록』을 검색해 보면 (천재적인 마상 무예인이었던 태조를 제외하고) 역대 임금 중에 영조가 승마를 가장 많이 했고(2.6년에 1회꼴) 그 다음이 정조이다.(3년에 1회꼴) 그런데 영조가 주로 이동 수단으로서 말을 이용한 데 반해 정조는 군사 훈련을 할 때(정조실록 2/9/2, 19/3/18)나 궁궐 후원을 거닐 때(정조실록 19/3/10)도 말을 타고 다닐 정도로 승마를 즐겼다. 그뿐 아니라 장수들에게 "말 달리기(驅馳) 연습을 부디 열심히 하라."라고 당부할 정도로(정조실록 9/2/10) 승마를 중시했다. 한마디로 정조는 문약한 군주가 아니었으며, 병법과 무예에 뛰어난 무략의 군주였고 말안장에 익숙한 왕이었다.[6]

정조가 누린 처음이자 마지막의 여유

정조의 생애 중 가장 느긋했던 때는 아마도 1781년(정조 5년)부터 1784년(정조 8년)까지였을 것이다. 이 시기에 정조는 규장각의 활동 공간을 확보하고 재정적 기반을 마련하는 등 싱크 탱크를 세우는 데 집중했다.(정조실록 5/3/10) 또 그 인재들과 밤새 『근사록』을 강론하는 등 학자 군주의 기량을 마음껏 발휘할 수 있었다.(정조실록 5/3/18) 규장각에서 올린 초계문신 강제절목에 따라 젊은 문신을 재교육하기 시작한 때(정조실록 5/2/18)도 이 시기였으며, 김홍도 등에게 자신의 어진을 그리게 하는(정조실록 5/8/26, 5/9/1, 5/9/3) 여유를 가진 것도 이즈음이었다.

이 시기에 정조는 자신이 추구하는 탕평 정치가 구체적으로 어

---

6   조선 후기의 왕 중에서 승마 실력이 정조에 버금가는 군주로는 숙종을 꼽을 수 있다. 숙종은 "군병 등이 따라가지 못할 정도의 빠른 속도로" 말을 타고 질주하기도 했다. 숙종실록 13/10/11.

떤 것인지("금은동철을 뒤섞어 하나의 그릇을 만드는" 것, 당파를 초월해서 인재를 발탁해서 "조제(調劑)"하는 것. 정조실록 6/1/30)와 규장각을 왜 설립했는지(세종과 집현전 학사처럼 "왕과 신하가 벗이 되어(友臣)" 밤새 토론하는 인문 정치 구현. 정조실록 6/5/29) 등을 설명했다. "가을철이 되어 천기(天氣)가 맑고 깨끗"하다면서 창덕궁 후원에 가서 연회를 베풀고 놀자고 제안한 것도 이때였다.(정조실록 5/7/27)[7]

그러나 정조가 만끽하던 여유는 오래가지 못했다. 역모 사건이나 정적 숙청 없이 4년여의 시간을 보내던 정조를 다시 말 위에 오르게 한 것은 1784년(정조 8년) 7월의 김하재 흉서 사건이었다.

자살 특공대 김하재의 흉서와 '공안 정국'의 부활

김하재는 노론의 명문가 출신(아버지가 영의정을 지낸 김양택이다.)으로서 이조 참판까지 역임한 인물인데, 다른 사건에 연루되어 파직된 상태에서 왕을 욕하는 쪽지를 보내 큰 파장을 일으켰다. 정조는 그 쪽지를 받아 본 다음에 "천지에 백성이 생긴 이래로 이렇듯 흉악한 글은 일찍이 없었다. 나라에서 그에게 무엇을 잘못하였기에 이런 때를 맞아서 차마 이렇듯 천고에 없는 변고를 저지르는가?"라며 칼을 씌워 잡아다 가두게 했다. 곧이어 그는 국왕 호위 부대인 금위영에 나아가 친국했는데, 소론 강경파 김일경이 1724년(영조 즉위년)에 영조를 부정하고 욕한 것을 본받아 비슷한 행위를 했다는 김하재에 대한 사

---

7   정약용은 나중에 이때를 가장 행복했던 시절로 회고했다. 정약용, 박석무 옮김, 「자찬묘지명」, 『다산산문선』(창비, 2013), 38~39쪽.

형을 집행했다.(정조실록 8/7/28)

　자살 특공대 같은 김하재의 흉서 사건을 계기로 억제되어 있던 권력 다툼의 마그마가 다시 들끓었다. 노론의 심환지가 소론의 서명응과 서명선 형제를 비판하는 글을 올리자(정조실록 8/11/21) 서명선은 "욕설 상소"라면서 심환지를 공격했다.(정조실록 8/11/25) 권력에서 소외된 노론의 일부 신하들은 '시파(時派, 시류에 영합하는 무리라는 의미)'라는 용어로 당시의 국왕 지지 세력을 비아냥거리며 국왕의 정당성에 흠집을 내기 시작했다. 이에 대응해 소론과 노론의 일부 신하들이 그런 그들을 '벽파(僻派, 옹졸한 고집쟁이라는 뜻)'라는 부정적 용어로 폄하했다.(정조실록 8/11/29) 노론 내부에 균열이 생긴 것이다.

　정조의 정적 제거 과정을 지켜보던 홍국영의 잔존 세력(이율, 홍복영)은 또 다른 역모 사건을 꾀하다가 들통나서 제거되었다.(정조실록 9/2/29) 왕세자(문효세자)와 상계군 이담(정조의 이복동생 은언군의 아들)의 연이은 사망과 독살설로 인해 정국은 조용할 날이 없었다. 결정적으로 이담의 외조부 송낙휴가 노론의 김상철, 구선복의 역적모의를 고변하면서 정조는 "역적 중의 역적", 즉 사도세자의 죽음에 깊숙이 연루되었다는 혐의가 있는 구선복을 능지처사했다.(정조실록 10/12/9) 그렇게 정국은 다시 역모와 추국의 소용돌이로 휘말려 들어갔다.

　이 소용돌이로부터 정국을 구원해 낼 인재가 필요했다. 정조에게 발탁된 사람은 김종수와 채제공이었다. 먼저 정조는 노론의 김종수를 "내가 임금이 되기 전의 친구"라며 특명으로 형조 판서에 임명했다.(정조실록 12/1/13, 12/1/19) 이어서 그는 탕평(蕩平)의 취지를 내세우면서 김종수를 우의정으로 발탁했다.(정조실록 13/9/27) 그에 앞서 정조는 남인의 채제공을 정승으로 발탁하기 위해 많은 노력을 기울였다. 영조 시대 이후 남인 쪽에서 정승을 배출하기란 지극히 어려웠다. 노론과 소론이 '남인 배제'를 위해 철저하게 연대하고 있었기 때문이다.

정조는 우의정 유언호(노론)가 중국에 사신으로 가 있는 사이에 그를 해임하고 그 자리에 채제공을 임명했다.(정조실록 12/2/11) 예상대로 조윤대, 홍인호 등이 강력히 저항했고, 정조는 탕평책의 일환으로 채제공을 임명했다고 설명했다. 그럼에도 채제공 정승 등용(入相)에 대한 반대가 드세자 정조는 채제공의 죄안, 다시 말해 과거 홍국영과의 관계 등을 왕이 직접 나서서 해명하는가 하면(정조실록 12/2/15) 앞으로는 상소문에 '당목(黨目)'이라는 단어를 쓰지 못하도록 금령(禁令)을 내리기까지 했다.(정조실록 12/2/24) 정조는 또한 그 아래 핵심 관료직도 탕평책의 차원에서 이시수(소론)를 이조 참의로, 김희(노론)를 이조 참판으로, 정범조(남인)를 사간원 대사간으로 임명하는 '쌍거호대(雙擧互對)'의 인사를 단행했다.(정조실록 12/4/10) 그즈음 정조는 "오늘과 같은 적은 아마도 처음"이라면서 자신의 뜻대로 이뤄진 것(得意)에 대해서 "자부"했다.(정조실록 12/2/29)

재위 중반인 1789년(정조 13년)부터 1793년(정조 17년) 사이에 정조가 가장 활발하게 나랏일을 이끌어 갈 수 있었던 배경에는 '좌(左)제공 우(右)종수'라는 탕평 정국이 있었다. 우선 정조는 신도시 수원 화성 건설을 위해 다각적이고도 활발한 토론을 벌였다.(정조실록 14/2/8~12) 이어서 그는 채제공의 헌신에 힘입어 수원 화성 숙성 방안을 마련했다.(정조실록 17/12/6~8) 생산자와 소비자를 서로 통하게(通共)하여 백성들을 부유하게 만들려는 1791년 신해년의 통공 조치(신해통공, 정조실록 15/1/25)가 단행된 것도 이 시기이다. 신해통공 조치는 개혁의 주체는 물론 개혁의 대상까지 함께 참여하여 찬반 논쟁을 벌인 가운데 채택되고 추진되었는데, 기본적으로 채제공과 김종수가 뒷받침하는 탕평 정국의 틀이 있었기 때문에 가능했다.

이 시기에 정조는 또한 1789년(정조 13년)에 청량리 쪽에 있던 생부 사도세자의 묘소를 수원 화성으로 옮기는가 하면(정조실록 13/7/11~13/10/16) 1792년(정조 16년) 영남 만인소를 계기로 사도세자가 억울하게 죽었다는 내용을 공론화시켰다.(정조실록 16/윤4/27, 16/5/22) 1795년에는 드디어 존호(尊號)까지 올려 생부의 명예를 회복시키기에 이르렀다.(정조실록 19/1/17) 이러한 일련의 과정은 지도자가 시대의 요청에 정신을 집중하고 그것에 인재들의 에너지를 쏟아붓는다면 얼마나 많은 일을 해낼 수 있는지를 잘 보여 준다. 그런데 안타깝게도 재위 18년 이후 정조는 전과 달리 나랏일에 집중하지 못했다.

친인척 문제, 정조의 이중 몰입

1794년(정조 18년)을 전후해 정조의 관심은 크게 국사(國事) 처리와 친인척에 대한 배려로 나뉜다. 그는 한편으로 이 시기에 화성 성역을 개시하고(정조 18년 2월) 초계문신이라는 신진 인재들의 능력을 제고할 방안을 마련하는가 하면(정조 18년 4월) 수어청을 혁파하고 광주부(廣州府)를 승격시켜 유수(留守)를 두는(정조 19년 8월) 등 군사 분야의 개혁을 추진했다.

다른 한편 정조는 정순왕후의 오순과 혜경궁의 육순을 맞아 중외(中外)에 대사면령을 내렸고(정조 18년 1월) 생부 사도세자의 존호를 더 올리는 일에 정력을 쏟았다.(정조 18년 12월~19년 1월) 더 나아가 그는 자신의 이복동생인 은언군을 유배지인 강화도에서 불러내 만나거나(정조 18년 4월) 아예 창덕궁 북쪽에 머물게 하는(정조 18년 6월) 등 신하들에게 불법적이고 자의적이라고 간주되는 행동을 취하곤 했다.

신하들은 왕의 이러한 행동에 대해 상소를 올리는 것은 물론이고 혈서까지 써 가며 반대했다. 영조의 후비 정순왕후까지 나서서 단식하거나 사제(私第)로 돌아가겠다고 하는 등 정국이 요동쳤다. 새로 임명한 우의정 이병모의 강력한 저항 및 그와 정조가 벌인 끝장 토론을 보면 은언군 문제가 군신 간의 첨예한 대결 국면의 중심에 놓여 있었음을 알 수 있다. 그런데 사실 은언군 문제는 민생과 관련된 사안도 아니고 그렇다고 국가 기강에 관한 문제도 아니었다. 신하들의 입장에서 보면 은언군은 여전히 죄인(그것도 역적모의라는 죄명)으로 유배된 사람인데, 국왕으로서 그를 임의로 만나는 태도는 납득하기 어려운 것이었다. 특히 "이런 모습을 익숙하게 하여 장차 아무도 거론하지 않도록 하겠다."라는 왕의 억지 주장이나 은언군에 대한 상소나 발언을 일절 받아들이지 못하게 만든 금령은 공론에 의한 국정 운영을 정치의 제일원칙으로 삼는 신료들을 도발하는 조치였다.

이 시기에 정조는 일종의 이중 몰입(competing commitment)을 했던 것으로 보인다. 이중 몰입이란 개인이나 집단이 현재의 문제점을 인식하고 미래 목표에 맞게 자신을 새롭게 변화시키려는 정신 모형 2를 선언하거나 지향함에도 불구하고(몰입 1) 익숙한 현재 삶의 방식대로 말하고 행동하는 정신 모형 1을 여전히 버리지 못하는(몰입 2) 현상을 말한다.[8] 자신이 바람직하다고 생각하고 추구하는 행동 모델과 실제의 행동 모델이 일치하지 않는 현상이 곧 이중 몰입인 것이다.

정조는 신하들에게 사(私)를 버리고 공(公)을 좇으라고 하면서 정작 자신은 그것을 실천하지 못하는 지도자였으며, 직언하는 신하가 없다고 한탄하면서도 자신이 정한 몇 가지 사안들(은언군 문제 등)에 대해서는 금령으로 차단하는 등 언행이 일치하지 않는 군주로 간주되었다. 이 때문에 정국은 늘 '은언군 파동'으로 요동치곤 했다. 성소가 고심해서 임명한 우의정 이병모가 취임 초반에 그 점을 집요하게 지적하고 비판한 것은 바로 그런 맥락에서였다.

비밀 편지, 왜 1796년 8월부터?

정조가 노론 벽파인 심환지에게 보낸 300여 통의 비밀 편지가 알려지면서 많은 사람들이 궁금해한 것이 있다. 그것은 왜 그 편지가 1796년(정조 20년) 8월 20일부터 발송되기 시작했는지이다.[9]

이때는 정조의 숙원 사업인 수원 화성이 완공되고(정조 20년 9월) 『화성성역의궤』가 완성되는 등 결실의 시기였다. 하지만 그 과정에서 "화성부의 소관"이라고 왕의 권위를 칭탁하며 사사로운 욕심을 채우

---

8   윤정구, 『진성리더십』(라온북스, 2015), 161쪽.
9   물론 그 전부터 보냈는데 그것을 심환지나 그 후손이 은닉 내지 폐기했을 수도 있다. 하지만 현재 발견된 자료를 가지고 보거나 전후 맥락으로 볼 때 이 시기에 비밀 편지를 보내기 시작했다고 판단한다. 정조의 편지는 1800년(정조 24년) 6월 15일까지 계속되었다.

려는 자들이 나오는가 하면 호남 지역에는 "진나라처럼 축성한다."라는 유언비어가 퍼져 왕을 긴장시키기도 했다.

설상가상으로 "군국의 기무에 통달"하여 조정자 역할을 하리라 기대를 모았던 윤시동이 예상치 못하게 일찍 사망함으로써(정조실록 21/2/18) 국정 추진력이 약화된 것도 이때였다. "정치를 해도 기대처럼 되지 않고 교화 역시 뜻한 대로 되지 않아 어제가 그제만 못하고 오늘이 어제만 못하다."(정조실록 21/10/20)라는 정조의 개탄은 이런 상황에서 나왔다. 정조는 이러한 상황을 타개하기 위해 비밀 어찰 같은 정치 공학에 더욱더 의존하게 된 듯하다.

물론 심환지에게 보낸 편지 여기저기에 나오듯이 정조는 그 전부터 여러 사람에게 편지를 보내면서 배후 조정을 하려 했다. 홍국영의 퇴진 후에 중단되었던 '아바타 정치'가 부활한 것이다. 노론의 심환지에게 재위 20년 8월경부터 편지를 보내기 시작했다는 사실은 이점에서 시사하는 바가 크다. 사실 '아바타 정치'의 부활은 재위 말년 외척 김조순에게 세도를 맡긴 것과 더불어 정조 자신이 천명해 온 '우현좌척(右賢左戚, 성리학 지식을 갖춘 어진 인재들을 가까이하고 내외척을 멀리함)'이라는 정치 원칙에서 벗어난 것이었다.

1798년(정조 22년)부터 1800년(정조 24년) 사이에 정조는 대내외적 도전으로 더 큰 위기감에 사로잡혔다. 그의 체력 역시 눈에 띄게 약화되었다. 1799년(정조 23년)에 그는 "요즘에는 정력이 점점 예전과 같지 않다."라고(정조실록 23/10/29) 호소하거나 "몇 년 전부터 점점 눈이 어두워지더니 올봄 이후로는 더욱 심하여 글자의 모양을 분명하게 볼 수가 없다."(정조실록 23/5/5)라고 말했다. 재위 24년에는 신하들을 응대하거나 차대하기도 어려울 정도로 체력과 시력이 떨어졌으며(정조실록 24/2/2, 24/2/27) "연신(筵臣, 경연에 참석한 신하) 중에 나와 나이가 같은 자는 소년이나 다름없는데 나는 정력이 이러하니 이상하지 않은가."(정조실록 24/윤4/26)라고 의아해했다. 정조의 조로화(早老化)는 그의 갑작스러운 죽음과도 무관하지 않은 것으로 보인다.

외부로부터의 도전은 중국에서 전해진 전염병을 가리킨다. 이로 인해 1799년 한 해에만 12만 8000여 명이 사망했다.(정조실록 23/1/13) 대내적으로 정조 정권을 떠받치던 기둥들인 홍낙성(정조실록 22/12/30), 김종수(정조실록 23/1/7), 채제공(정조실록 23/1/18)이 잇따라 사망한 것도 왕에게 큰 충격이었다. 무엇보다 정조의 정치 이상을 가장 잘 이해하고 따라 주던 남인 세력이 채제공 이후에는 정국에서 완전히 배제된 사실이 문제였다.

1795년(정조 19년)에 이가환과 정약용을 지방으로 좌천시킨 것이 (정조실록 19/7/25) 잘못이었다. 당시 남인의 영수 채제공의 후계자로 주목받던 이가환과 정약용은 노론과 소론의 심한 질시와 견제를 받고 있었다. 정조는 그들에게 잠시 도성을 떠나 있으라 명했다. 충주 목사(이가환)와 금정 찰방(정약용)의 직위에서 충청도 지방의 천주교 확산을 막으면 자연스레 그들에게 쓰인 '천주교도'라는 오명이 벗겨지리라 생각했기 때문이다. 그런데 그때 이가환과 정약용을 동시에 내려보낸 것이 실수였다. 남인 내에서 학문적 능력과 정치적 감각을 아울러 갖춘 단 두 사람이 떠나자 채제공의 판단력이 흐려진 듯했다. 뛰어난 지식과 고급 정보를 가지고 채제공을 좌우에서 보필하던 그들이 떠나고 얼마 안 있어 채제공은 "조정의 온갖 일이 재작년보다 작년이 못하고, 작년보다 올해가 더 나빠지고" 있다면서 정승직을 버리고 물러가 버렸다.(정조실록 22/6/2)

그러자 노론과 소론은 기다렸다는 듯 그 공백을 자기들 사람으로 채웠다. 이후 남인의 재등용은 결사적으로 저지되었다. 설상가상으로 다음 해인 1799년 1월에 채제공이 죽자(정조실록 23/1/18) 남인은 더욱더 소외되었다. 정조가 정승의 자리에 이가환을 등용하려고 하면 노론과 소론은 1800년 대사면 때의 이승훈 사례에서 보듯이 일제히 천주교 문제를 들고나와 그 시도를 좌절시키곤 했다. 남인의 소외는 곧 왕의 고립을 의미했다. 이런 상황에서도 정조는 자신의 고모인 화완옹주(정처)의 명예를 회복하고 석방하는 일에 마음을 쏟았다. 신하들은 예상대로 노론과 소론 할 것 없이 일제히 파상적으로 왕을 공격했다.('화완옹주 정국')

정조의 죽음 그리고 독살설

솔피란 놈 이리 몸통에 수달 가죽
가는 곳마다 열 마리 백 마리 무리 지어 다니는데
(......)
한 떼는 물에 잠겨 고래 배를 올려 치고
한 떼는 뛰어올라 고래 등을 올라탔네
상하 사방 일제히 고함지르며
살가죽 찢고 깨물고 얼마나 잔혹한가.

정약용의 유명한 「솔피 노래(海狼行)」는 말년의 정조가 얼마나 힘들게 버티고 있었는지를 실감 나게 보여 준다. 마지막 6개월간의 실록을 보면 정조는 슬퍼하고 비판하며 한탄하고 자조하는 모습을 자주 드러냈다. 그는 여전히 사도세자의 묘소인 현륭원에 가 "땅을 치면서 목메어 울먹이며, 차마 들을 수 없는 하교를 거듭"(정조 24년 1월) 내리는가 하면 왕의 독단과 금령을 비판하는 신하들에게 거친 말들을 쏟아냈다.(정조 24년 2월) 언관들에 대해서는 "나랏일에 대해서는 토란을 씹고 내주를 삼킨 것처럼 묵묵무언"이니까도 '; 군기의 약점만 노출되면 "남의 뺨이나 치는 졸렬한 행위"를 반복한다고 비판했다.(정조실록 24/2/27)[10]

"오늘의 조정 신료들은 가슴속에 허령(虛靈)한 기운이라곤 한 점도 없이 그저 요란하기만 하고 떠들기만 하는 것이 그 극에 이르렀다."(정조실록 24/2/6) 이것이 정조가 진단한 그 시대의 문제점이었다. 이를 바로잡기 위해서는 "그 아래를 좍 펴지게 하듯이 망건의 윗부분을 팽팽하게 묶어" 국가의 기강을 바로 세워야 한다.(정조실록 24/3/5) 그런데 국왕이 하려고 하는 이러한 정치를 아무도 나서서 도와주려 하지 않는다고 정조는 개탄했다.(정조실록 24/5/30) 국가의 기강은 여전히 세워지지 않았고, 왕의 말도 공허하게 맴돌기만 했다. 심환지가 지적했듯이 "반대자들이 점점 불어나 이제는 태평성대를 이루기가 어렵겠다."라고 생각하는 사람이 더 많아진 상황이었다.(정조실록 24/2/8) "몇 년 전에는 그래도 장차 희망을 가져 볼 만하다고 생각했다. 하지

---

10   정조는 "차라리 죽고 싶다."라는 말을 자주 했는데, 사관은 그것을 "차마 들을 수 없는 전교"라고 표현했다.

만 이제는 온 세상에 사람이 없다는 한탄이 절로 나오고 차츰 권태가 느껴진다."(정조실록 24/4/15)라는 정조의 좌절 섞인 한숨은 그러한 어려움에서 나온 것이다.

그러는 가운데 정조에게 죽음이 찾아왔다. 당시 정조는 체력적으로 고갈되고, 그때까지 지켜 오던 정치 원칙을 포기할 정도로 무기력해진 상태였다. 그의 죽음이 자연사인지 독살인지를 따지는 것 자체가 무의미할 정도로 그는 고립되고 깊이 가라앉아 있었다.

그동안 나온 정조의 죽음과 관련한 글들을 살펴보면 유난히 독살설이 많음을 알 수 있다. 왕의 갑작스러운 죽음 이후 벽파의 재집권과 종교적 이유를 앞세운 일련의 정치 탄압 그리고 그 후 전개된 세도정치라는 역사의 암흑기를 보면서 많은 사람이 그의 죽음에 의혹을 품었다. 실제로 정약용의 「자찬묘지명」을 비롯해 『순조실록』에 기록된 '경상도 장시경의 의거' 등은 당시 사람들 사이에도 독살설이 꽤 퍼져 있었음을 보여 준다. 이인화의 소설 『영원한 제국』이나 이덕일의 『조선 왕 독살 사건』은 거기에 쐐기를 박은 셈이다.

그런데 『정조실록』이나 『정조어찰첩』을 보면 정조는 말년에 이미 많이 노쇠해 있었다. 정조 스스로 자신의 건강을 크게 우려할 정도로 심각한 상태였다. 사망하기 3~4개월 전부터 잦은 병치레로 며칠씩 이불 속에 앓아누워 있거나 기력이 없어 자리에 앉기만 하면 정신을 잃고 잠든다고 호소했다.[11] 사망하기 13일 전인 1800년 6월 15일에 심환지에게 보낸 편지에서 정조는 "배 속의 화기(火氣)가 올라

---

11   『정조어찰첩』, 1800년 3월 3일 편지.

가기만 하고 내려가지 않는다."라고 말했다. 그는 그해 여름 들어서는 병이 "더욱 심해져 그동안 차가운 약제를 몇 첩이나 먹었는지 모르겠다."라면서 아예 "앉은 자리 옆에 항상 약 바구니를 두고 내키는 대로 달여 먹는다."라고 말하기도 했다. 한마디로 기력이 거의 소진돼 약의 힘에 의지해 겨우 버티는 형국이었다.

물론 정조가 1793년(정조 17년) 여름에 그랬듯 피재길 같은 명의의 단방 치료에 힘입어 재생했을 가능성도 배제할 수는 없다. 또한 마지막 순간에 혼미한 상태의 정조 곁에 왕대비 혼자 있었다는 것도 의구심을 불러일으킨다. 강명길이라는 의원이 자신의 책에 적힌 대로 처방하지 않은 점도 '의료 사고'라는 오해를 살 만하다. 그럼에도 정조 독살설 논란은 이제 종지부를 찍어야 한다는 게 내 생각이다. 그것은 정조 독살설이 "시골 한구석에서의 막연한 수군거림에 지나지 않는다."(Y 교수)라고 보기 때문도 아니고 심환지가 "정조의 마지막 순간까지 국왕 곁을 지킨 최측근 신료로서 왕을 죽일 만한 어떤 동기도 가지고 있지 않기 때문"(K 교수)이라고 생각해서도 아니다.

그것은 바로 독살설이 정치에 미치는 '독' 때문이다. 그동안 독살설을 주장한 사람들은 거의 하나같이 임금의 죽음을 안타까워만 하고 그 후 전개된 수렴청정과 수구적인 세도정치의 문제점을 말하기에 바빴다. "정조가 세상을 떠난 후 정순왕후 김씨는 계획대로 수렴청정을 하게 되었고, 이는 몰락했던 친정(親庭)의 부활로 나타났다. (……) 다시 노론의 세상이 되었다."[12]라는 식의 서술이 그 예이다. '정조가 10년만 더 살았으면 우리

---

12   이덕일, 『누가 왕을 죽였는가』(푸른역사, 1998), 249쪽.

역사가 바뀌었을 것'이라는 말도 그런 맥락에서 종종 나온다.

이런 말과 글을 보면 나는 오래전에 읽은 아주 음험하고 그래서 더욱 자극적이었던 책이 떠오른다. "한국의 정치는 유사 이래 사권(私權)의 싸움이었다. 정가(政家)가 어떤 국면을 당하여 일을 행할 때는, 온갖 의견이 백출하고 떠도는 말이 떠들썩하다. 하지만 그것은 음모로 이어져 대대로 암살로 종결된다. 권력을 잡고 있는 자들은, 만약 정적에게 그런 기미가 보이면 일망타진의 참화를 일으키는 것도 주저하지 않는다. (……) 이 나라의 당쟁은 음험하면서도 비밀스러워 겉으로 보기에는 춘풍이 부는 것 같아도, 갑자기 뼈를 자르고 시체를 매질하는 참화를 연출한다."[13]

일제의 식민지 교육 체계를 정립한 시데하라(幣原坦)의 이 책을 보면 조선의 정치는 겉으로는 공론을 가장하나 실제로는 음모에 좌우되고 결국 암살로 종결된다. 그는 이런 나라에서 정치를 통해 무언가 변화를 시도하고 새로운 시대를 갈망한다는 것 자체가 어불성설이라고 주장한다. 정조 독살설이나 당쟁 망국론의 공통점은 조선 시대 사람들의 생각에 무관심하다는 것이다. 그들은 당시 왕과 신민들이 어떤 정치적 이상을 가졌으며, 그것에 도달하기 위해 어떤 노력을 기울였는지, 그리고 그들이 만든 법제와 정치 문화는 또 어땠는지에 관심을 기울이지 않는다. 오로지 조선의 정치는 사권의 싸움이었고, 정권 쟁취를 위해서라면 하지 않는 일이 없는 비열한 인간 군집의 다툼일 뿐이었다고 매도한다.

---

13   幣原坦, 『朝鮮政爭志』(東京: 三省堂, 1907), 1쪽.

독살설의 또 다른 문제점은 왕의 죽음을 정치적 성찰의 계기로 삼지 않는다는 점이다. 왕의 죽음으로 피해를 입은 자들의 말만 무한히 반복되고 '가해자의 변(辯)'이 없다. 이렇다 보니 정치 세계의 복잡함과 비극성을 되돌아보고 역사에서 선택되지 않은 길의 의미를 면밀히 짚어 볼 기회를 갖지 못했다. 셰익스피어의 비극 작품들에서 느끼는 극적인 카타르시스를 우리의 사극이나 소설 등에서 느낄 수 없는 이유가 바로 여기에 있다.

독살설의 가장 치명적인 독은 정치 냉소주의이다. 권력자들이란 예나 지금이나 기득권을 유지하기 위해 못 하는 짓이 없다는 생각을 갖게 함으로써 정치를 통해 더 나은 세상을 만들어 보려는 노력을 비웃게 만든다. 따라서 정조가 독살당했다는 명확한 근거를 발견하기 전까지는, 그리고 독살당하지 않았을 가능성이 거의 없다고 판단될 때까지는 독살설을 함부로 말해서는 안 될 듯하다. 그보다는 정조가 '소강(小康)의 나라', 다시 말해 가족같이 화합하고 잘 사는 나라를 만들기 위해 마지막까지 '말안장에서 내려오지' 못하면서 사투를 벌이다가 숨을 거두었다고 이야기해야 한다. 그것이 바로 역사에 대한 예의일뿐더러 그 시대의 문제는 결국 그 시대의 정치를 통해 해결할 수밖에 없는 '정치적 인간'에게 주어진 마지막 비상 탈출구이기 때문이다.

왕이 되기 전의 정조

어린 시절 정조의 모습을 가장 잘 담고 있는 기록은 『정조실록』의 정조 행장(行狀)이다. 왕의 사후 이만수가 쓴 이 행장에는 정조가 태어나서 자란 모습이 압축적으로 묘사되어 있다. 『영조실록』이나 『홍재전서』에서도 세손 시절 정조의 모습이나 어록을 볼 수 있지만 객관적 묘사에서 행장을 못 따라간다.

어린 시절 정조의 첫 번째 이미지는 책과 종소리이다. 정조는 유난히 책을 좋아해서 "말도 배우기 전에 문자를 보면 금방 좋아"했고 "첫돌이 돌아왔을 때 돌상에 차려진 수많은 노리갯감들은 거들떠보지도 않고 다소곳이 앉아 그저 책만 펴 들고 읽었다."라고 전해진다. '정말 그랬을까?' 하고 다소 의심이 드는 구절이지만 『영조실록』에 소년 정조가 고전에 해박한 지식을 가졌다는 내용이 있는 것을 보면

책을 좋아하는 그의 성향이 타고난 것임을 알 수 있다.

행장을 보면 정조가 태어나던 날 "우렁찬 소리가 마치 큰 종소리(洪鍾)와도 같아서 궁중이 다 놀랐다."라고 한다. 정조의 목소리는 크고 맑았던 듯하다. 정조의 스승 박성원은 "세손의 낭랑한 글 읽는 소리가 금석(金石)에서 나오는 것과 같다."(영조실록 36/8/2)라고 말했으며, 영조 역시 어린 손자가 책 읽는 소리 듣기를 즐겼다.

유난히 제왕학 공부를 강조한 영조는 아들 사도세자와 달리 책읽기를 좋아하고 묻는 족족 "메아리처럼 응답을 길하는" 세손 정조를 예뻐했다. 『영조실록』의 곳곳에서 "기특하다." "이보다 더 잘 대답할 수는 없다(善對無過於此矣)."(영조실록 37/9/16)라는 영조의 칭찬이 이를 잘 보여 준다. 예를 들어 정조가 열 살 때인 1761년 정월에 영조는 "어진 사람이 늘 좌우에 있으면서 너를 권면하면 고달프지 않겠느냐?"라고 물었다. 그러자 열 살의 정조는 "어진 이가 저로 하여금 어질게 하려고 하는데, 그의 말을 들어야만 보탬이 있을 것입니다."라고 대답해 영조로부터 "진실로 성취(成就)한 효과가 있다."라는 칭찬을 들었다.(영조실록 37/1/5)

말하자면 유년기 아버지의 비극적 죽음이라는 트라우마적 상황을 겪고도 정조가 꿋꿋이 제대로 성장할 수 있었던 배경에는 그를 가까이에서 지켜봐 주고 칭찬해 주는 '기댈 언덕'으로서 할아버지 영조가 있었던 것이다. 그해에 영조는 정조를 데리고 처음으로 운종가에 나가 백성들을 만나 보게 한 뒤 "오늘 구경 나온 사람들이 네게 무엇을 기대하더냐?"라고 물었다. 그러자 정조는 "잘 해내기(爲善)를 바랐습니다."라고 대답했다. 이어서 "잘 해내기가 그리 쉬운 일이더냐?"라고 묻는 영조에게 그는 "쉽다고 생각합니다."라고 말하면서 "쉽다고 생각해야만 용감하게 전진할 수 있다."라는 결론을 이끌어 내 영조를 "매우 기쁘게 했다."(정조실록 행장)

책벌레 정조의 유별난 자기 관리

정조는 어린 시절부터 유난히 자기 관리에 엄격했다. 행장을 보면 정조는 네 살 때부터 『소학』을 배우기 시작했는데, 이후 "손에서 책을 놓지 않았으며(猶不釋卷)" 날이 밝기도 전에 자리에서 일어나 세수하고 머리 빗고 독서를 시작했다. 혜경궁이 그의 독서열이 지나친 것을 염려해 "너무 일찍 일어나지 말라."라고 타이르자 정조는 "그때부터는 남이 모르게 등불을 가리고 세수하곤 했다."라고 한다. 이는 어릴 적 세종의 건강을 염려해 부왕 태종이 책을 치우자 세종이 몰래 책을 읽었다는 대목과 비슷하다.

그런데 여기에서 네 살 먹은 정조가 "등불을 가리고 세수하곤 했다."라는 말이 눈길을 끈다. 물론 이 말을 어머니가 염려할 것을 생각해 등불이 새 나가는 것을 가리고, 책을 읽기 위해 세수했다고 해석할 수도 있다. 하지만 할아버지 영조의 세심한 성격과 그로 인해 생부 사도세자가 힘들어하는 모습을 지켜본 어린 정조가 자신의 모습을 관리하는 데 신경을 썼던 게 아닌가 생각되기도 한다. 어린 정조가 새벽부터 "세수하고 머리 빗고 나서" 책을 읽기 시작해야 했다고 생각하니 안쓰러운 마음도 든다.

정조는 자기 관리에 엄격해 "너덧 살부터 늘 꿇어앉기를 좋아하여 언제나 바지의 무릎 닿는 곳이 먼저 떨어졌다."라고 전한다. 자라서도 이런 습관은 계속되었는데, 정조 자신의 말처럼 "적당히 편하게 지낼 방법도 생각하였으나 습관이 되어 고치기 어려울" 정도였다.(정조실록 20/4/25) 그는 "공경함으로써 안을 바르게 하고 옳음으로 밖을 올곧게 한다(敬以直內義以方外)."를 생활신조로 삼았던바[1] 지저분하고 흐트러진 모습을 보이는 것을 극도로 경계했다.

심지어 그는 아파 누워 있을 때도 할아버지를 기쁘게 하려고 노력했다. 정조가 열네 살이 되던 1765년 겨울에 영조는 병중의 손자로 하여금 긴 막이 너머에서 어떤 회의를 하는 소리를 듣게 하면서 정조의 반응을 살폈다. 좌우에서 "세손이 그 소리를 듣기 좋아한다." 라고 하면 영조는 기뻐서 "세손의 마음가짐이 강해(世孫執心固) 병을 앓고 있으면서도 신음하는 빛을 보이지 않고 내 마음을 편케 해 주고 있다."라고 말했다.

그런데 정조와 영조의 생각이 모두 일치한 것 같지는 않다. 특히 백성에 대한 생각이 상당히 달랐다. 1762년(영조 38년) 4월에 영조는 열한 살의 정조를 불러 놓고 "나라를 세운 것은 임금을 위한 것이냐 아니면 백성을 위해서이냐?"라고 물었다. 아마도 백성을 위해서라는 대답을 기대했던 것 같다. 정조는 뜻밖에도 "임금을 위하고 또 조선을 위해서입니다."라고 대답했다.(영조실록 38/4/25) 백성은 나라의 근본이지만 정치의 주체는 아니라는 게 정조의 신념이었다. 그는 정치의 주체는 국왕과 사대부이고 국왕이 그 중심 역할을 해야 한다고 보았다. 재위 후반에 그는 "이루어진 일을 가지고 백성들과 더불어 즐길

---

1   정조, 『홍재전서』 161권 『일득록』 1.

수는 있으나 일의 시작을 함께 도모할 수는 없다(可與樂成 不可與謀始)."
(정조실록 22/4/27)라고 하며 백성을 정책의 수혜자로 보는 관점을 분명
히 밝히기도 했다.

　반면 영조는 훨씬 백성 친화적인 정치관을 가지고 있었다. 물론
그 역시 정조와 마찬가지로 왕과 백성을 부모 자식의 관계로 보고
"백성들을 위해" 보살펴야 한다고 믿었으나(영조실록 26/5/19, 26/7/3) 주
요한 정책을 결정할 때 궁궐 밖으로 나가 직접 백성들의 의견을 묻곤
했다. 균역법 개혁을 위해 세 차례에 걸쳐 백성들을 만나 그들의 의
견을 경청하는 순문(詢問) 과정을 거친 것이라든지[2] 청계천 준천(濬川)
을 위해 백성들의 찬반 의견을 물은 것(영조실록 30/3/22)이 그 예이다.
앞의 세손 정조와의 대화에서도 영조는 '정치는 임금과 조선을 위해
하는 것'이라는 정조의 대답이 잘못되었다고 비판하면서 "백성을 위
해 나라를 세운 것"이라고 말했다. "하늘이 임금을 세운 것은 자봉(自
奉, 국왕 봉양)하기 위해서가 아니라 양민(養民)하기 위해서"라는 말을 덧
붙이기도 했다.(영조실록 38/4/25)

달빛의 메타포와 쟁기질하는 청년 정조

　정조를 상징하는 또 다른 이미지는 달이다. 그는 나중에 자신의
문집 『홍재전서』를 간행하면서 자호를 만천명월주인옹(萬川明月主人翁)
이라고 지었거니와 세손 시절부터 이미 달과 관련된 비유를 즐겨 쓰
곤 했다.

2　　　김백철, 『조선 후기 영조의 탕평 정치』(태학사, 2010), 212~226쪽.

화려한 누각 동쪽에서 달이 처음 솟더니	畫樓東畔月初生
달빛이 닿는 곳마다 마음도 따라 비추네	隨意霜華著處明
삼천 대천 세계를 달빛아 두루 비추어라	大界三千光照遍
본래부터 하늘은 십분 맑은 것이라네	自來天宇十分清[3]

　　왕위에 올라서도 정조는 신하들과 달밤에 경연을 즐기곤 했다. 재위 13년인 1789년 가을밤에 비가 막 개고 달빛이 뜰 안에 가득하자 정조는 주렴을 걷고 감상하면서 이렇게 말했다. "그대들도 모두 이 달을 보고 있는가. 만인이 모두 우러러보는 것은 광명쇄락(光明灑落, 빛이 밝고 맑게 쏟아져 내림) 네 글자에 있을 뿐이다. 사대부의 가슴도 이와 같아야 하리니, 작은 음영도 드리워 있어서는 안 된다."[4] 정조는 달과 시냇물 사이에 구름이 없는 게 아름다운 것처럼 왕과 신민들 사이를 특정 당파나 탐관오리가 가로막지 않는 직접적 소통의 상태가 좋은 정치라고 말하곤 했다.

　　정조의 청년 시절에서 한 가지 흥미로운 풍경은 쟁기질하는 그의 모습이다. 1767년 봄에 영조는 동대문 밖 전농동에 나가 친히 적전(籍田)을 갈았는데, 영조에 이어서 정조는 "일곱 번 쟁기를 잡고 밀었다." 들녘에 나가 쟁기를 잡는 열여섯 살 청년 정조의 모습도 이채롭거니와 궁궐에서 나고 자란 정조가 이 과정을 계기로 농사의 어려움과 중요성을 실감했을 것으로 짐작된다.

3　　정조, 『홍재전서』 1권 『춘저록』 1.
4　　정조, 『홍재전서』 175권 『일득록』 15.

실제로 그에 앞서 1764년에 강관(講官)으로부터 삼남 지방의 백성들이 굶주려 얼굴이 누렇게 떴다는 말을 들은 정조는 그날 저녁 식사 때 고기를 들지 않았다. 그 까닭을 묻는 영조에게 그는 "불쌍한 마음이 들어 젓가락이 차마 가지 않습니다(心焉惻傷 不忍下箸也)."라고 대답했다. 그다음 해에도 정조는 "어떻게 해야 백성들을 부유하게 만들 수 있느냐?"라는 물음에 "쓸데없는 일을 하느라 농사 때를 빼앗지 않으면 됩니다(不作無益 以奪民時也)."라고 대답해 영조의 칭찬을 들었다.(정조실록 행장) 정조는 이처럼 어릴 때부터 백성들의 배고픔을 해결하기 위해서는 백성들의 시간을 뺏지 말아야 한다는 생각을 가지고 있었고, 나중에 수원 화성을 쌓을 때도 이 점을 특히 중시했다.

'국왕의 조건'과 자기 통제의 리더십

어린 시절 정조의 모습을 보면서 '국왕의 조건'에 대해 거듭 생각하게 된다. 조선 전기의 세종은 아버지 태종으로부터 '배우기 좋아한다는 것(好學不倦)'과 '뛰어난 의견 제시 능력(獻議)'이 있다는 것을 인정받아 왕위 계승권자가 되었다. 정조의 경우도 학문 능력과 그에 기초한 탁월한 토론 능력(善對)을 인정받아 할아버지 영조의 신뢰를 얻을 수 있었다. 그런데 정조의 경우 세종과 달리 열 살 때 아버지가 뒤주에 갇혀 죽는 비극을 겪어야 했다. 그는 자칫 조현병(정신 분열병) 환자로 죽거나 정치 보복을 일삼는 폭군이 될 수 있었다. 하지만 그는 영조로부터 "세손의 마음가짐이 강하다."라는 평가를 받을 만큼 자기 통제에 철저했다.

특히 소년 정조는 할아버지와의 대화에서 보듯이 자신의 충동을 억제하고 감정을 조절하는 능력이 우수했을뿐더러 여러 경험들을 긍정적으로 해석하고 그것을 이야기로 풀어 내는 데 탁월했다. 한마디로 정조는 회복 탄력성(resilience)이 매우 높은 사람이었다. 영조가 사도세자 때의 시행착오를 거울삼아 정조에게는 칭찬과 격려 중심의 교육을 시행한 것도 효과를 보았다. 정조가 왕위에 오른 후 '연산군의 길'을 가지 않고 '대통합의 탕평 군주'로 역사에 자리매김할 수 있었던 것은 바로 뛰어난 자기 통제력의 힘 때문이라 할 수 있다.

정조 생애의 결정적 순간, 1762년 여름

정조의 어린 시절 중에서 아니, 그의 전 생애에서 가장 결정적인 해라면 아마도 영조 재위 38년인 1762년일 것이다. 그해 2월 세손 정조는 어의동 본궁, 다시 말해 지금의 서울시 효제동(종묘와 동대문 사이)에 있던 인조의 잠저(潛邸)에서 열한 살의 나이로 결혼을 했다. 그 전해 10월에 간택령을 내리고(10월 21일) 초간택(5명)을 한 후(10월 29일) 두 달가량 지나서 경기 감사 김시묵의 딸이 최종으로 간택되었다.(12월 22일) 다섯 명의 간택 후보자 중에서 김시묵의 딸이 낙점된 데는 우의정 홍봉한의 적극적인 천거가 중요하게 작용했다고 한다. 『한중록』에 따르면 김시묵의 부친의 회갑연에 간 홍봉한이 그 딸의 "비상한 재질"을 보고 영조를 설득해서 간택되게 했다고 한다.[5] 물론

---

5   혜경궁 홍씨, 정병설 옮김, 『한중록』(문학동네, 2010), 110쪽.

명문가(청풍 김씨)이기는 하나 정승 등 고위 관료가 아닌 일반 관료의 처자 중에서 "사치하지 않고 단정한" 사람을 고르려는 영조의 의지가 반영된 것이었다.

1762년, 기쁘고도 슬픈 해

2월 2일 창덕궁 명광전에서 있었던 결혼식(嘉禮)은 그다지 즐거운 분위기가 아니었다. 결혼식에 앞서 어른께 인사를 올리는 예(朝見禮)가 경희궁 경현당에서 있었다. 영조가 경현당 동쪽에 앉아 조현례를 주관했는데, 어색한 분위기가 역력했다. 사도세자가 북쪽을 향해 엎드린 상태(俯伏)에서 신랑인 정조는 북쪽에 앉아 남쪽에서 오는 신부를 맞이했다. 결혼식은 한마디의 대화도 없이 영조가 지은 글을 신랑에게 내리는 것으로 끝났다.

이날의 어색한 분위기는 영조와 세자의 불편한 관계에서 비롯되었다. 두 사람은 거의 석 달 전인 1761년 10월 9일에 마지못해, 신하들의 수차례의 강권에 못 이겨 일 년 만에 만났으나 관계는 냉랭하기 그지없었다. 부왕인 영조는 하라는 제왕학 공부는 안 하고 삿된 무리와 궁궐 밖으로 미행(微行)이나 다니는 세자를 못마땅해했다. 세자 역시 10여 년 동안 대리청정이라는 올가미로 얽어매 놓고 걸핏하면 '전위(轉位) 파동'을 일으켜 자신과 신료들을 시험하는 부왕을 불신하고 있었다.

두 사람의 관계는 이미 돌이키기 어려울 만큼 깨져 있었다. 예순아홉 살의 영조는 그때까지 38년간이나 왕위에 있었지만 잠시도 편안한 날이 없었다. 물론 1729년의 이른바 기유처분(己酉處分)으로 노론과 소론 간의 연합 정권을 구성해 정국의 안정을 이뤘고, 1755년 (영조 31년)에는 을해옥사를 일으켜 소론 내의 잔여 과격파까지 완전히 몰락시켰다. 2년 전인 1760년에는 서울의 주민 15만 명과 역부(役夫) 5만 명을 동원해 두 달에 걸쳐 청계천 준설을 감행해 도성민의 골칫거리였던 하수 처리 문제를 해결하기도 했다.

겉으로 볼 때는 영조는 어느 누구보다도 뛰어난 정치적 성과를 거둔 임금이었다. 하지만 그는 늘 불안하고 초조해했다. 그것은 어머니의 천한 신분(무수리) 탓일 수도 있겠고, 자신의 정치적 정당성을 전면 부정하는 신하들의 반란(이인좌의 난, 나주 벽서 사건 등) 때문일 수도 있었다. 그는 신경과민으로 갑작스럽게 성을 내고 후회하는 언행을 거듭했고, 늘 아들 세자를 괴롭혔다. 심리학적으로 볼 때 영조는 안전 욕구와 존경 욕구의 결핍에서 비롯된 강박 신경증을 겪었던 것으로 보인다. 에이브러햄 매슬로(Abraham Maslow)에 따르면 안전 욕구는 "현재의 세상을 바라보는 관점과 철학은 물론이고 미래에 대한 철학과 가치관까지 좌우하는 강력한 결정 인자"인데[6] 영조가 보인 여러 병리 현상은 그 전형적인 예라 할 수 있다.

안전 욕구가 좌절된 사람들은 "예상하지 못한 어떤 사태(위험)라도 절대 발생할 수 없도록 모든 조처를 취하려 노력"하는데,[7] 영조가 자신의 생각과 다른 정치적 언행을 보인 사도세자를 크게 경계한 것은 바로 그러한 예방 조처의 차원으로 이해할 수 있다. 즉 사도세자

---

6   에이브러햄 매슬로, 오혜경 옮김, 『동기와 성격』(21세기북스, 2009), 89쪽.
7   같은 책, 91쪽.

는 1755년(영조 31년)의 나주 벽서 사건 조사 과정에서 신임 의리를 부정하는 윤지·이하징 등을 가혹하게 처벌하고, 『천의소감』을 편찬하여 노론의 당론만을 국시(國是)로 인정하게 하려는 영조와 다른 태도를 취했다. 당시 대리청정하던 사도세자는 혐의자에 대한 처벌을 최소화하고 노론의 독주를 제지하려 하였다. 예를 들어 나주 벽서 사건 직후 설치된 토역 경과에서 드러난 소론의 반발에 그는 온건하게 대응하는 한편 노론 유생들의 송시열·송준길 문묘 종향 요청(영조실록 31/11/17)과 노론 4대신(김창집, 이이명, 조태채, 이건명)의 정려 요청을 거부하였다.(영조실록 32/1/17) 한마디로 사도세자는 영조를 중심으로 한 노론의 당론과 다른 정치적 견해가 보였는데, 그 점이 영조에게는 매우 위험한 '정치적 불장난'으로 간주되었다.

안전 · 존경 욕구 결핍이 가져온 영조의 강박증

영조는 또한 어머니의 천한 신분과 즉위 과정의 정당성 결여로 인해 특정 당파의 사람들과 적지 않은 백성들로부터 국왕다운 국왕으로 인정받지 못하고 있었다. 이처럼 존경 욕구가 좌절됐기 때문인지 영조는 역대 어떤 국왕보다 성실했다. 그는 제왕학 수업을 제대로 받지 못했다는 시선을 의식해 군왕 중에서 경연을 가장 많이 개최했다. 검소하고 근면한 생활로 일관하였고, 『자서록(自敍錄)』이라는 자서전을 집필하기도 했다.(영조실록 37/3/8) 이처럼 존경받는 국왕으로 자리매김하려는 그에게 세자의 무관심과 무성의는 적지 않은 마음의 상처를 주었을 것이다. 세자는 부왕이 그렇게 중시하는 서연은 내팽개치고, 무예 연습에만 골몰했다. 유교 군주로서 피해야 할 대표적 존재인 환관들과 돌아다니고, 기생과 여승까지 궁궐로 끌어들여 즐기는 모습도 부왕에 대한 고의적 반항으로 비쳤다.

그런데 두 사람 사이에는 늘 홍봉한이 개입되어 있었다. 겉으로 보기에 홍봉한은 사도세자의 장인이자 영조의 대신(우의정)으로서 최적의 중재자였다. 그러나 실제로 그는 교묘하게 두 사람 사이를 갈라놓았다. 그는 고대 그리스 비극 작가 소포클레스의 『오이디푸스왕』에 나오는 테이레시아스처럼 '진실'을 말하는 예언자도 아니었고, 셰익스피어의 『오셀로』에 나오는 이아고처럼 '순수한 악행(pure evil)'을 저지르는 인물도 아니었다. 그는 왕과 세자가 직접 소통하지 못하게 차단하면서 자신의 권력을 강화하는 데 전념했다. 분명한 동기를 가지고 '거짓된' 언행으로 왕과 세자 사이를 더욱 꼬이게 만든 것이다.

사도세자의 죽음이라는 임오화변이 발생하기 1년 전인 1761년에 보인 홍봉한의 태도가 그랬다. 당시 1년여 동안의 『영조실록』 기록은 마치 비극 시나리오를 읽는 것처럼 안타깝고도 흥미진진하다. 조정의 여러 인물들은 비극의 주인공들이 으레 그러듯 자신이 처한 위치를 고수하며 맹목적으로 나아갔다. 파국으로 치닫는 수레바퀴를 누구도 나서서 멈춰 세우려 하지 않았다. 영조는 셰익스피어의 오셀로처럼 질투에 사로잡혀 "뻔한 것은 보지 못하고 헛것은 잘도 보는 늙은 남자"였다. 오셀로가 이아고의 간교한 술책에 빠져 사랑하는 아내 데스데모나를 진지한 대화 한 번 없이 죽인 것처럼 영조 역시 자신의 외아들 세자와 직접 소통하지 않았다.

1761년 3월 24일에 영조는 자신이 식사를 제대로 못한 지 사흘 밤낮이 되었는데도 약원(藥院)의 신하들이 통 무관심하다면서 그들을 파직했다. 아울러 세자가 병문안하지 않은 것에 대해서도 불쾌감을 드러냈다.(영조실록 37/3/24) 그런데 다음 날 그는 세자에게 문병할 필요 없다고 전달했다. 세자 역시 자신의 위치를 고수했다. 부왕에게 병환이 났으니 응당 문병해야 한다는 사부들에게 그는 "치통과 두통 등으로 일어나 움직이기가 불가능하다."라면서 가마에 누워서 가면 안 되겠냐고 물었다. 세자의 문병 의향을 전달받은 영조는 "병을 조리한다면서 내게 오는 것이 더욱 마음이 쓰인다."라고 말했다. 그는 또한 승지에게 즉시 가서 오지 말라고 전하게 했다. 이 지시를 들은 세자는 부왕이 오지 말라고 했는데 그 말을 따르지 않고 억지로 거행하다가 혹시라도 병이 악화된다면 부왕의 마음이 어떻겠느냐면서 문병을 취소하려 했다.

옆에 있던 다른 신하가 "지금은 병이 조금 나아졌다고 말하고 문병을 요청하면 틀림없이 기뻐하실 것"이라고 말했다. 세자는 "네 말대로 하는 것은 부왕을 속이는 것"이라고 대답했다. 신하는 다시 "저하께서 한 해가 지나도록 문안을 하지 못했습니다. 부왕께서 환후를 앓고 있는데도 문병하지 않으면 백성들의 마음(民情)이 답답할 것"이라고 재차 독촉했다. 이에 세자는 "이런 때에 어찌 백성들의 마음을 이야기하는가?"라면서 그를 처벌하라고 명했다. 하지만 세자는 마지못해 의자에 기대서라도 뵈어야겠다고 말하고 문병 소식을 전했다. 이 말을 들은 영조는 "겨우 입직한 당상관과 낭청만 데리고 오겠다는데 이상한 행동이 아닌가? 장차 도하의 인심을 소란스럽게 만들 작정인가?"라고 불쾌한 반응을 보였다. 결국 세자는 "자식 된 도리로 부왕의 말을 따르지 않을 수 없다."라면서 최종적으로 문병 계획을

취소했다.(영조실록 37/3/27)

　이 문병 에피소드에서 보듯이 왕과 세자는 한 치의 양보도 없이 자존심 싸움을 계속했다. 이때 영조의 속마음은 무엇이었을까? 아마도 세자가 자세를 낮추며 문안 인사를 하러 오기를 바랐던 게 아닐까? 몇 달 후 세손(정조)이 어른의 뜻에 부응하는 길에 대해 말했을 때 영조가 보인 반응을 보면 그것을 알 수 있다. 세손은 "침소에 문안하고 수라상을 살펴보는 것"이 그 길이라고 대답했고 이에 영조는 무릎을 치면서 "기특하다."라고 기뻐했다.(영조실록 37/8/26)

　이러는 가운데 영조와 세자 사이를 더욱 멀어지게 하는 사건이 발생했다. 세자가 4월 초부터 20여 일 동안 서울을 떠나 외유하고 돌아왔다는 글이 승정원에 올라온 것이다. 맨 먼저 이 사실을 거론한 사람은 서명응이었고, 유생들도 왕에게 글을 올렸다. 세자가 서연에서의 강독(講讀)을 치워 버린 지 오래되었으며, 신하들을 접견하지도 않고, 환관들과 더불어 말 달리며 사냥하는 일과 재화를 늘리고 음악과 여색을 즐기는 데 빠져 있다는 비난이었다.(영조실록 37/4/22) 영조가 미적거리는 사이에 이번에는 사학(四學)의 유생들이 연명으로 글을 올려 세자를 비난했다. 지난번 성상(영조)의 건강이 좋지 않아서 모든 관원이 애를 태우는데도 유독 세자만 부왕의 허락을 얻지 못했다고 핑계 대면서 간호하는 예를 하지 않았고, 또 다행히 건강이 회복되어 온 나라 백성들이 기뻐하는데 오로지 세자만 경하하는 예를 갖추지 않았다는 것이다.(영조실록 37/4/28)

나쁜 중재자 홍봉한

이렇게 되자 세자가 영조를 찾아가지 않을 수 없었다. 하지만 뜻밖에도 홍봉한이 "세자의 병을 염려하는 성상의 마음이 풀어진 다음에 자연스럽게 찾아뵈면 될 것"이라면서 진현(進見)을 만류했다. 대신 서연을 자주 열고 신하들을 열심히 만나라고 조언했다. 홍봉한 자신의 표현처럼 이 말은 "경중(輕重)이 뒤집힌" 조언이었다. 그럼에도 세자는 "성상의 속뜻을 받드는 게 제일"이라면서 홍봉한의 조언을 받아들였다.(영조실록 37/4/28) 세자는 정치 세계에 사는 사람이라면 비록 자기가 하기 싫은 일이라도 묵묵히 이행해야 한다는 것을 망각한 듯했다. 홍봉한은 바로 그런 세자의 특성을 간파하여 왕과 세자의 직접적 만남을 차단하곤 했다.

1761년 5월 17일 거의 1년 만에 왕과 세자가 경희궁에서 만난 직후 홍봉한은 영조에게 세자의 모습이 어땠냐고 물었다. "작년보다 살이 더 쪘다."라는 대답을 들은 홍봉한은 영조에게 "소조(세자)가 돌아가는 길에 무엇을 얻은 듯 기뻐했다."라고 보고했다.(영조실록 37/5/18) 애매한 말이었다. 좋게 보자면 아버지를 만나려는 소망이 이뤄져 기뻤다고 해석할 수 있다. 하지만 '무엇을 얻은 듯했다.(如有得焉)'라는 말은 '자신이 의도했던 것을 획득했다.'라는 의미로 나쁘게 해석될 수도 있는 표현이었다.

이어서 홍봉한은 세자를 찾아갔다. 그는 영조와 나눈 대화에 대해서는 일체 침묵한 채 부왕의 모습이 어땠느냐고 물었다. "그 전보다 훨씬 더 기력이 쇠퇴하고 힘들어하시는(衰耗) 것 같아서 기뻐하는 마음과 두려워하는(喜懼) 마음으로 잠을 이룰 수 없었다."라고 세자가 대답했다. 홍봉한은 부자 사이의 정서적 교감을 일으키는 말은 일절 하지 않고 '차대하는 일' 등 세자의 공식 업무를 다시 정상화하라는 하명이 있었다고만 전했다. 이어서 그는 "세자 자신을 책망하는 뜻을 분명히 드러내야만" 부왕과 신료들의 동요가 비로소 진정될 수 있으리라는 말로 세자를 겁박했다.(영조실록 37/5/18)

이처럼 홍봉한은 영조와 세자의 직접적 대화를 수시로 가로막았다. 다음 달인 6월 13일 그는 인현왕후의 생가가 있는 안국동에 들르는 부왕에게 세자가 인사드리려 하자 '더위'를 이유로 만류했다. 다음 날 그는 영조에게는 세자가 '감기'에 걸려서 오지 못했다고 말했다.(영조실록 37/6/14) 홍봉한의 이러한 태도는 혜경궁의 말처럼 이미 극도로 악화된 부자간의 관계를 고려해 그 충돌을 피하게 하려는 의도에서 나온 것일 수도 있다. 하지만 장령 윤재겸의 비판처럼 세자빈의 지친이자 국왕으로부터 중임을 맡은 신하가 할 처신은 아니었다. "오랫동안 (세자가) 세자궁을 떠나 있음을 나라 사람이 모두 알고" 있었는데도 그는 "옷소매를 잡아당기며 울먹이든지 말고삐를 부여잡고 간언했어야" 하는데, 마치 아무 일도 없는 것처럼 "모르는 체"하면서 정무를 처리했다.(영조실록 37/5/15) 그러는 사이에 그에 대한 국왕의 신뢰는 더욱 깊어 갔으며(영조는 "우의정(홍봉한)은 철저하기가 물을 담아도 새지 않을 정도"라고 말했다.(영조실록 37/6/19)) 그의 직위 또한 좌의정, 영의정으로 더욱 높아졌다.

1762년(영조 38년) 이른바 임오화변은 이러한 상황에서 발생했다. 불통과 불신, 끝없는 갈등과 대립의 구조는 결국 그해 5월 '나경언의 고변'을 계기로 끝장났다. 나경언은 궁중의 물품을 관리하는 액정서 소속 나상언의 형인데 "변란이 임금의 최측근(肘腋)으로부터 일어날 것"이라는 쪽지를 5월 22일 형조에 건넸다. 형조의 관리 이해중은 이 쪽지를 영의정 홍봉한에게 전했고, 그는 곧장 왕에게 올렸다. 이 쪽지를 본 영조는 크게 놀라 앞에 있는 상(床)을 내려치면서 "나경언을 친국하겠다."라고 말했다. 마침 그 곁에 있던 경기 감사 홍계희는 궁궐을 호위해야 되지 않겠느냐고 제안했다. 왕은 그 제안을 받아들여 성문과 아래 대궐의 여러 문을 닫게 했다. 국가 변란에 준하는 조치로 사안의 성격이 확대된 것이다.

나경언의 고변

국문을 하는 곳에서 나경언은 갑자기 옷소매에서 세자의 허물 10여 조항이 적힌 종이를 꺼내 새로 바쳤다. 다시 말해 그는 국왕 측근에서 역적모의가 이뤄지고 있다며 왕의 관심을 끈 다음 국문장에서 세자의 비리를 고변하는 방식을 취한 것이다. 그런데 이 과정을 자세히 들여다보면 이상한 점이 발견된다. 우선 나경언의 쪽지를 홍봉한에게 전달한 형조 관리(형조 참의) 이해중은 홍봉한의 처가 쪽 사람(혜경궁의 외사촌)이었다.

이 쪽지 고변은 다른 형조 관리였다면 종종 있는 투서의 하나로 보고 불살랐을 수도 있는 사안이었다. 세자를 꼭 집어 말한 것도 아니었고, 그저 "임금의 최측근"이라고만 적혀 있었기 때문이다. '최측근'을 세자로 지목하고 왕에게 쪽지를 올린 사람은 바로 홍봉한이었다. 그리고 불과 6개월 전에 경기 감사로 임명되어 궁궐의 호위 책임을 맡은 홍계희가 그 사안을 확대 해석한 것도 석연치 않다.[8]

이후 사건은 알려진 것처럼 급속도로 전개되어 21일 만에 세자가 뒤주에서 죽는 것으로 끝났다. 14년이라는 대리청정 기간의 길고 지루한 갈등과 대립이 불과 수십 일 만에 극적으로 마무리된 것이다. 이렇게 볼 때 나경언의 고변은 연극의 데우스 엑스 마키나(deus ex machina)와 같았다. 이리저리 얽히고설킨 갈등 관계를 도저히 작가 자신의 능력으로 해결할 방법이 없을 때 무대 위에서 기계를 타고 신이 내려와 일거에 갈등 관계를 해소해 주는 장치와도 같았던 것이다.

나경인의 고변이 있은 후 세자가 죽기까지 21일간의 사건 전개를 정리하면 다음과 같다.

• **1차 위기**: 1762년 5월 22일 나경언이 고변함. →5월 23일 세자가 경희궁 금천교에서 석고대죄, 밤늦게 창덕궁으로 환궁함. →5월 24일 영조가 상인들을 불러 세자의 빚을 갚아 줌. →세자가 창경궁 시민당 뜰에서 대죄.(5월 24일 이후 계속됨.) →윤5월 1일 영조가 세자에게 기대할 것이 없다고 말함. →윤5월 2일 영조가 창덕궁 서북쪽의 어진을 모신 건물(眞殿)에 들른 후 창덕궁 진선문에 서서 세자가 지척에 있으면서도 나와 인사하지 않는다고 꾸짖음. →윤5월 4일 세자를 사칭해 부녀자를 강간하고 다닌 박지성 등 참수. →윤5월 6일 신하들이 나경언의 처자를 연좌시키고 가산을 몰수하라고 요청했다가 전원 파직됨. 영조가 "조정 신하들이 아버지당(父黨)과 자식당(子黨)으로 갈렸다. 조정 신하 모두가 역

---

8   홍계희는 사도세자의 죽음 및 정조 즉위 반대에 적극 참여했다가 나중에 정조에 의해 가족까지 몰살당했다.

적"이라고 격노. → 윤5월 7일 홍봉한이 좌의정에 복직.

• **2차 위기:** 윤5월 13일 영조가 창덕궁 선원전에 들른 후 세자의 대죄를 풀어 주고, 죽은 왕비 정성왕후의 초상화가 있는 휘령전에 인사하게 함. 병을 칭탁해 거절하는 세자에게 거듭 강요해 인사하게 함. 이후 영조가 뜰 가운데서 손뼉을 치며 "정성왕후가 내게 변란이 호흡 사이에 있다고 하신다."라면서 궁궐 수비를 강화함. 세자에게 관을 벗고 맨발로 땅에 엎드리게 하고, 자결하라고 명함. 세손(정조)이 들어와서 모자와 겉옷을 벗고 세자 뒤에 엎드림. 영조가 세손을 안아다가 시강원으로 보냄. 영조가 칼을 들고 연달아 자결하라고 재촉함. 자결하려는 세자를 신하들이 만류함. 영조가 세자를 폐하고 서인으로 삼음. 세자가 통곡하면서 개과천선하겠다고 애걸했으나 영조가 엄히 꾸짖으며 세자의 생모 영빈 이씨가 고발한 내용을 진술함. 세자를 뒤주에 가둠. 영조가 황급히 들어오는 세손을 혜경궁과 함께 홍봉한의 집으로 보냄.

• **파국:** 윤5월 14일 영조가 세자를 따른 환관, 여승, 평양 기생 등을 참수함. 세자가 거처하던 창덕궁의 잡물을 소각함. → 윤5월 17일 엄홍복이 홍봉한에게 판부사 조재호(소론)의 '동궁 보호' 발언을 고변함. 조재호가 삭직됨. → 윤5월 18일 엄홍복을 참수하고 조재호를 단천부로 유배함. → 윤5월 21일 세자가 사망함. 영조가 '사도세자'라는 시호를 내림.

여기에서 보듯이 긴박한 21일간의 위기 가운데 두 차례의 고비가 있었다. 즉 나경언의 고변 직후만 해도 영조는 격노했지만 세자를 죽일 생각까지는 없었던 듯하다. 세자의 빚을 갚아 주는 등 도성의 민심을 달랜 후 적당한 선에서 세자를 용서하려 했던 듯싶다. 이 때문에 세자는 창덕궁으로 환궁하면서 "은혜에 힘입어 위기를 모면했다."라고 주위 신하들에게 말할 수 있었다. 하지만 윤5월 2일에 세자가 가까이까지 온 부왕에게 인사를 올리지 않자 영조가 다시 격노하면서 상황이 험악해졌다.(1차 고비) 세자를 추종하는 이들을 참수하고, 세자를 고변한 이를 처벌하라는 신하들을 모두 파직했다.

2차 고비는 세자가 휘령전에 인사 올리기를 거절한 때였다.(윤5월 13일) 영조는 세자 추종 세력을 제거했지만 세자를 죽이는 데까지는 가지 않았다. 윤5월 13일에 창덕궁 선원전에 들른 후 세자의 대고를 풀어 주고 정성왕후의 초상화가 있는 창경궁 휘령전(지금의 문정전)에 나아가 인사하게 했다. 그런데도 세자는 병을 칭탁하며 인사 올리기를 거절했다.(2차 위기) 상황이 이에 이르자 영조는 세자 제거를 마침내 결단했다. 이후 그는 세자와 조금이라도 연루된 자는 모조리 처벌했다. 마무리 수순으로 접어든 것이다. 물론 그에 앞서 세자의 생모 영빈 이씨의 "세자가 왕을 죽이려 한다."라는 고변은 영조의 결심을 굳히는 데 결정적 역할을 했을 것이다. 이 말은 『한중록』에 나오는데, 실제로 부왕을 죽이겠다는 뜻이 아니라 홧김에 칼로 죽여 버리고 싶다고 극언을 한 것으로 해석해야 할 것으로 보인다.[9] 따라서 영조가 영빈 이씨의 고변을 이 시점에 진술한 것은 세자를 사전에 제압하기 위한 방책이었던 것으로 해석된다.

이 점에서 몇 년 전 인기리에 상영된 영화 「사도」가 제기한 영조의 자식 살해의 정치적 의미를 되새겨 볼 필요가 있다. 영화 속 사도

---

9   혜경궁 홍씨, 정병설 옮김, 『한중록』(문학동네, 2010), 122쪽.

세자는 "내가 바란 것은 아버지의 따뜻한 눈길 한 번, 다정한 말 한 마디"라고 절규했다. 하지만 역사의 폭력을 온몸으로 겪으며 자란 영조가 보기에 그는 '정치적 미숙아'에 불과했다. 무엇보다 사도세자는 자신의 말과 행동이 초래할 정치적 파장에 대해 무지했다. 할머니를 추모하기 위해 입은 흰옷이 아비의 죽음을 비는 상복으로 해석될 수 있다는 것조차도 몰랐다.

영화에서는 사도세자의 '시원시원한 일처리'를 영조의 우유부단함과 대비시켜 그의 장점으로 묘사했다. 하지만 현실은 그렇게 녹록지 않다. 1755년에 영조는 "모든 일을 통쾌하게 하면 폐단이 생긴다. 조종에 있는 신하들은 모름지기 이를 명심하여 통쾌함(快)이라는 한 글자를 마음에 두지 말라."라고 말했다.(영조실록 31/3/13)

'통쾌한 정치'는 일시적으로 후련하고 가시적인 효과를 낼지 모르나 그것은 곧 또 다른 정치적 후유증을 동반하기 마련이다. 특히 다종다양한 사람들이 서로 다른 동기와 의도를 가지고 행동하는 정치 세계를 특정한 정치 이념이나 세력으로 획일화하려는 발상 자체가 무모한 것일 뿐 아니라 극히 위험한 시도임을 사도세자는 간과했다.

사도세자가 정치 세계의 복잡성과 거기에서 파생된 우연성에 무지한 '역사의 죄인'이라면 영조는 어떤 존재인가? 권력을 위해 형(경종)과 자식을 죽인 '역사 속 미치광이'인가? 영화 속 영조는 종묘를 거닐며 "왕가에서는 자식을 원수처럼 여긴다."라고 말했다. 부인에게 사약을 내린 숙종, 형을 독살한 혐의에 시달리는 자신을 언급하면서 부인과 형, 때로는 자식까지 죽이면서 지켜야 할 것이 종묘사직이라고 역설했다.

실제로 그는 사도세자의 죽음을 "종사와 국가를 위해 의(義)로써 은혜를 절제한 것(爲宗國以義制恩)"이라고 정당화했다.(영조실록 38/8/26) 그런데 역사의 합리성이 없다면, 다시 말해 가족을 죽이면서까지 지켜야 할 정치의 가치가 대체 무엇이냐고 따진다면 그는 뭐라 대답할까? 만약 그렇다면 종묘는 권력 투쟁에서 살아남은 자들을 기리기 위한 '피의 전당'일 뿐이며 숱한 사이코들의 영혼 집합소와 다름없지 않은가.

영조는 그렇게 생각하지 않았다. 그는 길게 늘어선 종묘의 기둥이 상징하는 전통의 지속성을 믿었고, 그 전통을 지키기 위해 자신이 감내해야 할 책무를 기꺼이 떠맡았다. 그는 '노론의 꼭두각시'라고 손가락질받으면서도 자신이 할 수 있는 일(탕평, 균역, 준천)을 해냈으며, 심지어 '자식 죽인 아비'라는 비난을 무릅쓰면서까지 정치적 악연을 끊어 냈다.

이렇게 볼 때 영조의 위대함은 바로 사도세자를 끝내 뒤주에서 꺼내지 않았다는 데 있다. 그가 만약 부자간의 정에 이끌려 뒤주를 열었다면 어떻게 됐을까? 아마도 두 사람은 훨씬 더 오랫동안 저주하며 살았거나 거꾸로 자식이 아비를 죽이는 일이 실제로 일어났을지도 모른다.(영조는 그 사건 이후로 14년이나 더 살았다.) 그랬다면 사도세자는 광기에 패륜까지 뒤집어쓴 채 쫓겨났을 것이며, 따라서 '정조 시대' 역시 존재하지 않았을 것이다.

이 영화의 새로움은 흔히 얘기하듯이 가족 간 소통의 중요성이나 조기 교육의 폐단을 부각한 데 있지 않다. 그보다는 가족의 가치를 희생시킬 수밖에 없는 정치 영역의 비극성 내지 폭력성을 고발한 점에 있다. 마지막 대목에서 금천교에 꿇어 엎드린 사도세자 위를 영조의 가마가 넘어가는 것은 이 점에서 의미심장하다.

가마 위의 영조는 역사가 시작된 이래 끝없이 저질러진 '정치에 의한 가족 살해'를 폭로라도 하려는 듯 사도세자를 응시하고 있었다. 조선 전기의 '왕자의 난'으로부터 시작해 가까이는 인조가 아들 소현세자를 죽이기까지 얼마나 많은 왕의 가족들이 정치의 희생양이 되었던가? 가족이 정치의 제물로 바쳐지는 폭력성을 끝장내는 첫출발은 그 폭력의 과정을 정면으로 주시하는 것이라고 말하고 싶었던 것일까?

감성의 군주

정조에게 생부의 죽음을 목격했다는 것은 정신적 외상(trauma)이 될 수 있었다. 하지만 그는 다른 사람에게 관대하고 자신에게 엄격한 인격자로 자라났다. 그렇게 될 수 있었던 배경에는 할아버지 영조의 칭찬 교육이 있었다. 앞에서 본 것처럼 영조는 아들 사도세자의 교육에 실패한 이후 손자에게 격려하는 말을 자주 했다.

정조의 회복 탄력성은 독서 토론에 의해서도 강화된 듯하다. 그는 책을 읽으면서 인간 감정의 특징을 깊이 성찰했고, 감정에 사로잡히지 않을 방법에 대해 신하들과 토론하곤 했다. 인간 칠정(七情)과 극기 방법에 대한 대화가 그 예이다.[10] 풍부한 감성과 긍정적 사고 역

---

10   정조, 『홍재전서』 161권 『일득록』 1.

시 정조로 하여금 난관을 딛고 일어서게 하는 저력이었다.

실제로 정조는 매우 섬세한 감성의 소유자였다. 하루는 창덕궁 후원에서 꽃을 감상하는데 궁중의 요리사(膳人)가 잡풀이 더부룩한 뜰 위에 숯불을 놓았다. 이를 본 정조는 "빨리 그것을 옮기라. 새싹이 이제 막 푸릇푸릇 올라오는데(苗靑) 어떻게 차마 불꽃 속에 사라지게 할 수 있겠는가!"라고 하였다.[11] 그는 또한 창덕궁 편전 앞에 핀 매화를 보고 "많은 음(陰) 속에서 한 줄기 돋아나는 새싹(陰中一脈)이 그지없이 사랑스럽다."라면서 걸음을 멈추고 찬탄하기도 했다.[12]

사물과 자연에 대한 그의 세심한 관찰과 따뜻한 마음은 수많은 시어(詩語)로도 표현되었다. 정조는 세손 시절에만 342편의 시를 지은 다작의 시인이었다. 그가 아낀 다음의 시를 보면 그의 안목을 가늠할 수 있다.

진종일 찾아봐도 봄이 보이지 않아서 　　　盡日尋春不見春

농산의 구름 속을 두루 밟고 다녔어라 　　　芒鞋踏遍隴頭雲

돌아와서 웃으며 매화 향기 맡아 보니 　　　歸來笑撚梅花嗅

가지 위에 봄이 이미 무르익었네 　　　春在枝頭已十分[13]

어느 고승이 지었다는 이 시는 봄을 애타게 찾는 시인의 마음을

11　　　정조, 『홍재전서』 165권 『일득록』 5.

12　　　정조, 『홍재전서』 175권 『일득록』 15.

13　　　정조, 『홍재전서』 161권 『일득록』 1.

잘 드러냈다. 그뿐 아니라 '가까운 것으로부터 생각하는 것(近思)'의 의미를 격조 있게 표현했다. 이처럼 정조와 그 시대 사람들의 인문적 기풍을 느끼게 하는 대화와 통찰력 있는 문장은 『일득록』의 곳곳에서 발견된다.

『일득록』의 압권은 정조의 자기 관리와 마음공부에 관한 대화이다. 예를 들어 경연에서 그는 "칠정(七情) 가운데 무엇이 제어하기 어려운가?"라고 물었다. 누군가가 "성냄(怒)이 제어하기 어렵습니다."라고 대답하자 정조는 "그 말이 참으로 옳다. 그러나 칠정 중의 욕(欲)은 오성(五性, 즉 오상(五常). 인(仁), 의(義), 예(禮), 지(智), 신(信)의 다섯 가지 덕) 중의 신(信)과 같아서 없는 곳이 없다. 희(喜), 노(怒), 애(哀), 락(樂), 애(愛), 오(惡)가 발(發)하여 절도에 맞지 않는 것은 욕이 있기 때문"이라고 말했다.

따라서 '욕'이라는 한 글자를 참으로 제어할 수 있다면 나머지 감정도 잘 다스릴 수 있다는 것, 그래서 "욕을 제어하는 일이 가장 어렵다."라는 게 정조의 주장이었다.[14] 욕이라는 마음(情)은 다른 모든 마음과 연관되면서 그것들에 영향을 끼치는 심층적 요소라고 보는 인간 심성에 대한 그의 이해가 놀랍다.

자기 관리(克己) 방법에 대한 그의 통찰도 인상적이다. 정조는 "극기는 모름지기 극복하기 어려운 편벽한 성품을 극복해 가는"데서 시작해야 한다고 말했다. 사람은 각기 좋아하는 것이 다른데, 술은 좋아하지만 여색을 좋아하지 않는 사람이 있고, 여색은 좋아하지

---

14   같은 책.

만 술을 좋아하지 않는 사람도 있으며 "사냥하고 말 타고 옷 입는 것도 모두 그러한데" 자신이 편벽되게 좋아하는 것을 직시하고 고쳐나가는 노력을 기울여야 한다는 것이다.[15]

그는 자신의 약점이 쉽게 화내는 데 있다고 고백했다. 성질이 나면 사리를 살피지 않고 먼저 화를 내는데, 그러고 나면 화가 더욱 치밀어 일을 도리어 그르치곤 한다는 것이다. 그는 이렇게 말했다. "나는 비록 수양하는 공부는 없지만 언제나 이런 점을 경계하고 있다. 어쩌다가 화나는 일을 만나면 반드시 화를 가라앉히고 사리를 살필 방도를 생각하여 하룻밤을 지낸 뒤에야 비로소 일을 처리해 보니 마음을 다스리는 데 일조가 되었다."[16]

정조의 자연에 대한 관찰과 인간 심성에 대한 이해는 궁극적으로 백성들을 바라보는 시선 및 정치가의 마음 자세에 잇닿아 있다. 그는 "지극히 어리석으면서도 신명하여 속일 수 없는(至愚神明) 것이 백성"이라면서 나라를 이롭게 하려는 관리의 마음은 천 리 밖에서도 백성들이 금방 알아본다고 말했다.[17] 따라서 백성들이 공감할 수 있게 다스려야 할뿐더러 더 나아가 백성들 자신이 미처 깨닫지 못한 것까지 발견해 이끌고 나가야 한다는 게 그의 생각이었다.

1783년(정조 7년) 8월 봄에 빌려준 곡식을 다 걷으려 하는 경기 관찰사에게 정조는 "수만 명의 백성을 잃는 것보다 차라리 수만 석

---

15   같은 책.

16   같은 책.

17   정조, 『홍재전서』 169권 『일득록』 9.

의 곡식을 잃는 게 낫다."라면서 환곡을 멈추게 했다.[18] 그는 "얻기 어려운 것이 백성이고 모으기 쉬운 것이 재물(難得者民 易聚者財)"이니 재물을 흩어 백성이 모이게 할지언정(財散民聚) 나라 경비를 마련하기 위해 백성의 살림살이를 외면해서는 안 된다고 강조했다.[19]

그렇다고 정조를 백성들의 뜻만 따라가는 인기 영합주의자로 보아서는 안 된다. 그는 나라의 풍속을 바로잡으려면 정부가 솔선수범해 기강을 세우고 이끄는 것이 가장 중요하다고 보았다. 특히 민심이 어지러울 때는 마치 혼탁한 물을 맑게 하는 것처럼 시간을 두고 가라앉을 때까지 천천히 기다려야 한다고 했다.[20] 예를 들어 수원 화성 건설이나 '신해통공 조치' 추진 과정에서 신민들이 당파의 이익 등 여러 가지 장애물에 걸려 혼란을 겪을 때 그는 "안목을 새롭게 해서 누적된 풍습을 바꾼다(新一代耳目 變十年風習)."(정조실록 19/2/2)라는 자세로 백성들의 생각을 깨우치고 이끌어 갔다.

그렇게 하기 위해 지도자의 마음가짐이 가장 중요하다. 정조는 활을 쏘면서 "마음을 바르게 하지 않으면 결코 과녁을 맞힐 수 없다(不正心 無以中鵠)."라면서 아무리 부족한 사람이라도 일단 과녁에 적중시켰다는 것은 마음을 바로 했다는(却自正心) 증거라고 말했다. 과녁에 적중하는 국가 경영을 하기 위해서는 먼저 자기 마음을 다스리는 법부터 배워야 한다는 그의 말에서 모든 리더십은 수신(修身)으로 시작

---

18   정조, 『홍재전서』 166권 『일득록』 6.

19   같은 책.

20   정조, 『홍재전서』 168권 『일득록』 8.

해 수신으로 끝난다는 평범한 진리를 새롭게 깨닫는다.

정조의 사람들: 홍국영, 의빈 성씨

정조가 집권하여 첫 번째로 총애한 인물은 홍국영이었다. 홍국영은 1772년(영조 48년) 스물다섯 살에 급제하였고 한림(예문관)에 들이가 춘방설서(春坊設書, 세자시강원에서 세자를 가르치는 정7품의 벼슬)를 맡으면서 정조와 인연을 맺었다. 그는 동궁이었던 정조의 정적인 정후겸과 홍인한의 공격을 막아 내 그가 무사히 왕위에 오르게 했다. 정조는 즉위하자마자 홍국영을 승정원 동부승지(정조실록 즉위년/3/13)로 삼았다가 도승지를 거쳐(정조실록 즉위년/7/6), 금위대장 겸 숙위대장(정조실록 1/11/15), 훈련대장(정조실록 2/3/15), 규장각 제학(정조실록 2/3/25)으로까지 중용했다. 정조는 특히 인사 추천권을 가진 이조 참의 전랑 자리에 홍국영을 앉혀(정조실록 즉위년/6/1) 자신의 지지 세력을 등용하게 했다. 또한 홍국영에게 금위대장 겸 숙위대장을 맡긴 것에는 자객이 침투하여 왕을 시해하려 할(정조실록 1/7/28) 정도로 허술한 왕궁의 호위를 개선하라는 뜻이 있었다.

왕의 남자 홍국영의 세도와 종말

정조가 홍국영을 중용하자 반대 세력들은 그에 대한 불만을 표시했다. 예컨대 홍상간 등은 "홍국영의 임용이 지나치다.", "홍국영이 용권(用權)을 한다.", "노론을 죽이려 한다."(정조실록 즉위년/6/23)라고 비판했다. 하지만 정조는 "오늘날 국가에는 믿을 만한 척리(戚里, 왕의 내척과 외척)가 없다. 서명선조차 한쪽 손으로 하늘을 떠받쳐 사직에 공을 세운 홍국영에 비하면 오히려 뒤처진다."(정조실록 즉위년/6/23)라면서 그를 보호했다.

정조의 이 같은 태도는 세손 시절의 경험에서 비롯되었다. 그 시절 노론 벽파들은 정조를 제거하기 위해 내시와 종들을 세손 주위에 배치해 놓고 "밤낮으로 엿보고 이리저리 음탐(陰探)"했다. 이 때문에 정조는 "몇 달씩 옷을 벗지 못하고 잠을 자야" 했는데(정조실록 즉위년/6/23) 오직 홍국영만이 목숨을 걸고 그의 신변을 지켜 주었다. 홍국영은 정조의 비호 아래 당시 강력한 권력자들이었던 홍인한(혜경궁의 숙부), 정후겸(화완옹주의 양자) 등을 제거하는 한편(정조실록 즉위년/7/5) 김귀주(정순왕후의 오라버니)를 흑산도에 유배시켰다.(정조실록 즉위년/9/9) 김귀주는 9년 만에 사면되었다가 다시 나주에 유배되어 거기에서 죽었다.

그러나 홍국영은 "날이 갈수록 더욱 교만하고 방종하여 그 권세가 세상을 좌우할 만큼"(정조실록 행장) 커졌다. 특히 자신의 누이동생이 정조의 후궁(원빈(元嬪))으로 간택된(정조실록 2/6/21) 이후에는 중전을 핍박하는 한편 송시열의 후손 송덕상을 전면에 내세워 공론을 조작하기까지 했다.[21] 실록에는 당시의 정황이 이렇게 기록되어 있다.

---

21   홍국영이 광해군 때 인성군이 인목 대비의 폐위를 주장한 고사를 인용하면서 중전의 폐위를 거론하였는데, 정조는 이때 홍국영을 축출하기로 결심했다고 후일에 진술했다. 정조실록 16/3/15.

모든 군국(軍國)의 기무(機務)와 대각(臺閣, 사헌부와 사간원)의 언론과 양전(兩銓, 이조와 병조)의 정주(政注, 인사 의견)를 다 먼저 결정한 뒤에야 위에 올리니 공경(公卿), 백집사(百執事)부터 악목(岳牧), 서관(庶官)까지 그가 시키는 대로 따랐다. 조금이라도 어기는 일이 있으면 뜻밖의 재앙이 당장 오므로 온 세상이 두려워서 마치 조석(朝夕)을 보전하지 못할 듯하여 여염집에서 사사로이 말하는 자일지라도 다 지신사(知申事, 도승지)라 부르고 감히 그 이름을 가리켜 부르지 못하였다.

정조실록 3/9/26

그런데 원빈이 1년여 만에 갑작스럽게 죽고 왕의 신임마저 흔들리는 것처럼 보이자 홍국영은 혼란에 빠졌다. 그는 자신이 아니면 안 된다는 말을 왕에게 전달하는 한편 도승지직을 물러나게 해 달라는 상소를 올렸다. 왕의 의중을 떠본 것이다. 그런데 뜻밖에 정조는 홍국영을 해임하고 그 자리에 유언호를 임명했다.(정조실록 3/5/24)

이에 홍국영은 "저사(儲嗣, 왕세자)를 넓히는 일은 다시 할 수 없다."라면서 새로운 후궁 간택을 저지하고 나섰다. 그뿐 아니라 자신과 친분이 각별한 은언군 이인의 아들 이담을 대전관(代奠官, 빈전도감)으로 삼는 등 주제넘는 일을 자행했다. 정조는 홍국영의 요청을 완곡하게 거절하는 한편 그의 숙부 홍낙순을 우의정 겸 호위대장으로 제수하고 홍국영의 세력인 구선복을 훈련대장으로 삼아 홍국영을 안심시켰다.(정조실록 3/9/27)

정조가 홍국영을 벼슬에서 물러나게 한 것은 사실 그에 대한 각별한 배려였다. 한창 일을 잘하고 있는 홍국영을 왜 내치느냐고 묻는 주위 신하들에게 그는 이렇게 대답했다.

> 이것이 그 아름다움을 이룩하고 끝내 보전하는 방도이다. 내가 어찌 생각 없이 그랬겠는가? (……) 이 뒤로는 뜻하는 대로 강호(江湖)의 산수(山水)에서 노닐 수 있을 것이다. 또한 조보(朝報)와 사람을 보지 않겠다는 그의 말에서 그 마음을 알 수 있다. 벼슬을 그만두고 물러간다고 핑계하고 오히려 다시 멀리서 조정의 권세를 잡으려 한다면 이것이 어찌 오늘(나)의 뜻이겠는가? 지난 일은 그르쳤더라도 이 뒤의 일이 잘되거나 못되는 것은 오직 집에서 어찌하느냐에 달려 있다.
>
> 정조실록 3/9/26

여기에서 보듯이 정조는 홍국영이 역사 속의 많은 인물, 다시 말해 창업이나 전쟁 등에서 큰 업적을 이룬("아름다움을 이룩한") 사람들이 최고 권력자의 위기감이나 다른 사람들의 질시로 인해 비극적 죽음을 맞이하는("끝내 보전하지 못하는") 일이 없기를 바랐다. 따라서 벼슬에서 물러나게 하는 것이 진실로 그를 위하는 방도라는 게 정조의 말이었다.

앞으로 "집에서 어찌하느냐에 달려 있다."라는 말을 덧붙여 자중하고 있으면 다른 기회가 있으리라는 뉘앙스도 실었다. 그런데 "아름다움을 이룩하고 끝내 보전"하라는 정조의 말이 홍국영의 눈을 사로잡았다. 그는 다음과 같은 상소를 올려 왕의 마음을 돌려 보려 했다.

신의 나이 이제 서른둘입니다. 진사(進士) 급제(及第)가 되어도 오히려 늦지 않은데, 자신이 국정(國政)에 참여하고 손에 병권(兵權)까지 잡았으니, 예전에도 이런 일이 있었겠습니까? 게다가 집안이 매우 창성한 거족(巨族)으로서 맑은 조정(淸朝)에서 사람을 등용한 것이 이러하고 사문(私門)에서 복을 받은 것이 이러하니, 집이 어찌 무사할 수 있겠으며 나라가 어찌 그 근심을 받지 않을 수 있겠습니까? (……)

또 신이 수일(數日) 이래로 들어가면 자리에 엎드려 울고, 나가면 지붕을 쳐다보며 한탄하여 마치 장차 죽을 사람이 그 남은 날을 아까워하는 것과 같을 것임을 성명(聖)께서는 혹 아실 것입니다. 오늘 신의 이런 행동을 본 자는 다 눈이 휘둥그레져서 "저 사람이 갑자기 이런 일을 당하니 반드시 국가에 죄를 지어 그럴 것이다." 할 것입니다. 하지만 저 잔단 자들이 어찌 신의 마음을 알겠습니까? 오직 성명께서 양찰하실 것입니다. 특별히 신에게 삼자함(三字銜)을 주어 끝내 한결같은 은택을 다하셨거니와 도성 문을 한번 나가 남산(終南)이 문득 가로막으면 신의 불안함은 아들이 젖을 그리워하는 것과 같을 것입니다. 글을 쓰며 목이 메어 말할 바를 모르겠습니다.

정조실록 3/9/26

권력자가 권좌에서 물러날 때의 고통을 그대로 보여 주는 문장이다. 홍국영의 이러한 감성적 접근에 대해 정조는 옛날의 사례를 들어 조용히 물러가라고 종용했다. "오랜 예전부터 영구한 후세까지 어찌 우리와 같은 군신(君臣)의 만남이 있겠는가? 나에게 이미 순(舜)임금, 우(禹)임금 같은 명철함이 없거니와 경도 순임금을 섬긴 직(稷), 설(契)의 현량(賢良)에 미치지 못한다. 하지만 그 만남을 돌아보면 천 년에 한 번 만날 만한 때에 보필을 부탁하였으니 옛사람에 견주더라도 그 신의(信義)는 못하지 않을 것이다. 이 때문에 매우 믿고 오로지 위임한 것이 이제 4년이 되었다. (……) 떠나는 날에 약간의 말을 갖출 것이다. 경의 상소 가운데 있는 (물러가겠다는) 요청을 윤허하니 경은 헤아려 알라."

결국 홍국영은 도성을 떠나지 않을 수 없었다. 그리고 그는 김종수 등의 강력한 비판과 극형에 처하라는 신하들의 빗발친 상소에도 불구하고 고향(강원도 강릉)에 내려가 살다가 병으로 죽었다.(정조실록 5/4/5) 그에 앞서 홍문관의 정언 심낙수는 홍국영이 집권한 4~5년간 그와 친하게 지낸 송환억 등 모든 관리들을 처벌해야 한다고 주장했다.

아! 국가에서 400년 동안 배양한 사대부의 명절(名節)이 홍국영 때에 남김없이 죄다 없어졌습니다. (……) 이제 간흉(奸凶)이 물러간 처음에 먼저 송환억을 먼 번방으로 내쳐서 일세를 격려해야 하겠습니다. 마치 의사가 병을 고칠 때에 병이 열(熱)에서 원인하여 온몸에 단독(丹毒, 살갗이 벌겋게 되면서 화끈 달아오르고 열이 나는 증세)이 퍼졌으면 먼저 정수리에 침을 놓아 독열(毒熱)을 빼는 것처럼 신은 송환억을 오늘날 세도(世道)의 정수리로 생각하여 침 한 대를 놓기를 바랍니다.

정조실록 4/3/19

이 말을 들은 정조는 "지금 조선은 장년(壯年)이 아니기 때문에 정수리에 침을 놓아서는 안 된다."라고 대답했다. 늙은 사람의 정수리에 침을 놓으면 자칫 죽을 수도 있다는 것이다. 기력이 회복될 때까지 "진정"시키는 것이야말로 꼭 필요한 방책이라며 권력자의 교체에 따른 연좌 처벌이 불가함을 역설했다. "진위(眞僞)가 가려지지 않았을 때에 세상 사람들이 속은 것을 꾸짖을 수는 없다."(정조실록 4/3/20)라는 게 정조의 생각이었다. 신하들이 홍국영을 처벌하라고 주장하면 정조는 "그가 공을 세운 것이 어떠하였으며, 내가 의지한 것이 어떠하였는가? 처음에 나와 기쁨과 슬픔을 함께하자고 약속했었다. 그런데 지위가 중하지 않으면 위엄이 서지 않았기에 권병(權柄)을 임시로 맡겼던 것인데, 그 권병이 너무 중하고 지위가 너무 높아져 조심하고 두려워하며 스스로 삼가는 방도를 생각하지 않았다. 오로지 총애만을 믿고 위복(威福)을 멋대로 사용하여 끝내는 극죄(極罪)를 저지르게 된 것이다. 돌이켜 생각하건대 이는 나의 허물"이라며 그를 감쌌다.

홍국영에 대한 정조의 태도는 정치 세계에서 우정의 문제를 생각하게 한다. 과연 어려운 시기를 함께 이겨 내고 친구 중 한 명이 권력을 잡았을 때 여전히 우정을 유지할 수 있을까? 정조는 홍국영이 국왕의 신뢰를 빙자해 권력을 남용하고 심지어 왕위까지 바꾸려 했음에도 끝까지 그를 친구로 보호하려 했다. 정치 세계에서 우정 지키기란 매우 어렵지만 불가능하지는 않다는 것을 정조는 보여 주었다. 다른 한편 홍국영 사건은 개혁의 주체가 개혁의 대상이 될 때 발생하는 곤혹스러운 상황들, 특히 권력자가 바뀌면서 그 권력자를 찬양하던 인사들을 어떻게 처리할 것인가의 문제(정조실록 4/3/20) 등을 노정했다. 정조는 뒤에서 살펴보겠지만 정치 세계의 우연성에서 발생하는 이러한 딜레마들을 '권도(權道)'라는 논리와 대응으로 헤쳐 나갔다.

정조의 여자

정조는 왕비나 후궁에 대해 언급하는 일이 좀처럼 없었다. 세종이 왕비 소헌왕후에 대한 애틋한 마음을 보이고 신빈 김씨와 같은 후궁에게 다정하게 마음을 열었던 것과 대조된다. 아무래도 부모인 사도세자와 혜경궁 홍씨 사이가 좋지 않았던 경험에서 그의 여성관이 비롯됐을 수도 있겠다.

'정조의 여자'로는 우선 효의왕후 김씨가 있다. 정조는 1762년(영조 38년)에 한 살 아래의 청풍 김씨 김시묵의 딸과 혼인했다. 그러나 14년이 지나도록 후사가 없어 홍국영의 누이동생 등 네 명의 후궁을 들였다. 효의왕후가 오랫동안 자녀를 낳지 못한 것은 "그녀가 간택되어 별궁으로 들어가 국혼을 준비하던 중 홍역으로 얼굴에 곰보 자국이" 남은 탓에 남편인 정조와의 대면을 꺼렸기 때문이라는 해석이었다. 그럼에도 그녀는 자녀를 낳아야 한다는 의무감에 시달렸다. 1787년(정조 11년)에는 심지어 상상 임신을 하여 조정을 발칵 뒤집어 놓기까지 했다.[22]

원빈 홍씨는 홍국영의 여동생으로 한때 정조의 총애를 입었으나 입궁한 지 1년 만에 죽고 말았다. 그녀가 죽었을 때 홍국영의 권세가 얼마나 드셌는지를 다음 기록이 보여 준다.

---

22   김준혁, 『이산 정조, 꿈의 도시 화성을 세우다』(여유당, 2008), 66쪽.

임금이 희정당에서 거애(擧哀)하였고 백관들은 선화문 밖에서 조애(助哀)하였다. 신미년(1751년, 영조 27년. 영조의 맏며느리 조씨 사망.)의 예(例)에 의거하여 5일 동안 조정과 시장 여는 것을 정지하였다. 제4일에 성복(成服)하였는데 백관들이 천담복(淺淡服)을 입고 빈문(殯門) 밖에 모여서 곡하였으며 (……) 이휘지가 표문(表文)을 짓고, 황경원이 지장(誌狀)을 짓고, 송덕상이 지명(誌銘)을 짓고, 채제공이 애책(哀冊)을 짓고, 서명선이 시책(諡冊)을 지었다.

징조실록 3/5/7

이를 보면 정조가 홍국영의 체면을 살리기 위해 얼마나 노력했는지 알 수 있다. 왕과 백관들의 거애 장소(창덕궁 편전)며 5일 동안의 국정 및 상거래 중지, 애도문 작성에 동원된 당대 최고의 재상과 지식인의 면면이 모두 그렇다. 신미년의 예, 그러니까 영조의 첫째 며느리 현빈 조씨(효장세자의 부인)가 사망했을 때의 예법에 따랐다고 했지만 실제로는 왕비의 장례 수준으로 치러졌다.

여하튼 원빈 홍씨에게서도 자식을 얻지 못하자 정조는 판관 윤창윤의 딸 화빈 윤씨를 후궁으로 들였고, 창녕 성씨로만 알려진 의빈 성씨도 후궁으로 들어왔다. 의빈 성씨는 정조의 여자들 중에서 가장 의문점이 많은 사람이다. 『정조실록』에는 1782년(정조 6년) 8월에 해산을 앞두고 있는 것으로 처음 언급된다.(정조 실록 6/8/26) 그녀는 다음 달인 9월에 정조의 첫아들 문효세자를 낳아 상의(尙儀, 내명부 정5품)의 후궁에서 정3품의 소용(昭容)으로 지위가 높아졌다. 정조는 이때 매우 기뻐했다. 열한 살 때 결혼했으나 왕비(효의왕후)에게서 자식을 얻지 못한 정조는 성씨에게 낳은 아들로 인해 "종실이 이제부터 번창하게" 되리라 믿었다. 그는 "이제 비로소 아비라는 호칭을 듣게 되었으니 다행스럽다."라면서 "머지않아 이 나라의 경사가 계속 이어 지리라는 것을 확실히 알 수 있으므로 더욱더 기대가 커진다."라고 말하기도 했다.(정조실록 6/9/7) 그러나 안타깝게도 그의 첫아들은 다섯 살 때 홍역으로 죽고 만다.(정조실록 10/5/11)

그에 앞서 성씨는 정조의 총애를 많이 받았다. 1782년 9월에 문효세자를 낳고 '의빈(宜嬪)'이라는 칭호를 받았다.(정조 실록 7/2/19) 또한 2년 뒤인 1784년 윤3월에는 딸을 낳아 정조에게 기쁨을 더해 주었다.(정조 실록 8/윤3/20) 그해 7월에는 노론과 소론의 모든 신하들의 요청에 따라 정조의 첫아들은 세자에 책봉되었고(정조실록 8/7/2) 그 이듬해에 서연을 열어 본격적인 왕세자 교육을 받기도 했다.(정조실록 9/9/9)

1786년(정조 10년) 5월에 홍역에 걸린 문효세자는 잠시 호전되는가 싶더니 5월 8일경에 병이 심해져 이틀 만에 사망했다. 이때 정조가 세자에게 인삼차를 직접 처방했는데, 나중에 사헌부와 사간원에서 지적한 것처럼 "홍진은 열이 심한 증세인데 삼과 같은 극온(極溫)의 약제를 쓴 것"은 잘못된 처방이었던 것으로 보인다.(나중에 정조는 자신의 임종 때도 스스로 처방을 하는데 역시 효과를 보지 못했다. 이로 볼 때 정조는 썩 좋은 의사는 아니었던 듯하다.) 설상가상으로 네 달 뒤에 의빈 성씨마저 "의심스러운" 죽음을 맞는다.

1786년 9월 당시 의빈 성씨는 다시 임신한 상태에서 출산일을 기다리고 있었다. 갑작스러운 그녀의 죽음 소식에 정조는 매우 애석해했다. "임금이 매우 기대하고 있다가 그지없이 슬퍼했다."라는 기록이 그것이다. "병이 이상하더니 결국 이 지경에 이르고 말았다. 이제부터 국사를 의탁할 데가 더욱 없게 되었다(從今國事尤靡托矣)."라는 정조의 한탄을 보면 의빈 성씨와 문효세자의 죽음이 왕에게 상당한 타격을 주었음을 알 수 있다. 게다가 '독살설'로 인해 민심이 흉흉해졌다.[23]

정조는 그다음 해인 1787년(정조 11년) 수빈 박씨를 새 후궁으로 들였다. 수빈 박씨는 딸 숙성옹주를 먼저 낳고 이어서 1790년에 순조를 출산했다. 만약 의빈 성씨의 아들 문효세자가 죽지 않았다면 정조가 사망했을 때 (네 살의 미성년 국왕으로 세도정치기를 연 순조와 달리) 열여덟 살의 장성한 왕위 승계자가 있었으리라는 점에서 조선 왕조는 다른 국면을 맞을 수도 있었다.

---

23   사관은 "의빈의 병 증세가 심상치 않았으므로 당시 사람들이 무슨 빌미가 있는가 의심하였다(嬪病症非常 時疑其有祟云)."라고 전한다. 정조실록 10/9/14.

어두운 유산의 극복: 사도세자 문제 처리 방식

충성과 효도 사이: 사도세자 문제의 딜레마

세종과 정조는 조선의 대표적인 군왕으로서 여러 면에서 비교된다. 흥미롭게도 두 임금은 즉위 제일성부터 달랐다. 세종이 왕이 되고 처음으로 한 말은 "의논하자."였다. 즉위한 지 사흘 만에 도승지 하연을 불러 "내가 왕위에 올랐지만 인물을 잘 알지 못하니 여러 신하들과 의논하여 정하고자 한다."라고 말했다.(세종실록 즉위년/8/12) 그러자 도승지 하연이 "전하께서 첫 번째 정사(初政)를 의논으로 시작하시니 정말 다행"이라며 반겼다.

정조가 왕이 된 후 처음 한 말은 무엇일까? 잘 알려진 것처럼 "과인은 사도세자의 아들이다."라는 말이 정조의 제일성이다. 선왕 태종이 기초를 잘 닦아 놓은 상황에서 곧장 나랏일을 시작할 수 있었던 세종의 첫말에 비해 정조의 첫말은 숨을 턱 막히게 한다. 정조로서는 영조에게 매우 무거운 유산을 물려받은 것이다.

과인은 사도세자의 아들이다

정조의 즉위 제일성이 기록된 『정조실록』 즉위년 3월 10일 자의 기사는 다음과 같다.

빈전(殯殿) 문밖에서 대신들을 소견하고 윤음을 내렸다. "① 아! 과인은 사도세자의 아들이다. ② 선대왕께서 종통(宗統)의 중요함을 위하여 나에게 효장세자를 이어받도록 명하셨거니와 전일에 선대왕께 올린 글에서 '근본을 둘로 하지 않는 것(不貳本)'이란 구절에서 내 뜻을 분명히 보았을 것이다. ③ 예(禮)는 비록 엄격하게 하지 않을 수 없는 것이나, 인정 또한 펴지 않을 수 없다. 향사(饗祀)하는 절차는 마땅히 대부(大夫)로서 제사하는 예법에 따라야 하고, 종묘에서와 같이 할 수는 없다. ④ 혜경궁께도 또한 마땅히 경외(京外)에서 공물을 바치는 의절이 있어야 하나 대비(大妃)와 동등하게 할 수는 없다. 유사(有司)는 대신들과 의논해서 절목을 강정(講定)하여 아뢰도록 하라."

정조실록 즉위년/3/10(일련번호는 인용자)

먼저 이 윤음을 반포한 장소가 주목된다. 그곳은 바로 영조의 관을 모신 빈전(경희궁 집경당) 앞이다. 정조는 근엄한 장소에서 여러 대신들과 선왕인 영조에게 고하듯이 자신이 "사도세자의 아들"이라고 천명했다. 사도세자의 아들이라는 이유로 자신의 즉위를 저지한 많

은 정적들에게 들으란 듯이 그렇게 선언한 것이다.[1]

그러나 바로 다음에 그는 선대왕 영조의 명령을 언급했다. 사실 이 두 구절은 서로 충돌된다. 아들로서 보자면 아버지 사도세자를 위한 효도 차원에서 원수를 갚아야 한다. 그런데 그렇게 하면 그 문제를 거론하지 않겠다는 선대왕 영조의 명령을 어겨 불충이 된다. 효도를 하며 선대왕과의 충의(忠義)가 깨지고 충의를 지키면 아버지에 대한 도리를 어기게 되는, 그야말로 딜레마 상황인 것이다.

이러한 상황에서 정조는 종통을 이어받도록 명하셨다고 선대왕의 명령을 말하며 자신의 양아버지가 효장세자임을 밝혔다. 효장세자를 법적인 아버지로 받들 것임을 분명히 한 것이다. 하지만 자신의 생부에 대한 인정도 펴지 않을 수 없으니 향사(아버지에 대한 제사)는 왕으로서가 아니고 대부로서 지내겠다고 선언했다. 종묘에서 생부를 제사 지내지는 않겠다는 말이었다.

다음으로 어머니 혜경궁에 대해서도 마찬가지이다. 여러 공물을 바쳐서 인정을 펴야겠지만 영조의 후비이자 자신의 할머니인 대비 정순왕후와 동등하게 할 수는 없다고 말했다. 마지막에 이런 분부를

---

1   윤음(綸音) 윤 자는 거문고 줄을 말한다. "왕의 말이 처음 나올 때는 실(絲)과 같으나 그 말이 외부에 나가면 거문고 줄(綸)과 같고, 그 말이 외부에 (정책으로) 시행되면 상여줄(綍)과 같다(王言如絲 其出如綸 王言如綸 其出如綍)."라는 『예기』 「치의(緇衣)」 편에서 나온 말이다. 왕의 말이 처음 나올 때는 실낱같이 가느다랗지만 일단 입 밖으로 나와 시행되면 거문고 줄처럼 끊을 수 없고 상여줄처럼 강력한, 돌이킬 수 없는 힘을 갖는다는 뜻이다. 이익, 『성호사설』 17권 『인사문』.

내리고 나서도 사도세자를 추숭하라는 불평분자들이 있으면 선대왕의 유언이 있으니 자신이 형률로써 논죄하겠다고 선언했다.

정리하자면 첫째, 정조는 자신의 정적들에게 생부 사도세자 문제를 떳떳이 밝혔다. 그들이 그토록 반대한 사도세자의 아들인 자신이 왕위에 올랐다는 것을 밝혀 조심하라고 경고한 것이다.[2]

둘째, 사도세자의 아들인 만큼 그분에게 효를 다하겠지만 그것을 위해 영조와의 약속을 깨뜨리지 않겠다고 선언했다. 양부에게는 종통을 잇는 예를 다하고 생부에게는 자식으로서 인정을 펴겠으며 생모인 혜경궁에 대해서도 왕비가 아닌 대부의 부인으로 대우하게 함으로써 인정을 펴겠다고 말했다. 그런데 정조는 할머니인 정순왕후를 대왕대비가 아닌 왕대비로 불렀다. 정조의 재위 중반에 이 문제가 다시 불거지는데, 그것은 정순왕후의 사도세자 사건 연루 혐의 때문으로 판단된다. 나중에 살펴보겠지만 정조는 정순왕후의 존호 문제를 사도세자 명예 회복과 연계해 풀어 나갔다.

여기에서 정조의 정치 방식을 볼 수 있다. 그는 왕위에 오른 것을 기화로 영조와의 약속을 깨 버리고 사도세자 문제를 거론하며 정적들을 전면적으로 제거하는 길을 택할 수 있었다.(지나침(狂)) 반대로 정적들의 눈치를 보며 사도세자 문제를 아예 꺼내지도 못하고 넘어갈 수도 있었다.(부족함(狷)) 하지만 둘 다 극단적인 방법으로, 그가 중

2   열홀 후 정조는 사도세자를 '장헌(莊獻)'이라고 추존하고 무덤(封號)을 '영우원(永祐園)'으로, 사당을 지금의 서울대병원 자리인 '경모궁(景慕宮)'으로 격상시켰다. 정조실록 즉위년/3/20.

시하는 중용의 방법(得中)이 아니었다. 그래서 정조는 자신이 사도세자의 아들임을 분명히 밝히되 영조와의 약속을 지키기 위해 정치 보복을 하지 않겠다고 선언했다. 아울러 왕이 바뀌었다고 해서 정치 보복을 주장하는 자들이 있다면 철저하게 처벌하겠다고 쐐기를 박음으로써 정적들의 불안 심리를 최소화하는 효과까지 노렸다.

사도세자 죽음의 원인

그런데 영조는 왜 사도세자를 죽였을까? 앞에서 사도세자의 죽음 직전의 상황을 『영조실록』을 중심으로 살폈지만 정조 관련 3대 질문[3] 가운데 하나인 이 문제는 지금도 연구자들 사이에서 논란거리이다. 아무리 국왕이라지만 하나밖에 없는 아들을 모두가 바라보는 앞에서 죽일 수 있느냐는 의문인 것이다. 따라서 이 문제에는 다각적 관점에서 접근할 필요가 있다.

사도세자 사건의 원인에 대해서는 크게 (1) 영조와 사도세자의 성격 차이와 갈등을 강조하는 '정신 병리학적 접근'과 (2) 영조 시대의 정치 상황 및 세력 관계를 중시하는 '정치 구조적 접근'으로 나누어 볼 수 있다.

대체로 (1)은 영조의 강박증과 자녀에 대한 치우진 애증, 사도세자의 소심증과 의대병(衣帶病, 옷 갈아입기를 무서워함)을 강조하는 시각으

3　　정조 관련 3대 질문은 이렇다. ① 영조는 왜 사도세자를 죽였나? ② 정조는 정말로 수원 화성으로 천도하려 했나? ③ 정조는 과연 독살당했나?

로, 혜경궁 홍씨의 『한중록』이 그 대표적 예이다. 이에 비해 (2)는 정치적 의리에 민감할 수밖에 없었던 영조의 입지, 사도세자의 실덕비행(失德非行) 문제로 인한 정당성 훼손, 영조와 세자 사이의 정치적 입장 차이, 정치 세력 간의 권력 투쟁 등을 중시하는 관점으로, 정조가 쓴 현륭원 지문(誌文)과 남인들의 영남 만인소(정조실록 16/윤4/27)에 비교적 잘 나타나 있다.

정조는 어떤 생각을 했을까? 그의 생각은 『정조실록』에 있는 현륭원 지문에 잘 나타나 있다. 정조는 사도세자의 무덤을 수원 현륭원으로 옮기면서 생부의 삶과 죽음에 대해 언급하지 않을 수 없었다. 묘지의 좌표며 그 주인이 어떤 사람이었는지를 지문에 새로 써서 묻어야 했기 때문이다.

정조는 1789년(정조 13년) 8월 21일 신하들을 불러 모은 자리에서 "유궁(幽宮, 무덤)의 지문을 이제 친히 지으려고 한다."라면서 그러자면 "차마 널리 드러내지 못한다는 뜻에 어긋나는 면이 있게 될 터인데, 경들의 견해는 어떠한가?"라고 물었다. 그러자 영의정인 노론의 김익은 "문자의 체계에는 미사(微辭, 미묘한 표현)가 있고 완사(婉辭)가 있습니다. 바라건대 지으실 적에 한결 더 신중을 기하소서."라고 말했다. 우회적으로 표현하라는 뜻이었다.

우의정인 남인의 채제공은 "28년이 지난 후에야 영우원의 문자가 비로소 있게" 되었는데, 그러면 "필시 지극히 난처한 경우와 지극히 말하기 어려운 부분이" 있을 것이므로 최대한 은미하고 완곡한 표현으로 작성하되 외간에 반포하지는 말자고 제안했다. 그렇게 해서 작성된 것이 「어제 장헌대왕 지문」이다.(정조실록 13/10/7) 그 내용은 한마디로 '사도세자가 아주 훌륭한 분이었다. 어려서 총명하였으며, 부왕에게 효도하고, 신료들에게는 탕평의 정치를, 백성들에게는 관대한 정치를 펼치려 한 인물이었는데, 정치적 함정에 빠져 죽었으며, 영조가 뒤늦게 그 사실을 깨닫고 "사도"라는 시호를 붙여 줬다'는 것이다.

혜경궁 홍씨의 생각은 달랐다. 그녀는 남편 사도세자가 정신병자였기 때문에 시아버지 영조가 죽일 수밖에 없었다고 기록했다. 『한중록』에서 그녀는 "소조(小朝, 사도세자)"의 정신병 때문에 "대조(大朝, 영조)"가 "국가를 위해 비상한 결단을 내렸다."라고 주장했다.[4]

이와 비슷한 논조는 『영조실록』에서 볼 수 있다. 홍봉한이 당시 영의정이었는데 그는 왜 사도세자를 죽이지 않을 수 없었는지 설명해야만 했다. 그 결론은 정신병 문제가 있어서 영조가 결단을 내려 죽였다는 것이었다. 이것이 노론의 입장이고, 이른바 벽파의 당론이었다.

영남 남인들의 생각은 정반대였다. 정조 재위 중반인 1792년(정조 16년)에 영남의 남인들이 올린 만인소를 보면 사도세자가 매우 훌륭한 지도자로 묘사되어 있다. 정조의 현릉원 지문이나 만인소에 따르면 사도세자는 정신병이 있기는커녕 매우 총명했는데, 정치적 모함에 빠져 억울하게 죽은 인물일 뿐이었다. 즉 "세자를 욕하거나 급서(急書)로 고자질하는 자들 때문에 세자가 우울해하면 이것을 이야

---

4   『한중록』은 몇 년 전에 영국 작가 마거릿 드래블(Margaret Drabble)에 의해 장편 소설 『붉은 왕세자빈』(문학사상사, 2005)이라는 문학 작품으로 거듭 나기도 했다. 『한중록』은 그동안 궁중 '문학의 백미'라며 문학적 측면에서 주목되어 왔다. 그런데 이 책만큼 정치적인 텍스트도 없다. 그만큼 다각적 측면에서 읽고 해석할 필요가 있다.

깃거리로 삼아서 안팎에서 선동하고 교묘하게 참언을 투입했으며, 끝내 차마 말할 수 없는 변고를 겪게 했다."(정조실록 16/윤4/27)라는 것이다.

이들은 이어서 영조가 후회했다고 언급했다. "선대왕께서도 모년(某年) 뒤에는 사도세자를 죽인 것을 바로 뉘우치면서 안금장(安金藏, 중국에서 황제가 세자를 죽이려고 했을 때 반대했던 인물)과 같은" 사람이 한 명도 없었던 것을 눈물을 흘리며 탄식했다는 것이다. 따라서 사도세자의 명예를 하루속히 회복시켜야 한다는 것이 영남 남인들의 주장이었다.

양녕대군과 사도세자, 같고도 다른 운명

조선 전기에도 세자 자리에서 쫓겨난 사람이 있다. 바로 세종의 형 양녕대군이다. 흥미롭게도 양녕대군은 세자 자리에서 쫓겨났지만 세 살 아래 동생인 세종보다 더 오래, 세조 8년까지 살면서 69세의 수명을 누렸다.

그는 어떻게 온전히 수명을 누릴 수 있었을까? 양녕과 사도세자는 모두 강한 아버지 밑에서 태어나 세자로 책봉되어 왕세자 교육을 받으면서 부왕의 큰 기대를 모았다는 공통점이 있다. 하지만 세자에서 폐해진 직후 죽은 사도세자와 달리 양녕은 천수를 누렸는데, 그 이유는 무엇일까? 달리 말해 사도세자는 왜 양녕과 달리 비참한 죽음을 맞았을까?

첫째, 사도세자는 대리청정을 경험했다. 그는 1749년(영조 25년)부터 1762년(영조 38년)까지 무려 13년간 대리청정을 하면서 자신의 정치 노선인 노론 일변도로 정국을 운영하지 않고 소론을 등용하는 등 정국 개편을 시도했다. 양녕의 경우도 장차 왕위에 오르면 민씨 외가나 장인 김한로 등 외척과의 편파적 관계를 끊지 못하리라는 우려를 받고 있었다. 하지만 그 '우려'는 '짐작'의 수준에 그쳤다. 반면 사도세자는 대리청정 기간에 자신의 정치 노선이 겉으로 드러나 어렵사리 집권한 노론에게 큰 위협으로 비쳤다.(사도세자가 죽은 직후 소론의 영수 조재호도 숙청되었다.)

둘째, 사도세자는 부왕 영조에게까지 정적으로 인식되었다. 비록 양녕대군은 태종의 마음에 차지 않았고, 오만하고 패만하며 무례하기까지 했지만 여전히 '철없는 자식' 수준에 머물렀다. 이에 반해 사도세자는 "아버지당(父黨)과 자식당(子黨)"이라는 영조의 말처럼(영조실록 38/5/6) 그의 등극으로 인해 자칫 자신이 걸어온 정치 노선이 전면 부정될지도 모른다는 의구심을 영조로 하여금 갖게 만들었다.[5]

셋째, 군사 문제와의 연결, 다시 말해 쿠데타 혐의이다. 양녕대군 역시 무인의 기질을 타고나 공부보다는 무예를 좋아하고 궁궐 담을 넘기도 했으나, 이것은 모두 오락과 엽색 행각을 위한 것이었다. 이에 반해 사도세자는 『무예도보통지』를 제작하는 등 군사 전문가였을 뿐 아니라 결정적으로 1761년(영조 37년) 4월 6일, 그러니까 죽기 1년 전에 관서(평안도) 지방을 미행(微行)했다. '나경언의 고변'을 통해 드러난 사도세자의 평양행은 소론의 영수 조재호와 연결되어 노론을 제거하려는 일종의 '궁중 쿠데타' 기도로 의심받았다. 이는 노론의 정치적

---

5   이은순, 『조선 후기 당쟁사 연구』(일조각, 1990), 124쪽.

함정일 수도 있었으나 세자의 평양행은 부인할 수 없는 사실이었고 노론과 영조의 위기의식을 자극했다. '불효'의 문제가 아니라 '불충'과 '역모'라는 돌아올 수 없는 다리를 건넜다고 판단된 것이다.

넷째, 조선 전기와 비교할 수 없을 정도로 격심한 영조 시대의 붕당 간 대립 구도이다. 세종 시대와 달리 영조 시대에는 붕당 정치가 치성했다. 선조 시대부터 시작되고 분기된 붕당들은 상호 대립과 경쟁을 통해 특정 사건과 정책을 달리 해석하고 논쟁을 계속했다. 이 과정에서 성리학 이념에 대한 보다 정교한 해석이 나온 것은 사실이다. 하지만 붕당 간의 분열과 대립이 격화되면서 정쟁으로 국사를 그르치는 경우까지 경험했다.(왜란과 호란기의 파당 정치) 특히 숙종 말년처럼 왕위 계승 문제가 불확실하거나 경종 때처럼 왕권이 취약한 상황에서 붕당들은 후계자 선정과 관련해 특정한 국왕 후보자를 선택적으로 지지하기도 했다.(남인과 소론의 경종 지지, 노론의 영조 지지)

다시 말해 노론의 '선택'을 받아 왕위에 오른 영조는 노론의 당론과 정치적 이익을 거스를 수 없는 구조에 놓여 있었다. 조선 전기의 태종과 달리 영조는 비록 자신이 폐위시키기는 했지만 폐위된 세자를 뒤주에서 다시 꺼내 줄 만한 힘을 가지지 못했다. 그럴 경우 영조 자신의 왕위마저 위태로울 수 있었다는 이야기이다. 다시 말해 양녕대군에 대한 언관들의 산발적 비판 및 아직 붕당 조직으로 뭉쳐지지 않은 개개 신하들의 반대라는 세종 시대의 정치 구조는 사도세자를 둘러싼 영조 시대의 정치 구조 내지 '정치판'과는 성격이 달랐다. 국왕의 재량권과도 밀접한 연관이 있는 이 같은 정치 구조의 성격이 두 세자의 운명을 다르게 만들었다.

영조의 가계도

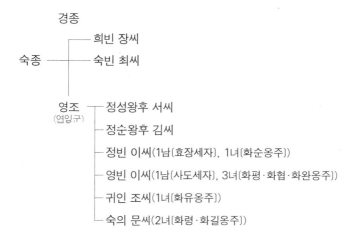

그 시대의 정치 구조를 이해하기 위해 영조의 가계도를 잠깐 살펴볼 필요가 있다. 가계도에서 보면 영조는 숙종의 차남으로, 무수리 출신인 숙빈 최씨에게서 태어났다. 잘 알려져 있듯이 숙종의 장남은 경종으로 나중에 왕비에까지 오른 장희빈의 아들이다. 경종은 왕위에 오른 지 1년 만인 1721년에 노론의 압력에 밀려 연잉군 이금(영조)을 왕세제로 책봉했다. 이 과정에서 당파 간 대립과 투쟁이 극심하게 전개된 것은 잘 알려져 있다.(신임화변)

영조의 첫 번째 왕비인 정성왕후는 대구 서씨 서종제의 딸로 열세 살에 연잉군과 가례를 올렸다. 1724년에 경종이 죽자 남편 연잉군이 서른한 살의 나이로 왕위에 오르면서 왕비로 책봉되었다. 그녀는 1757년(66세)까지 비교적 오래 살았으나 자식을 낳지는 못했다.

또 하나의 정치 세력 정순왕후의 등장

정순왕후 김씨는 정성왕후가 사망하고 2년 후인 1759년에 열다섯 살의 꽃다운 나이로 예순여섯 살의 영조와 결혼했다. 영조와 정순왕후의 결혼식 과정은 『영조정순왕후 가례도감의궤』에 자세히 기록되어 있어 당시의 결혼식 모습을 살필 수 있다. 그러면 정순왕후가 어떻게 영조의 눈에 띄었을까? 1925년에 강효석이 편찬한 『대동기문』에 정순왕후가 간택되는 과정의 일화가 기록되어 있다.

흥미롭게도 간택의 마지막 단계에서 정순왕후는 다른 후보자들과 달리 방석을 치우고 방바닥에 앉았다고 한다. 영조가 그 이유를 묻자 방석 위에 있는 부친의 이름 때문이라고 대답했다. 간택 때 후보자의 위치를 구분하기 위해 아버지들의 성명을 방석에 적어 놓았는데 감히 그 위에 앉을 수 없다는 뜻이었다. 다음으로 영조가 세상에서 가장 깊은 것이 무엇이냐고 물었다. 다른 후보들은 산이 깊다거나 물이 깊다고 했는데, 정순왕후는 사람의 마음이 가장 깊다고 말했다. 영조가 그 이유를 묻자, 그녀는 물건의 깊이는 가히 측량할 수 있지만 사람의 마음은 결코 깊이를 잴 수 없다고 말했다. 이어서 영조가 꽃 가운데 어떤 것이 가장 좋으냐고 물었다. 다른 후보들은 각기 복숭아꽃, 매화꽃, 모란꽃이라고 대답했지만 정순왕후는 목화꽃이라고 말했다. "다른 꽃은 모두 일시적으로 좋은 데 불과하지만 오직 목화꽃, 즉 목면은 천하의 사람들을 따뜻하게 해 주는 공이 있기 때문"이라는 것이었다.[6]

---

6   신병주, 『66세의 영조, 15세 신부를 맞이하다』(효형, 2001), 145~146쪽.

그녀는 이렇게 해서 속이 깊고 지혜로운 규수로 인정받아 왕비로 뽑혔다. 그런데 그녀에게는 매서운 면모도 있었다. 『대동기문』에 따르면 그녀는 왕비로 뽑힌 후 옷의 치수를 재기 위해 잠시 돌아서 달라고 말하는 상궁에게 단호한 어조로 "네가 돌면 되지 않느냐?"라고 추상같이 말했다.[7] 훗날 정조와 정치적 대립을 보일 때 그녀의 모습을 미리 보는 듯하다.

그러나 두 사람의 나이 차가 너무 많은 탓이었는지 정순왕후는 자식을 낳지 못했다. 영조는 대신 후궁인 정빈 이씨와 영빈 이씨에게서 자식을 낳았다. 정빈 이씨(영조 1년에 정빈으로 추증되었다.)는 1719년(숙종 45년)에 효장세자를 낳았으나 영조가 왕위에 오르기 전에 사망했다. 효장세자는 영조가 즉위한 다음 해(1725년)에 왕세자에 책봉되었으나 3년 뒤에 열 살의 나이로 죽고 말았다. 영조는 사도세자가 죽자 왕세손이었던 정조를 효장세자 앞으로 입적시켰다.

영조의 두 번째 후궁은 영빈 이씨인데, 그녀는 화평옹주와 화협옹주를 낳은 후 사도세자를 낳았다. 효장세자가 죽은 지 7년 만에 왕자가 태어난 터라 온 궁중이 잔치 분위기로 들떴다. 영조는 영빈 이씨를 비롯해 그녀의 소생들을 극진히 사랑했다. 다만 그녀는 보통의 경우와 달리 아들(사도세자)을 일찍부터 저승전(儲承殿)에서 따로 기르게 했다. 아들에게 관심 갖기보다는 지아비의 사랑을 더욱 목말라 했던 것 같다. 실제로 사도세자가 죽게 된 사건인 임오화변에는 나경언의 고변 외에 영빈 이씨가 궁 안에 떠도는 유언비어를 영조에게 전

---

7   같은 곳.

하며 대처분을 내리라고 요청한 일이 결정적으로 작용했다. 그녀의 고변으로 영조의 분노는 극에 달했고, 결국 사도세자는 죽음을 면치 못했다. 그녀 역시 그로부터 2년 뒤인 1764년(영조 40년)에 사망했다.[8]

그 외에 영조의 딸로 영빈 이씨 소생인 화완옹주가 있다. 그녀는 정치달에게 시집갔으나 일찍 남편을 여의었다. 그녀는 사도세자의 여동생이면서도 오빠의 죽음에 깊이 관여했으며, 조카 정조의 즉위를 반대했다. 『정조실록』에서 '정처(鄭妻)'로 자주 오르내리는 화완옹주는 정후겸을 양자로 삼아 정치적 영향력을 도모했다. 그 외에 영조의 후궁 가운데 한 명인 숙의 문씨 또한 정조의 즉위를 반대했다.

이처럼 영조의 가계도를 보면 이들은 정조의 가족이고 친척인데 하나같이 정조 편이 아니었다. 아버지 사도세자를 비롯해 여러 가족들은 정조에게 부정적 유산을 남겼거나 그의 반대편에 서 있었다.

사도세자 문제 처리 과정

이처럼 불안정하고 불리한 환경에서 왕위에 오른 정조는 생부 사도세자 사건을 어떻게 처리해 나갔을까? 결론을 미리 말하면 지지 세력과 설득력이라는 정치력의 두 요소를 극대화해 가되 적정 시점에 생부의 명예 회복을 과감히 밀어붙이는 방식을 취했다. 그는 정치 세력 관계가 자신에게 절대적으로 불리한 즉위 초에는 그 문제를 거

---

8   박영규, 『조선의 왕실과 외척』(김영사, 2003), 381~382쪽.

론조차 못 하게 했다.

1789년(정조 13년) 사도세자의 묘소를 천장할 때까지도 그는 "여러 신하들의 의견을 물어서" 결정하는 등 신중한 태도를 보였다. 자신이 생부의 묘소를 형편없이 방치한 불효자라는 점을 부각함으로써 신민들의 효심에 호소해 공감대를 얻는 데 주력했다. 하지만 정조는 문무 양편의 국왕 지지 세력이 어느 정도 다져진 1792년(정조 16년)에 이르러 그 문제가 국가의 공론이라고 천명하면서 생부의 명예를 회복해 나갔다. 심지어 영조의 비밀 어서(御書, 금등지사)까지 공개하면서 그 문제를 매듭짓는 노련함을 보였다.

문제 억제 시기

첫째, 사도세자 문제를 극도로 억제하는 시기이다. 즉위 초년 이응원 부자의 상소에 대한 왕의 태도가 그 예이다. 영남 유생 이응원은 정조가 왕위에 오른 지 다섯 달쯤 지난 1776년 8월에 상소를 올렸다.

상소 내용은 '당신이 왕위에 오른 것은 바로 사도세자가 돌아가셨기 때문이다. 그러지 않았으면 사도세자가 왕위에 있을 테고 당신은 한낱 왕세자에 불과했을 것이다. 따라서 빨리 사도세자의 원수를 갚아야 된다'는 것이었다. "주토(誅討, 목을 베어 다스림)한다는 엄중한 글을 밝게 게시하여 팔도에 효유(曉諭)하고 만백성에게 밝게 고하여 적당(賊黨)이 이제는 모두 죽었구나 하는 것을 환히 알게"(정조실록 즉위년/8/6) 해야 한다는 게 그들의 주장이었다.

이에 정조는 "내가 친히 국문하겠다."라면서 전·현직 대신들에게 모두 참석하라고 지시했다. 사도세자 문제를 거론하는 자를 어떻게 대하는지 직접 눈으로 보라는 의미였다. 정조는 이응원 등에게 그의 "상소는 국가의 악역(惡逆)일 뿐 아니라 곧 선대왕(영조)의 악역이고, 또한 곧 경모궁(景慕宮, 사도세자)의 악역이며, 종묘사직의 악역"이라고 말했다. 그러자 이응원 등이 정조에게 "부도한 말"을 꺼냈다.[9]

이에 그 자리에 있던 신하들이 격노하였다. 실록을 보면 좌의정 김상철 등은 울면서 "신 등은 맹세코 이 적(賊)과는 함께 살 수가 없으니 곧장 손으로 때려죽이고 입으로 물어뜯고 싶습니다."라면서 국문 현장(鞫庭)에 내려가 이응원 등의 머리를 내려쳤다. 그러자 시위(侍衛)하는 군졸 또한 채찍으로 난타(亂打)하지 않는 이가 없었다. 자칫 그가 맞아 죽을 염려가 있어 왕은 그것을 멈추게 하고 대역부도로 판결하고 처형했다.(정조실록 즉위년/8/6)

그로부터 보름 후에 정조는 경희궁의 정전인 숭정전에 나가서 토역 교문을 반포했다.

왕은 말하노라. (……) 감히 나를 빙자해 권세를 펼쳐 온 세상에 큰 소리치며, 널리 당여(黨與)를 심으려는 자가 있다. (……) 홍인한은 (……) 정후겸은 (……) 홍찬해는 (……)

그런데 또 이응원이란 자가 있어 본래 음흉하고 추악한 무리로서

---

9   '부도한 말'이 무엇인지는 실록에 구체적으로 기록되지 않았지만, 아비의 원수를 갚지 못한 임금은 불효자로서 왕 자격이 없다는 정도의 말이었을 것으로 추측된다.

(……) 선조(先朝, 영조)를 무함하여 핍박하고 승여(乘輿, 왕)를 지적하여 배척하였으니 실로 만고에 없는 바이다.

정조실록 즉위년/8/24

요컨대 나의 아버지를 빙자해 나를 현혹시키려는 자가 있어 내가 제거했으니 다른 사람들은 두려워할 것 없으며 꼭 제거해야 할 자들은 홍인한, 정후겸, 김귀주, 홍찬해뿐이라는 말이었다. 한마디로 이응원 부자를 죽임으로써 정조는 정치 보복의 불안에 떠는 정적들을 달래는 한편 불가피하게 제거하지 않을 수 없는 인물들을 거명했다. '내가 죽일 놈들은 이들밖에 없다. 나는 이 정도만 내 원수로 생각하고 제거했다'는 것이다. 일종의 살생부를 공개함으로써 벽파의 단합을 차단한 것이다. 이른바 분할과 지배(devide and rule) 전략이었다. 매우 정치적인 토역 교문이라 할 수 있다.

영우원 천장 시기

둘째, 사도세자의 묘를 이장하는 시기이다. 사도세자의 묘소는 원래 지금의 서울시립대 뒤쪽의 배봉산에 있는 영우원(永祐園)이었다. 정조는 1789년(정조 13년)에 이르러서야 조심스럽게 그것을 옮기는 작업을 시작했다.

천장(遷葬)은 박명원이 제안했다. 박명원은 영조의 사위(화평옹주의 남편)이자 연암 박지원의 삼종형(8촌)으로 9년 전인 1780년(정조 4년)에 중국에 갈 때 박지원을 자제군관(子弟軍官)으로 데려가서 『열하일기』를 쓰게 만든 인물이다. 박명원은 영우원에 가 보았더니 묘소의 띠가 말라 죽고 무덤의 왼쪽(靑龍)이 뚫렸으며, 특히 "뱀 등속이 국내(局內) 가까운 곳에 무리를 이뤄 똬리를 틀고 있으며 심지어 정자각(丁字閣) 기와에까지 그 틈새마다 서려 있다."라고 보고했다. 이 말을 들은 정조는 눈물을 삼키며 목멘 소리로 "경의 아룀을 들으니 가슴이 막히고 숨이 가빠진다."라고 말한 다음 "갑자기 말을 하기가 어려우니 계속 진달하지 말고 나의 기운이 조금 가라앉기를 기다리라."라고 요청했다.

잠시 뒤 기운을 차린 정조는 화복의 설에 따라서 이장을 하면 안 되지만, 상황이 이러하다면 천장을 늦출 수 없지 않겠느냐고 말했다. 이어서 그는 자신이 보아 둔 이장 대상지에 대해 이야기했다.

광릉(光陵, 세조의 능) 좌우 산등성이 중의 한 곳은 바로 달마동(達摩洞)으로서 문의의 자리와 함께 찬양되는 곳이지만 마음에 들지 않는다. (······) 오직 수원(水原) 읍내에 봉표해 둔 세 곳 중에서 관가(官家) 뒤에 있는 한 곳만이 전인(前人)들의 명확하고 적실한 증언이 많았을뿐더러 옥룡자(玉龍子)의 이른바 반룡농주(盤龍弄珠, 용이 누워 여의주를 가지고 놂)의 형국이다. 그리고 연운, 산운, 본인의 명운이 꼭 들어맞지 않음이 없으니, 내가 하늘의 뜻이라고 한 것이 바로 이를 이름이다. 나라 안에 능이나 원(園)으로 쓰기 위해 봉표해 둔 것 중에서 세 곳이 가장 길지(吉地)라는 설이 예로부터 있어 왔는데, 한 곳은 홍제동(弘濟洞)으로 바로 지금의 영릉(寧陵, 효종의 능)이 그것이고, 다른 곳은 건원릉(健元陵) 오른쪽 등성이로 바로 지금의 원릉(元陵, 영조의 능)이 그것이고, 또 다른 곳은 수원읍(水原邑)에 있다.

정조실록 13/7/11

정조는 세조의 능이 있는 광릉의 좌우 산등성이를 비롯해 용인의 좋다는 곳인 태종의 능 주변 등을 다 물색해 보았지만 "마음에 드는 곳이 한 군데도 없었는데" 오직 한 곳, 다시 말해 "수원 읍내에 봉표해 둔 세 곳 중에서 관가(官家) 뒤에 있는 한 곳"이 바로 최적지라고 말했다. 그곳이야말로 옥룡자 도선(道詵) 국사가 말한 "용이 누워서 여의주를 희롱하는" 최고의 명당이라는 것이다.

흥미를 끄는 것은 정조가 "우리나라 3대 길지"라면서 지적한 곳이다. 첫 번째는 지금의 여주에 있는 효종의 능(寧陵)이다. 두 번째는 건원릉(健元陵)으로, 지금의 구리시에 있는 영조의 능이다. 세 번째가 수원읍(水原邑)에 있는 현재의 융릉 자리로, 애초부터 정조가 길지로 점찍은 곳이다. 특이하게도 정조는 '백대의 명당'이라는 세종의 능(英陵)이 아니라 그 옆의 효종의 능을 중시했다. 그는 실제로 1779년(정조 3년)에 직접 효종의 영릉과 세종의 영릉을 답사하기도 했다.(정조실록 3/8/5)[10]

그다음으로 정조는 옮길 때 소요되는 비용에 대해 언급했다.

원소로 새로 정한 곳이 길이 조금 머니 백성과 고을들의 폐단을 생각하지 않을 수 없다. 처음 살피고 온 뒤로 도감을 설치하기 위해 거둥할 때까지 모든 신하들은 각자 자기 밥을 싸 가지고 다니도록

---

10   효종의 영릉(寧陵)은 처음에 경기도 구리시 인창동 동구릉의 건원릉 서쪽에 있었으나 석물에 틈이 생기는 등 문제점이 드러나 1673년(현종 14년)에 여주에 있는 세종의 영릉(英陵) 동쪽으로 옮겼다.

하라. 산을 살피기 위해 왕래하는 사람과 도감이 왕래하는 데는 말을 주라. 문서의 거래는 지체할 수가 없으니 조경묘(肇慶廟)[11]를 봉안할 때의 예에 의거해서 편의에 따라 인부와 장색(匠色)을 세워 두고 전례를 상고해서 양료(糧料)를 주되 전에 비해 갑절을 주라. 이밖에도 자연 거행할 일이 많을 것이니 여유 있는 영문(營門)에서 돈 1만 냥을 경기 감영에 떼어 주게 하라.

정조실록 13/7/11

정조는 이 외에도 천장에 드는 비용을 마련하기 위해 균역청에서 10만 냥(정조실록 13/7/13)과 군영(營門, 금위영 어영청)에서 10만 냥(정조실록 13/7/13), 내탕고의 돈 2000꿰미(정조실록 13/8/8)를 내놓도록 했다. 그리고 신하들은 도시락을 싸 가지고 다니게 하여 비용을 절약하는 한편 인부와 기술자들에게는 급료를 배로 주게 했다. 백성들을 부역시키는 대신 급료를 두 배로 주면서 일하게 한 것이다.

여기에서 정조의 의사 결정 방식이 주목된다. 정조는 "즉위 초부터 이장할 뜻을 가졌으나 너무 신중한 나머지" 여러 해 동안 이 문제를 거론하지 못했다. 아무리 국왕이지만 "화복의 설에 현혹되어" 생부의 묏자리를 옮길 수 없다는 점과 선대 임금 영조가 결정한 묘지를 섣불리 옮겼다가 불필요한 오해와 반대에 부딪힐 수 있었기 때문

---

11   조경묘는 전주 이씨의 시조 사공(司空) 이한(李翰)의 위패를 봉안한 사당이다. 전라북도 전주시 경기전(慶基殿)의 북쪽에 인접해 있다. 전주 이씨의 발상지라 하여 전국 유생의 상소에 따라 1771년(영조 47년)에 창건되었다.

이다. 그래서 무려 13년 동안이나 보류해 두었다.

흔히 정조가 정치적 소수 세력이었다거나 왕위에 오른 뒤에도 취약한 처지에 놓여 있었다고 하는 것은 바로 이런 상황을 일컫는다. 그런 상황이었기에 정조는 스스로 하지 않고 다른 신하로 하여금 사도세자 천장 문제를 제안하게 했다. 제안이 올라오자 정조는 "대신과 여러 신하들에게 물어서 결정하겠다."라고 대답했다. 많은 신료들이 희정당에 모인 가운데 정조는 그 상소를 낭독하게 했다. "눈물을 삼키며 목멘" 국왕의 모습을 본 신료들은 "한목소리로 빨리 옮길 것"을 요청했다. 누구도 효심에 호소하는 국왕에게 이의를 달 수 없었다. 그 호소력 덕에 천장 작업이 순조롭게 진행되었다. 정조는 이런 방식으로 사도세자의 무덤 이전 문제를 신중하고도 무난하게 처리했다. 나중의 신해통공에서도 보이는 정조의 이런 의사 결정 방식은 성공적인 개혁 추진의 조건으로 주목된다.

마지막으로 수원에 현륭원(顯隆園)을 조성하는 시기이다. 경기도 화성시 안녕동 효행리에 있는 현륭원 터로 사도세자의 묘를 옮기기 위해 정조는 몇 가지 결정을 내렸다. 수원의 읍 소재지를 팔달산 밑으로 이전하는 일(정조실록 13/7/15)과 화소(火巢, 산불로부터 피해를 막기 위해 능원(陵園)이나 묘소 주변의 풀과 나무를 불사른 구역)의 민가를 다른 곳으로 옮기는 일 등이다.

각 능침의 화소 안에 비록 인가가 들어 있는 예가 없기는 하나 지금은 한 가호도 이사시키기 어려운 때이다. 동구(洞口)의 경계를 정한 후에 능행(陵幸)할 때 수레가 머무르게 될 곳을 헤아려 제외하고, 그 밖에 빈 땅은 화소 안이라는 데에 구애받지 말라. 현재 남아 있는 인가에 대해서는 철거하지 말도록 하라. 설령 이사를 떠나는 백성이 있더라도 원래의 집은 수호군이 구입해도 될 것이니 편의대로 조처하라. 도감 및 고을의 관아에서 소용되는 재목을 사유지에서 베어 내 가져올 경우 모두 값을 지급해 주도록 하라.

정조실록 13/8/2

여기에서 보듯이 정조는 천장 과정에서 생길 수 있는 민폐를 최소화하기 위해 각별히 노력했다. 우선 상여군(喪轝軍)을 도성 지역 거주민(坊民)이 아니라 군인 가운데서 선발했다.(정조실록 13/7/13) 화소 안의 잔존 민가를 강제로 철거하지 말라고 하는 한편 사유지의 재목을 베어 올 때 모두 값을 지불하도록 지시한 점도 주목된다.(정조실록 13/8/2) 백성들의 마음을 잃으면 제아무리 옳고 필요한 일이라도 성취될 수 없다는 정조의 생각이 잘 드러난다.

문제 표출 시기

셋째, 사도세자 문제를 표출하고 명예 회복 문제를 공론화하는 단계이다. 1792년(정조 16년) 윤4월 27일에 경상도의 참봉 이우 등 1만여 명이 상소를 올렸다. 영남의 남인들이 30년 전에 죽은 사도세자의 명예 회복을 호소하는 상소를 올린 것이다. 그런데 이 시기는 정치적으로 매우 미묘한 때였다.

1년 전 1월부터 정조는 남인의 채제공 독상(獨相) 체제를 유지하면서 신해통공이라는 경제 개혁을 추진하던 터였다. 노론 벽파 세력은 이에 맞서 진산사건(1791년 10월)을 일으켜 채제공의 하야 및 남인 세력의 정계 축출을 기도했다. 노론은 또한 윤구종 사건(1792년 윤4월)[12]의 경우에서처럼 소론의 의리를 전면으로 부정하는 등 산발적으로 저항했다.

말하자면 이 시점에 사도세자의 문제를 제기하는 것은 남인과 노론 모두에게 자칫 환국(換局) 차원의 정치적 변동을 초래할 수 있는 심각한 일이었다. 이때 남인들이 사도세자를 죽게 한 노론 벽파를 처단해야 한다고 주장한 것이다.

앞에서 사도세자의 죽음의 원인을 살펴볼 때도 언급한 이 상소의 내용은 다음과 같다.

> 영남 사람으로서 세자시강원에서 가까이 모신 자가 그간 많이 있었습니다. 그들이 돌아와서 말하기를 "세자의 학문이 고명(高明)하여 강론할 때는 대부분 정미(精微)한 곳까지 나아가고 예의 바른 용모는 장엄하여 아랫사람을 접할 때는 은의(恩義)를 곡진히 한다."라고 하였습니다. (……) 영조의 지극히 인자한 성품으로서 종묘를 부탁할 곳이 있는 것을 기뻐하고 국운이 무궁하게 됨을 경사스럽게 여긴 것이 어찌 끝이 있었겠습니까. 그런데 일종의 음흉하고 완악한 무리가 세자의 가차 없는 사색(辭色)에 남몰래 두려운 마음을 품

12 　노론의 윤구종은 경종비 선의왕후의 능(惠陵)을 지날 때마다 말에서 내리지 않았다. 뒤에 이 사실이 적발되어 조사를 받다가 그는 "경종(懿陵)에게 신하 노릇 하려는 마음이 없다(無臣節)."라고 하여 파문을 일으켰다. 정조실록 16/윤4/14.

고 이에 조정의 권력을 잡은 당여로서 비밀리에 국가의 근본을 요동시키려는 계책을 이루고자 하였습니다. (……)

심지어 상소로 세자를 욕하는 자도 있었고 급서(急書)로 고자질하는 자도 있었는데 그들은 서로 끌고 따르며 호응하였습니다. 그래서 세자의 표정이 혹 수심에 차고 우울할 때가 있으면 도리어 이것을 가지고 이야깃거리로 삼아 안팎에서 서로 선동하고 더욱 교묘하게 참언을 투입하여 원근(遠近)을 현혹하고 시급히 소문을 퍼뜨려 끝내 차마 말할 수 없는 변고를 일으켰습니다. (……)

오직 전하께서 특별히 유의하여 선세자의 무함이 참소하는 역적에게서 연유했음을 명백히 변명하여 팔도에 알리고, 허다한 역적에게 미처 시행하지 못한 형벌을 내리셔야 합니다.

정조실록 16/윤4/27

여기에서 보듯이 경상도의 선비들은 사도세자의 학문이 고명하고 국왕으로서의 자질이 훌륭했는데, 조정의 권력을 잡은 무리가 국가의 근본을 흔들려는 계책을 세워 차마 말할 수 없는 변고를 일으켰다고 주장했다. 이들은 따라서 선세자가 입은 무함을 해명하고, 그 역적들에게 형벌을 시행하라고 요청했다.

놀랍게도 정조는 이 상소를 받아들였다. 즉위한 직후 이응원 부자 때와 완전히 다른 태도였다. 이응원 부자가 상소를 올렸을 때는 국청을 설치하고 그들을 쳐 죽였다. 정조는 영남 인사 이우 등을 불러오게 한 다음 "상소를 올린 대표자(疏頭)가 누구냐?"라고 물었다. 이우라는 답변을 들은 정조는 그곳에 참석한 유생들에게 "너희가 천리 먼 길을 왔기 때문에 내가 불러 보는 것"이라면서 "한번 소리 내어 읽어 보라."라고 했다. 상소문을 공개적으로 읽게 한 것이다. 이어서 그는 다음과 같이 말했다.

> 너희가 천 리 길을 발을 싸매고 올라왔고 1만여 명이 연명(聯名)하였으며 또한 이 일은 막중한 것에 관계되는 것이다. 내가 응당 말을 해야 하겠지만 정신이 혼미하여 다 말할 수 없다. 다만 대략만 말해 주겠다. 내가 애통(哀痛)함을 머금고 참아 온 지가 이미 30년이 지났다. (……) 허다한 세월에 어느 날인들 근심을 품지 않았겠는가마는 이미 감히 의리로 명백히 말하지도 못했고 또한 능히 형벌을 통쾌히 하지도 못했다. (……) 천지가 생긴 이래로 군신(君臣)과 부자(父子)의 윤리가 있었으니 나의 정사(情事)로 어찌 한 푼이라도 가리고 막을 마음이 있었겠는가.
>
> 정조실록 16/윤4/27

여기에서 정조는 자신이 오랜 세월 동안 '애통함'과 '근심' 속에서 살아오면서도 '임오의리(사도세자 문제)'를 명백히 밝혀 관련자들을 처단하지 못한 이유로 군신의 윤리(忠義, 영조와의 관계)와 부자의 윤리(孝親, 사도세자와의 관계) 중 어느 하나를 저버릴 수 없었음을 지적했다. 비록 부자의 윤리를 저버렸다는 "천하 후세의 비방"을 듣는 한이 있더라도 이 난처한 문제를 자신의 입으로 드러내 밝힐 수는 없다는 말로, 매우 뜻밖의 반응이었다.

그동안 유지한 국왕의 태도에 비해 크게 변화된 이 같은 반응은 노론을 분열시킨 반면 남인을 고무시켰다. 우선 김종수와 같은 노론 벽파는 채제공이 영남 만인소를 사주했다고 단정하고 채제공 공격에 나선 반면 김희, 이병모 등은 사도세자의 공덕을 찬양하는 쪽으로 돌아섰다. 김희는 만인소의 대표자 이우를 의릉 참봉으로 "파격적으로 추천"했으며(정조실록 16/5/2) 같은 노론의 이병모 역시 사도세자를 무함한 "(사도세자의) 원수 및 더러운 무리에게 형률을 시행"하라고 주장했다.(정조실록 16/5/2)[13]

이 같은 분위기에서 영남의 이우 등은 2자 영남 만인소를 올렸다. 그들은 "먼저 사실을 확인한(先分辨) 다음에 처벌할 것(後誅討)"을 요구했다.(정조실록 16/5/7) 이에 정조는 "감히 말할 수 없는" 사도세자 문제를 거론하지 말라던 1차 만인소 때와 태도를 바꾸어 임오의리를 "한 나라의 공공(公共)의 논의"로 부각했다. 아울러 그는 한편(정조실록 16/5/7) "부자간의 윤리가 있은 연후에야 군신 간의 분의(分義)"도 있다면서(정조실록 16/5/22) 이 사건에 대한 변화된 입장을 다음과 같이 천명했다.

경들도 생각해 보라. 내가 등극한 이후에 모년(某年, 사도세자가 죽은 임오년)의 의리에 대해 감히 한 번도 분명한 말로 유시하지 못했다. 그들을 주륙(誅戮, 처형)한 것도 다른 일로 인해서였으며, 그들을 성토

---

13   이병모에 따르면 사도세자 사건은 "문녀(文女)가 안에서 도모하고, 홍계희가 밖에서 선동하여" 이루어졌다. 이병모는 김상로, 박치원, 윤재겸, 이현중, 홍인한, 구선복 등이 "사도세자의 원수"이며 "더러운 무리"에 해당한다고 지목했다. 여기에서 문녀는 영조의 후궁으로 사도세자를 모략한 숙의 문씨를 가리킨다. 정조실록 16/5/2.

한 것도 다른 조항에 의탁해서 하였다(其誅之也因他事 其討之也托他條).
(……) 이는 다름이 아니다. 선대왕께서 숱하게 내리신 정녕한 유시
와 엄격한 하교(가 있었기 때문이다.) (……) 성교(聖敎) 가운데 있는 '통
석(慟惜)'이란 두 글자는 바로 후회하신 성의(聖意)여서 내가 받들어
가슴에 새겨 장차 죽어도 눈을 감을 수 없는 단서로 삼고 있다. 그
러나 억제할 수 없는 것은 지극한 통분이며 막을 수 없는 것은 지
극한 정(情)이다. 큰 윤리가 있는 바로 그곳에 피맺힌 원수가 있다.
이 때문에 앞뒤의 사실들을 참작하면서 경도(經道) 안에서 권도(權
道)를 찾았다.(大倫所在 血讎在彼 於是乎參前倚衡 求權於經.)

정조실록 16/5/22

말하자면 사도세자 사건에 대해 정조 자신이 문제를 제기하지
않고 다른 일에 의탁하여 그 모해자를 처분했는데, 이로써 선대왕 영
조와의 약속을 어기지 않으면서도 아버지 사도세자의 원수를 갚을
수 있었다는 것이다. 예컨대 홍인한, 정후겸 등 임오화변 관련자들을
임오의리가 아닌 정유역변[14]과 같은 다른 사건을 빌미로 제거했으며,
사도세자의 죽음에 깊숙이 개입한 구선복과 같은 "역적 중의 역적"
에 대해서도 "반드시 그 스스로 천주(天誅)를 범할 때까지 기다린 연
후에 죽였던 것"(정조실록 16/5/22)이다.

---

14   1777년(정조 1년) 7월과 8월 두 차례에 걸쳐 부홍파인 홍계희, 홍술해,
      홍상범 등이 궁궐 안의 내시, 궁녀 등과 결탁하여 정조를 시해하고자 한
      자객 사건을 말한다.

정조에 따르면 이처럼 "밖으로는 형적을 드러내지 않으면서 안으로는 의리를 스스로 펴는" 징토 방법은 "싸움에서 피를 흘리지 않고 이기는" 법이자 "경도 안에서 권도를" 조화시키는(求權於經) 방법이다.(정조실록 16/5/22) 말하자면 임오의리로 아버지의 원수를 갚는(天討) 대신 다른 일에 의탁하는 방법으로 이들을 제거함으로써 '충의(忠義)의 윤리'와 '효친(孝親)의 윤리'가 충돌하는 것을 막을 수 있었다는 것이다. 정조는 장차 "위로는 성은을 등지지 않고 아래로는 나의 이마에 진땀을 내지 않는" 이 방법으로 "결말에 가서는 차례로 설욕(雪辱)을 하게 될 것"이니 "이해하는 자는 반드시 보고서 통읍(痛泣)하고 잘 모르는 자는 듣고서 마땅히 전율"하라고 경고했다.(정조실록 16/5/22)

1793년(정조 17년) 영의정에 임명된 채제공은 정조의 본심이 천토(天討)에 있다고 간주하고 본격적인 임오의리 관련자 천토 상소를 올렸다. 그는 "천지간에 극악무도한 자들의 지친(至親, 부자, 형제)과 인척들이 모두 벼슬아치의 명단을 꽉 메우고 있는" 작금의 현실을 개탄하면서 사도세자를 "참소하고 무함"한 "큰 괴수로서 원수가 되는 자들의 이름"을 밝히고 "사도세자의 무함 입은 것을 깨끗이 씻어" 내자고 강력히 주장했다.(정조실록 17/5/28)

당시 채제공의 천토 상소는 국왕조차 "등이 땀에 젖고 마음이 오싹"해질 정도로(정조실록 17/5/28) 강력해서 김종수 등 노론 벽파 세력은 큰 위기의식을 느꼈다.(정조실록 17/8/9) '드디어 정치 보복이 무려 17년 만에 시작되는구나.'라는 생각을 갖게 만든 것이다. 특히 채제공은 "천하에 역적은 똑같은데, 국가가 그들을 징계하는 데 차별을 두려 한다."라면서 "선세자의 무함"에 관여한 자들을 모조리 처단해

야 한다고 주장했다.(정조실록 17/5/28)

문제 매듭기

그러자 좌의정인 노론의 김종수가 나섰다. 그는 채제공의 천토 상소가 "국시(國是)를 뒤바꾸려는 책략"에서 비롯되었다고 규정하고 "영남 사람 만여 명을 즉각 불러 모을 수 있는 힘"을 가진 채제공이 야말로 "반드시 변괴"를 일으키고 말 것이라고 주장했다. 김종수는 나아가 채제공과는 "한 하늘 밑에 같이 있을 수 없"다며 남인·노론·소론의 보합 체제를 와해시키는 한편 오히려 이덕사·조재한 사건[15] 과 관련하여 채제공을 역공했다.(정조실록 17/5/30)

결국 채제공과 김종수가 파직되고 영의정 홍낙성, 우의정 김희의 노론 중심 체제가 출범했다. 그러나 홍낙성, 김종수, 심환지 등 노론 세력은 계속 채제공을 비판하면서 남인 세력의 축출을 기도했다.

이에 정조는 전·현직 대신들과 문관, 음관, 무관으로서 2품 이상인 경재(卿宰)와 규장각(內閣)과 삼사의 여러 신하들을 불러 모았다. 그리고 자신과 채제공만 아는 이른바 금등지사의 비밀을 밝혔다.[16]

---

15   정조 등극 직후 이덕사, 조재한, 박상로 등이 내시 등과 결탁하여 임오의 리를 제기하여 정조의 뜻을 엿보다가 정조의 반대로 국문을 받고 처형된 사건이다. 이 사건은 정권 교체 때 나타나는 구세력의 조직적 저항을 잘 보여 준다. 정조실록 즉위년/4/1.

16   이인화의 소설 『영원한 제국』에는 '금등지사에 무엇이 기록되어 있느냐?'를 노론은 물론이고 남인, 심지어 정조마저 궁금해한 것으로 나온다. 금등지사가 노론 벽파를 제거할 수 있는 결정적 문건으로 설정된 것이다.

금등이란 쇠줄로 단단히 봉해 비밀문서(秘書)를 넣어 두는 상자로, 금등지사란 주나라의 주공(周公)이 관숙과 채숙의 모함을 받아 쫓겨났을 때 성왕(成王)이 금등 속 책자를 보고 주공의 진심을 알고 망명에서 돌아오게 하였다는 데서 비롯되었다.

금등지사의 비밀

모든 신하가 모인 자리에서 정조는 다음과 같이 말했다.

전 영상(채제공)의 상소 가운데 한 구절의 말은 곧 아무 해(某年, 임오년)의 큰 의리에 관한 핵심인데, (……) 채제공이 남이 섣불리 말하지 못하는 것을 감히 말한 것은 대체로 곡절이 있어서였다. 그가 도승지로 있을 때 영조(先朝)께서 창경궁의 휘령전(徽寧殿)에 나와 사관(史官)을 물리친 다음 그만을 앞으로 나오도록 하여 어서(御書) 한 통을 주면서 신위(神位)의 아래에 있는 요(褥) 자리 속에 간수하도록 했다. 그의 상소 가운데 즉(卽) 자 아래의 한 구절이 바로 금등(金藤) 속의 말인 것이다. (……) 금등 속의 말의 하나는 자식을 사랑하는 마음이요, 다른 하나는 지극한 효성에서 나온 것이니 이 얼마나 아름다운 덕인가. 단지 감히 말하지 못할 일이라는 이유 때문에 차마 제기하지 못하고 장차 묻힌 채 드러나지 못했던 것을 지금 그가 상소하였다. 그 단서가 발로되었으니 그대로 잠자코 있을 수 없게 되었다.

정조실록 17/8/8

이어서 정조는 금등 문서 가운데 두 구절을 베껴 쓴 쪽지를 여

러 대신에게 보여 주었다. 정조가 공개한 금등 문서의 내용은 다음과
같았다.

피묻은 상복이여 피 묻은 상복이여　　　　　　　血衫血衫

삭장 지팡이여 삭장 지팡이여　　　　　　　　　桐兮桐兮

그 누구의 것이던가　　　　　　　　　　　　　　誰是

(이 일을) 금등에 담아 천년을 간직하면서　　　　金藤千秋

내 품에 돌아오기만을 바라고 또 생각하노라　予懷歸來望思

정조실록 17/8/8

여기에서 피 묻은 상복과 삭장 지팡이(제사 지낼 때 상주가 짚는 지팡
이)는 1757년(영조 33년) 영조의 왕비인 정성왕후 거상(居喪) 때 사도세
자가 쓰던 것으로, 영조가 숙의 문씨의 모함('왕 죽기를 기원한다.')에 넘
어가 사도세자에 대한 처분을 결심하는 계기로 작용한 물건들이다.
또한 '귀래망사(歸來望思)'는 한무제(漢武帝)가 강충(江忠)의 모함을 믿고
태자 거(據)를 자결하게 하였는데, 나중에 전천후(田千秋)의 상소로 인
해 뉘우쳐 태자를 위해 사자궁(思子宮)과 귀래망사대(歸來望思臺)를 지
어 위로하였다는 고사에서 온 말이다.[17]

한마디로 정조 자신은 이 문제를 "감히 말하지도 못하고 또 차
마 제기할 수도 없는" 곤란한 처지이지만 영조에게서 특별한 명을
부여받은 채제공의 입장은 다르다는 말이었다. 임오의리를 제기하

17　　『한서』 36권 「여태자전(戾太子傳)」.

는 게 오히려 "선대왕의 본의"를 따르는 신하의 도리라는 주장인 것이다. 채제공의 상소는 당론에서 나오거나 국시를 바꾸려는 음모에서 제기된 것이 아니라 속에서 "우러나온 충성과 의리의 발로"(정조실록 17/8/8)로, 누군가가 반드시 제기했어야 하는 정당한 의리라는 말을 하고 싶었던 것이다.

결과적으로 이 문제는 노론의 반발과 정조의 신중한 태도로 인해 채제공의 주장처럼 "큰 괴수들을 처단"하고 "버슬자리에서 몰아내는" 수토(誅討)의 성국 변농을 조래하지 못했다. 그러나 이 사건을 계기로 "사도세자의 무함 입은 것"은 공식적으로 해명(分辨)되었고, 사도세자의 추존이 가능해졌다.(정조실록 19/1/17) 이렇게 생부의 명예가 회복됨으로써 국왕 정조의 정당성이 제고되고 사도세자의 능이 있는 수원에 화성 축조를 본격화할 수 있었던 것은(정조실록 18/2/28~20/8/19) 또 다른 정치적 효과라 할 수 있겠다.

정조의 국가 경영 방식

사도세자의 명예 회복 과정은 지금까지 살펴본 것처럼 결코 녹록하지 않았다. 임오의리를 내세워 정치 보복을 주장하는 시파(時派) 세력이 있는가 하면 사도세자에 대한 처분이 정당했다고 주장하는 벽파(僻派) 세력도 있었다. 김하재 사건(정조 8년)이나 오익환의 만언소(萬言疏, 정조 12년) 등에서 보듯이 노론 벽파들은 사도세자의 죽음을 연상시키는 표현을 상소에 끼워 넣는 방식으로 국왕에게 도전하곤 했다. 자살 폭탄 테러를 자행하는 이런 반대 세력이 있는 상황에서 생부의 묘소를 천장하고, 그의 생애를 새롭게 서술하는 현륭원 지문을 작성하는 일은 왕인 정조에게도 커다란 정치적 모험이었다.

그럼에도 천장은 참석한 신하들의 만장일치로 결정되었다. 그뿐 아니라 신하들은 새로운 천장지 결정이나 수원 읍치(邑治)의 이전 및 그에 소요되는 비용을 마련하는 일 등에 역할을 나눠 참여했다. 도대체 정조가 어떻게 했기에 모든 신하들이 이후의 일을 "이견 없이" 물 흐르듯 진행할 수 있었을까?

이는 정조의 탁월한 설득과 추진의 리더십을 보여 주는 대목으로 재위 후반의 수원 화성 건설이나 신해통공 추진 과정에서도 비슷하게 드러났다. 그것은 간략히 말하면 '의리의 정치'로 표현되는 대의명분(justice)과 '힘의 정치'로 일컬어지는 지지 세력(political forces)을 효과적으로 이끌어 내는 리더십이다. 이러한 관점으로 정조의 사도세자 문제 처리 과정을 재정리하면 다음과 같다.

명예 회복의 정치

정조는 신하들을 설득하는 일이 정치에서 매우 중요하다고 생각했다. 즉위 제일성으로 "과인은 사도세자의 아들이다."라는 충격적인 선언을 한 직후 그는 그 선언이 선 임금 영조와의 약속에 위배되지 않는다고 해명했다. 직접적인 해명을 덧붙여서 불필요한 오해와 왜곡을 최소화시키려 노력했다. 그는 왕은 도덕적 모범자로서 현실 정치에 개입하지 말아야 하며 현실 정치는 재상 등에게 맡겨야 한다는 노론의 성학론(聖學論)에 대응하는 논리를 펼쳤다. 요순(堯舜) 이래로 정치는 국왕을 중심으로 돌아갈 때 백성들의 삶이 편리해진다는 성왕론(聖王論)이 그것인데, 이 대응 논리에 따라 그는 국왕 주도의 국가 개혁을 추진했다.[18] 특히 경연이라는 세미나식 어전 회의를 적극 활용해 고전을 근거로 자신의 논리와 정책 추진을 설득하곤 했다.

1789년(정조 13년)의 영우원 천장 과정이 좋은 사례이다. 그는 국왕의 권위나 힘을 동원해 사도세자의 묘소를 옮기지 않았다. 우선 천장의 제안자가 정조 자신이거나 조정의 핵심 관리가 아니었다. 박명원(이라는 정조의 맏사위(화평옹주의 남편)인 종친이 지금 이 문제를 제기하게 했다. 박명원은 자신이 영우원을 우연히 찾아가 보았더니 묘소의 띠가 말라 죽고, 무덤의 왼쪽이 뚫리는 등 완전히 방치되어 있다고 보고했다.

이 보고를 받아들이는 정조의 반응이 인상적이다. 그는 "요청이 이런 때에 이르렀으니 대신과 여러 신하들에게 물어서 결정하겠다."라면서 대신과 규장각 신들, 예조 당상관 등 2품 이상의 신하들을 창덕궁 희정당으로 불렀다. 신하들이 모이자 그는 승지로 하여금 박명원의 상소를 소리 내어 읽게 했다. 일개 종친의 제안을 공론의 장으로 끌어낸 것이다. 영우원의 참담한 상황을 묘사하고 "성상의 효성"을 운운하는 상소 내용을 들은 신하들은 한목소리로 그 제안을 수용하라고 요청했다.

이 말을 들은 정조는 눈물을 삼키며 목멘 소리로 "경의 아룀을 들으니 가슴이 막히고 숨이 가빠지는 것을 스스로 금할 수 없다.

---

18   박현모, 『정치가 정조』(푸른역사, 2001), 23~26쪽.

갑자기 말을 하기가 어려우니 계속 진달하지 말고 나의 기운이 조금 가라앉기를 기다리라."라고 말했다. 잠시 시간이 흐른 뒤에 정조는 '화복의 설'에 따라서 이장을 하면 안 되지만 상황이 이러하다면 천장을 늦출 수 없다면서 자신이 보아 둔 이장 대상지를 말했다. 나아가 그는 연운(年運), 산운(山運), 본인(사도세자)의 명운(命運) 측면에서 "꼭 들어맞지 않음이 없으니 하늘의 뜻이 아니냐?"라고 대신들에게 물었다.(정조실록 13/7/11)

여기에서 보면 정조는 천장을 할지 말지를 묻지 않고 수원 천장지에 대한 의견을 물었다. 이미 천장은 '하늘의 뜻'이라고 밝힌 후 어디가 적합하겠느냐고 화제를 이끌어 간 것이다. 이에 대해 판중추부사 김익은 "옥룡자가 그렇게 말했다면 이곳을 버리고 어디로 가겠습니까?"라고 대답했다.[19]

김익의 긍정적 대답에 힘을 얻은 정조는 옆의 승지에게 「수원산론(水原山論)」을 읽게 했다. 수원이 최고의 명당자리라는 글을 읽은 신하들은 "어찌 다른 말이 필요하겠습니까?"라고 모두 찬성 의견을 표명했다. 정조는 그 자리에서 천장할 길일이 얼마 남지 않았으니 그 고장 백성들을 안정시키고 고을을 옮기는 일 등을 하라며 경기 관찰사를 서유방으로 교체하고, 조심태를 수원 부사로 임명했다. 그뿐 아니라 그날 바로 김익을 영의정으로 임명했다. 그야말로 전광석화와

---

19   김익은 부모를 위하여 묏자리를 찾은 지 10여 년이 되어 감여설(풍수지리)을 잘 알았다. 정해득, 『정조 시대 현륭원 조성과 수원』(신구문화사, 2009), 17쪽.

같은 추진력이었다.

또 하나 주목해야 할 것은 그해(정조 13년) 8월 사도세자의 묘소 천장을 위한 영우원 계원례(啓園禮) 때 정조의 모습이다. 계원(啓園)은 돌아가신 분과 주위 사람들에게 능을 옮기겠다고 고하는 것인데, 여기에서 정조는 그동안 참았던 슬픔을 심하게 표출한다. "계원을 함에 이르러 상이 옹가(甕家, 이장(移葬) 작업을 위해 무덤 위에 임시로 세운 시설) 안에 나아가 사초(沙草)를 부여잡고 어루만지면서 정도에 지나치게 울부짖고 가슴을 쳤다. 이에 약원(藥院)의 제조와 각신, 승지 및 여러 대신들이 번갈아 곡을 멈추기를 청했으나 상이 모두 듣지 않았다. 이때 시각이 이미 많이 흘렀고 격기(膈氣)의 증세가 다시 심해져서 곡도 제대로 소리 나지 않는 데다 연이어 구토를 하려는 증세까지 있었다."

(정조실록 13/8/12)

이런 정조의 모습은 고통스러운 경험을 가진 개인이 스스로를 정화해 가는 과정이라 할 수 있다. 정조는 일찍이 사도세자 사건으로 인해 "개인으로서 말할 수 없는 애통한 마음"을 경험했다. 할아버지(영조)가 아버지(사도세자)를 죽이는 것을 정조는 막지 못했을 뿐 아니라 오히려 자신이 존재했기 때문에(왕위를 승계할 자가 있었기에) "차마 말할 수 없는 일"이 발생했다고 생각하였다.[20] 따라서 그는 "가슴에 사

---

20   정조는 영조가 "삼종(효종, 현종, 숙종)의 혈맥"을 이을 수 있는 자신이 있었기 때문에 사도세자를 제거할 수 있었음을 알았다. 이 때문에 스스로에 대해 "하늘을 꿰뚫고 땅에 사무치는 원한을 안고서 죽지 못해 살아 있는 사람(抱徹天極地之冤 不死于至今)"이라고 표현하기도 했다. 정조, 『홍재전서』16권 「현륭원 지(誌)」.

무친 슬픔을 죽도록 간직한" 채 평생을 "돌아갈 곳 없는 곤궁한 사람(窮人)과도 같은" 삶을 살아야 했다.(정조실록 행장) 어쨌든 이런 상황에서 국왕의 생부 명예 회복 노력을 저지할 신하는 없었다.

정조는 그즈음에 "유궁(幽宮)의 지문(誌文)을 친히 지으려고 한다."라고 제안했다. 묘소에 들어갈 사도세자의 생애에 대한 글을 다시 지으면 그 인물에 대한 재평가 역시 불가피해진다. 정조는 "차마 말할 수 없고, 차마 쓸 수 없을 일이기 때문에 슬픔을 누르고 참아 가며 써 보겠다."라며 "경들의 견해는 어떤가?"라고 물었다. 이 물음에 김익과 서명선 등은 모두 찬성을 표명했으며, 채제공은 사도세자가 돌아가신 지 "28년 만에야 비로소 영우원의 문자가 있게 되었다."라면서 적극 지지했다.(정조실록 13/8/21) 이렇게 해서 한자 원문으로 1만 4000여 자(원고지 186매의 번역문)에 달하는 장문의 현륭원 어제 지문이 탄생했고, 사도세자의 명예 회복 노력은 탄력을 받았다.

지지 세력의 규합

사도세자의 묘소 천장 과정에서 정조가 각별히 유념한 것은 반대 의견이 표출되지 않게 하는 일이었다. 생부의 명예 회복 노력은 자칫 선대 임금과의 약속을 저버렸다는 비판을 받을 수 있었다. 이 때문에 반대자들이 시비를 걸고 나설 경우 일이 시작 단계에서 좌초될 가능성이 있었다. 이를 막기 위해 정조는 이미 사망한 신하들의 명예를 회복하는 일('의리탕평')과 퇴출(休)과 재등용(用)이라는 '휴용의 인재 쓰기(休息而用之)'를 통해 조정 신하들로 하여금 국왕의 방침을 지지하도록 수완을 발휘했다.(정조실록 24/5/30)

먼저 살펴볼 것은 신하들의 명예 회복 조치이다. 정조는 신하들의 조상들 및 각 붕당의 영수들을 사면하거나 복권했다. 그들의 명예를 회복시켜 그 후손들로 하여금 국정에 당당하게 참여하고 협력하도록 하는 한편 자신의 생부 사도세자의 명예 회복을 지지하도록 만들었다. 다른 한편 정조는 사대부의 성격에 대해 인지한 터라 '의리의 정치'를 중시했다. 의리와 명예를 지고의 가치로 여기는 사대부들의 성격을 고려해 그들의 명예를 회복시킴으로써 국가에 대한 충성심을 확보하려 한 것이다. 정조는 남보다 더 뛰어난 일을 하여 인정받고자 하는 인간의 욕망을 중시했다. 그는 특히 명예를 얻으려는 사람들을 통해 정치가 발전한다는 점을 간파하고 그 힘을 국정 운영에 끌어들이려 했다.

1782년에 그가 윤선거, 윤증 부자를 복관해 소론의 정통성을 인정한 것이나(정조실록 6/12/3) 1795년 10월에 남인(濁南) 허적의 관작을 회복시키고(정조실록 19/10/12) 1799년에는 북인 박승종의 관작을 회복시킨 것이(정조실록 23/9/19) 대표적 예이다. 이인좌의 난(戊申亂) 진압 60주년을 맞이하여 소론의 최규서, 조문명 등을 추록(追錄)·치제(致祭)하고 그 후손을 임용케 한 것이라든지(정조실록 12/3/1) 남인의 조덕린 등의 죄명을 씻어 준 것(정조실록 12/11/10)도 그 예이다.

다음으로 살펴볼 것은 회유와 위협을 통한 인재들의 마음 바꾸기이다. 이는 정조의 독특한 정치 기술로, 오회연교(五晦筵敎)[21]에서 나

---

21   정조가 서거하기 직전인 1800년 5월 그믐의 연석에서 그동안의 일에 대한 술회와 앞으로의 계획을 발표한 것을 말한다. 오회연교의 내용은

타나듯이 그는 8년을 주기로 김종수, 채제공 등을 정승으로 임용했다. 정조는 사망하기 한 달 전인 1800년 5월 30일 병석에서 여러 신하들을 불러 놓고 그동안의 일을 술회했다. 이 자리에서 그는 재위 3~4년 즈음이 인재를 대거 등용할 때였으나 마침 홍국영 역모 사건이 터져 어진 인재라 하더라도 "우선 쉬게(休) 했다가 다시 등용(用)하지 않을 수 없었다."라고 회상했다. 정조는 채제공과 김종수, 윤시동을 그 예로 거론하면서 "대체로 그 등용하고 내보내고 하는 주기를 8년으로 기한을 두었다."라고 말했다. 정조에 따르면 이들을 "쉬게 한 뒤에 쓰는 이유는 시대 상황이 그렇기도 했거니와 또한 그 사람을 위해 신망을 키우는 방안"이었다. 다시 말해 쉬는 동안 "그 마음이나 행적에 의리를 고수한 실상이 분명해야만 등용"했다는 것이다.

여기에서 주목할 것은 '의리'라는 말인데, 정조에게 의리(義理)란 '올바른 이치' 내지 '마땅히 따라야 하는 도리'를 뜻하며 많은 경우 '국가가 추진하는 정책'을 지칭했다. 한마디로 파직되거나 유배된 기간에 마음과 행적에서 왕이 추진하는 정책을 믿고 따르는 인재라는 믿음이 생긴 사람들을 재상으로 중용했다는 말이다. 정조는 자신의 인재 쓰기를 음식에 비유했다. "음식을 먹을 때 여러 가지 시고 짠 반찬이 많아도, 밥, 콩, 조 등의 바탕이 되는 음식에서 나오는 맛(本味)은 항상 일정한 것처럼" 국가에서 추진하는 정책을 믿고 따르는 인재

크게 네 가지로, ① 임오화변에 내한 노론의 책임, ② 8년을 주기로 정승을 임명한 탕평책, ③ 왕의 개혁 정책에 노론 벽파들이 동참할 것, ④ 왕의 국정 운영 구도(規模)에 끝까지 동참하지 않으면 결코 용납하지 않겠다는 것 등이다. 정조실록 24/5/30.

들은 직위의 고하와 대소를 막론하고 자신의 인재 경영의 중심에 위치해 있었다는 것이다. 그는 그럼에도 겉으로만 치닫는 별종의 무리들이 의리에 순종하는 인재들에 대해 "왕의 비위를 맞춘다.(迎合)"라고 비난하는 것이 세도(世道)의 깊은 걱정거리라고 했다. 정조는 이제부터라도 그런 폐습을 버리고 옛날 성왕의 정치를 이룩하는 일에 나서 달라고 당부했다.

그는 말을 마무리하면서 "북채를 잡고 북을 치면 곧장 반응이 나오는 것"처럼, 또는 "그늘에서 학이 울 때 그 새끼가 화답하는 것처럼" 국왕의 하교를 듣고 "의기가 북받쳐 올라 그 의리를 천명할 길을 생각하는 자"나 "걱정하고 두려워한 나머지 자신의 잘못을 스스로 밝히는 방도를 생각할 자"들이 많이 나와서 "내가 하려고 하는 정치를 도와 달라."라면서 신하들의 적극적인 지지를 요청했다.(정조실록 24/5/30)

그런데 그는 신하들의 지지를 요청하면서도 "더 이상 여러 말 않겠다."라거나 "마음을 고쳐 위엄을 두려워하고 죄를 멀리해야 할 것"이라는 등 특유의 위협과 회유의 화법을 구사했다. 등극 과정에서 정치 세력들의 역학 관계를 이용해 자신의 정적을 제거한 정조는 왕위에 오른 뒤에도 노론과 소론의 벽파 세력에 대해 같은 방법을 구사하곤 했다. 그들로 하여금 국왕 지지 세력으로 전향하도록 유도하는 노련한 현실 정치가로서의 모습을 보인 것이다. 사도세자의 묘소 천장 직전인 1788년(정조 12년) 김치인과 1789년(정조 13년) 김종수의 사례를 들 수 있다.

먼저 김치인은 정조 12년 '득의(得意)의 탕평'에서 노론의 입장을 대표하면서 왕의 신임을 얻었다. 당시 정조는 영의정에 노론의 김치인, 좌의정에 소론의 이성원, 우의정에 남인의 채제공을 임명하면서 "당목(黨目)이 있은 이래로 삼상(三相)이 오늘과 같은 적은 아마도 처음 있는 일일 듯하다. 그러므로 이번 일로 나는 자부하는 기색이 있다."라고 말했다.(정조실록 12/2/29) 1755년(영조 31년) 을해옥사 이후 오랫동안 소외되었던 남인을 정승직에 끌어올려 탕평 정국을 이룬 것에 대한 자부심이었다.

하지만 같은 해 12월에 남인 조덕린의 명예를 회복하려는 국왕의 조처에 대해 김치인이 같은 노론의 유언호 등과 보조를 맞춰 반대하고 나섰다. 그러자 정조는 김치인이 "늙어 정신이 혼미해져 임금도 못 알아본다."라면서 파직을 명했다.(정조실록 12/12/4) 아울러 그는 유언호를 "국문하여 사사(賜死)하겠다."라고까지 말했다. 물론 이 과정은 신하들의 적극적 만류와 김치인의 반성으로 무마되었고, 김치인은 얼마 후 영의정의 자리에 돌아왔다. 하지만 정조는 국왕이 추진하는 일에 반대하는 자는 정승이라도 징치될 수 있다는 점을 분명히 보였다. 실제로 김치인은 김익에게 영의정 자리를 넘겨줄 때까지(정조실록 13/7/11) 국왕의 조치에 반대하지 않는 온건한 노론의 영수 역할을 충실히 해냈다.

같은 노론의 김종수 역시 정조 즉위년에 대사간에 임명된 후 경기도 관찰사(정조실록 1/6/25), 병조 판서(정조실록 1/8/16), 규장각 제학(정조실록 4/3/3) 등을 거쳐 우의정(정조실록 13/9/27)까지 올랐다. 김종수는 처음에 "지금 시파의 논의(時議)를 주장하는 사람들은 온 세상을 침묵시키는" 자들이라면서(정조실록 8/11/29) 노론 세력을 규합하다 정조의 분노를 사 삭탈관직 후 내쫓기는 형벌을 받았다.(정조실록 8/12/12) 그러나 석 달 후 그는 이율·양형 역모 사건을 고변함으로써 다시 규장각 제학에 서용되었다.(정조실록 9/2/29) 이후 그는 채제공과 협력하면서 현륭원 천장 과정에서 중요한 역할을 했다.

김종수는 현륭원 천장 후 왕의 총애를 믿고 비답 내리기 전의 상소문을 누설하는가 하면(정조실록 14/1/13) 성문을 지키는 장수와 군졸을 욕보이는 등 '홍국영도 감히 하지 못한 일'을 하다가 언론의 탄핵을 받아 파면되었다.(정조실록 14/1/18)

하지만 정조는 김종수를 세 달 후 극적으로 재등용했다. 정조는 "어제 싸리재 고개(杻峴)에서 머리를 땅에 쑤셔 박고 밭 사이에 엎드려 있는 어떤 사람을 보고, 내심 시골구석의 선비가 행차를 맞이하는 규례도 몰라서 그런가 보다고 여겼다. 그런데 어가가 지나친 뒤에도 자꾸 의아한 느낌이 들어서 승선(承宣)에게 물었더니, 전 우상(右相)이라고 대답하였다."라고 말했다. 이어서 "지금은 시일이 꽤 오래되어 정리(情理)상으로도 자연 달라졌으니 대신을 우대하고 처지를 살펴주는 도리로 볼 때 언제까지고 그대로 놔둘 수 없다."라면서 다시 우의정에 임명했다.(정조실록 14/3/20) 김종수는 이후로 좌의정 채제공과 함께 정조 재위 중반기를 이끌어 나갔다.

수원 부사 조심태의 경우도 마찬가지이다. 정조는 처음에는 차대에 불참했다는 이유로 조심태를 '서용하지 않는 법'을 내렸지만 한 달 후에 좌포도대장으로 재등용했다.(정조실록 13/4/2) 천장이 결정된 직후에는 그를 수원 부사로 발탁하여 수원 화성 건설 등에 적극적으로 나서게 했다.(정조실록 13/7/11)

이처럼 인재를 일정 기간 쉬게 하면서 "그 마음이나 행적에 의리를 고수한 실상이 있을 때(心與跡之有依據於秉執)" 다시 발탁하여 중용하는 정조의 '휴용의 인재 경영'은 나름대로 효과를 거두었다. 1755년(영조 31년)부터 정조 초년에 이르기까지 당파(色目)별로 서로 갈라져 "의논이 일치됨을 보지" 못해 민생에 도움 되는 국가 사업이 한 걸음도 나아가지 못하는 "혼돈(混沌)"을 벗어나지 못한 데 반해 정조 재위 중반 이후에는 신해통공 및 수원 화성 건설 등에서 보듯이 개혁의 성과를 거둔 것이다.

사중지공의 국가 경영

설득력 있는 대의명분을 도출하고 지지 세력을 규합하는 것은 어찌 보면 모든 정치가에게 당연한 과제이다. 그것을 실제로 이루는가는 별개의 일이지만 이 두 가지는 조직을 움직이게 만드는 수레의 두 바퀴와 같다. 그런데 반대하는 신하들 역시 대의명분과 세력 규합을 통해 국왕을 압박한다는 것이 문제이다. 따라서 탁월한 리더는 그것을 능가하는 논리와 힘을 끌어내야 하는데, 정조는 바로 그 점에서 뛰어났다. 그리고 거기에는 '사중지공(私中之公)'으로 표현되는 그의 논리와 실행이 있었다.

정조의 사중지공론은 영우원 천장 논의가 한창이던 1789년(정조 13년)에 제시되었다. 그는 신하들과 대화하다가 "사심(私心) 안에 공심(公心)이 있으며 공심 안에 사심이 있으니, 사심 안의 공심은 외양은 비록 굽어도 내심은 용서할 만하며 공심 안의 사심은 겉모습은 비록 정직해도 속마음은 굽어 있다(私中自有公 公中亦有私. 私中之公 外雖曲而内實

可恕. 公中之私 貌雖直而心却回互).”라고 말했다.[22] 여기에서 정조는 사심과 공심을 엄격히 분리할 수 없다고 말한다. 오로지 공적인 동기로 시작해 공적인 결과만 초래하는 것이나 그 반대의 경우란 현실적으로 불가능하다는 얘기이다. 따라서 어떤 정책 제안이 사적 동기에서 나왔는지 여부를 따지기보다는 그것이 어떤 공적 효과를 낼지를 잘 살피는 것이 지도자의 역할이라는 것이 정조의 생각이었다.

공과 사를 엄밀히 구분할 수 없다고 본 정조는 사적 동기에서 비롯되었더라도 공적 효과를 거둔 것은 이해해야(恕) 한다고 주장했다. 그뿐 아니라 인재들의 마음속에 있는 사적 동기를 공적 효과로 연결할 수 있는 군주야말로 뛰어난 지도자라고 보았다. 그리고 이것은 그의 국가 경영을 이해하는 핵심 생각이다.

정조가 취한 많은 조치들의 출발점은 사적인 것들이었다. 생부 사도세자의 명예를 회복시키는 과정에서 많은 인재들이 정쟁 속에서 죄명을 쓰고 묻혀 있는 것을 보고 그들의 조상의 명예를 회복시켜 준 일이나 억울한 재판을 없애기 위해 『흠휼전칙(欽恤典則)』을 반포하는 등 공정한 재판을 위해 노력한 것들이 그 예이다. 즉위하는 과정에서 취약했던 왕권을 강화하기 위해 규장각을 세워 문신들을 규합한 것 역시 사중지공 국가 경영의 대표적인 예이다. “이 규장각은 곧 전하의 사각(私閣)이지 나라 안의 공공(共公)의 각(閣)이 아니며, 여기의 신하들은 곧 전하의 사신(私臣)이지 조정에 있는 인신(隣臣)이 아니”라는(정조실록 6/5/26) 당시 신하들의 비판처럼 규장각 건립의 동기

---

22   정조,『홍재전서』175권『일득록』15.

는 의심받았다. 그럼에도 정조는 일련의 사적 동기를 공적인 방향으로 활성화해 성과를 내는 데 뛰어났다. 지지 세력을 규합하기 위해 만든 규장각과 장용영이 각각 국가에 필요한 싱크 탱크 및 최고의 정예 부대로 거듭나게 했다.

정조는 또한 자신의 개혁을 반대하는 노론의 기득 세력을 약화시키기 위해 '금난전권'이라는 시장 규칙을 혁파했다. 그런데 이는 결과적으로 왜곡된 시장 질서를 바로잡고 백성들의 생활을 편리하게 했으며, 국가 재정을 튼실히 하는 데 기여했다. 그는 특히 아버지의 묘소를 좋은 곳으로 옮기는 과정에서 인근 지역을 발전시키는 한편 수원 화성이라는 창의적 신도시를 건설했다. "정조가 개인적인 복수에 연연하지 않고 자신의 무의식적 소망을 사회적으로 승화"했다는 평가[23]는 바로 이러한 맥락에서 나왔다.

국왕이라는 자리

끝으로 사도세자의 명예 회복과 관련하여 국왕이라는 자리에 대해 생각해 보고자 한다. 최근 어느 연구자는 학술회의 발표장에서 세종이 '멸사봉공(滅私奉公)'의 태도를 취한 데 반해 정조는 '사사로운 정치'를 했다고 말했다.

세종이 자신의 즉위 직후 선왕 태종에 의해 제거된 장인 심온의 부인(장모)을 끝까지 노비에서 풀어 주지 않는 등 선왕의 뜻을 받들어 공적인 태도를 취한 데 반해 정조는 선왕 영조의 뜻을 저버렸다

---

23   김태형, 『심리학자, 정조의 마음을 분석하다』(역사의 아침, 2009), 65~66쪽.

는 것이다. 정조가 즉위한 후 첫 발언으로 "과인은 사도세자의 아들
이다."라고 선포하여 정국을 긴장시켰고, 그 결과 실망한 신하들의 반
발로 재위 전반에 전국 규모의 역모 사건이 없는 해가 한 해도 없었
다는 것이 그 연구자의 주장이었다.

　정조의 즉위 제일성의 성격과 그것이 미친 영향에 대해서는 여
러 해석이 가능하다 해도 정조가 사사로운 정치를 했다는 데 대해서
는 고개가 갸우뚱해진다. 과연 국왕에게 사사로운 정치란 어떤 것일
까? 선왕 영조와의 약속, 다시 말해 사도세자의 일을 절대 재론하지
않겠다는 충(忠)의 약속은 공(公)이고, 생부 사도세자의 명예를 회복
시키려는 효(孝)의 도리는 사(私)인가.

　조선 시대 사람들, 특히 국왕의 일을 충과 효로 나누어 공사를
구분하는 것이 적합한가? "제왕이 자신을 수양하면 대효(大孝)에 이
르게 되는데, 달효(達孝)의 지도자로 평가받는 순(舜)임금과 문왕(文王)
·무왕(武王)이 그 예이다. 임금의 몸은 황천(皇天)과 조종(祖宗)의 몸이
기 때문에 '백성은 나의 형제요, 만물은 나와 함께하는 생각'으로, 천
지자연의 화육(化育)에 참여하여 돕는 것이 순임금과 문왕·무왕 같
은 성왕(聖王)이 되는 것"이라는 심정진의 상소(정조실록 5/11/3)에서 보
듯이 당시 가장 뛰어난 지도자(성왕)는 효도를 출발점으로 삼았다.

　그뿐 아니다. 국왕은 태어나면서 죽을 때까지 아니, 죽은 다음에
도 공인으로 살아가는 존재이다. 궁궐과 왕릉의 입구에 있는 금천교
(禁川橋)는 여기부터 사사로운 생각을 버리고 공적인 몸과 마음으로
임해야 한다는 점을 상징하는 공간이고, 그 안에 있는 사람이 곧 국
왕이라는 점을 생각하면 더욱 그렇다.

청나라의 강희제는 늙은 대신들이 물러가 쉬기를 청하는 상주(上奏)를 올리자 "너희는 물러가 쉴 곳이라도 있지만, 짐은 물러갈 곳이 어디 있는가?"라고 말했다. "군주는 원래 편안히 쉬는 바가 없고, 은퇴하여 자취를 감출 수도 없다."라는 그의 말에서 국왕은 철저히 공적인 운명을 타고났음을 알 수 있다.[24] 개경의 궁궐 편전(便殿)에서 사관이 국왕 태종에게 "위에 하늘이 있습니다(上有皇天)."라면서 한 말, 다시 말해 왕이 있는 곳은 그곳이 편전이든 정전이든 모두 공적인 곳이며, 따라서 왕의 말은 있는 그대로 다 적지 않으면 안 된다는 말도 국왕이라는 자리의 특성을 보여 준다.(태종실록 1/4/29) 한마디로 생부의 명예 회복은 개인적인 것이고 선왕과의 약속은 공적인 것이라는 발상 자체가 적절치 않은 이분법이다.

『정조실록』곳곳의 기사에서 이런 예를 볼 수 있다. (1) 정조의 스승이 사망했을 때 왕이 그를 특별히 판서로 추증한 것(정조실록 5/9/2)은 사적인 일인가, 공적인 일인가? (2) 할아버지 영조가 세제로 책봉된 날을 기려 영조의 즉위를 도운 노론 4대신(김창집, 이이명, 이건명, 조태채)의 자손을 벼슬에 오르게 한 것은(정조실록 5/8/20) 어떤가? (3) 신하들이 늙은 부모를 봉양하겠다면서 해당 고을의 수령이 되기를 요청하는 걸군(乞郡) 행위는(정조실록 6/2/10) 사적인가, 공적인가?

이렇게 볼 때 정조의 사도세자 관련 발언과 명예 회복 노력은 그 자체로 사적인가 공적인가를 따지기보다는 그를 통해 왕이 무엇을 이루었느냐 하는 사중지공의 관점에서 접근해야 하지 않을까? 예

---

24   조너선 스펜스, 이준갑 옮김,『강희제』(이산, 2001), 240쪽.

를 들어 정조는 1781년(정조 5년)에 국가 제사와 교린 외교에 관한 준거가 되는 법례(法例)와 사례를 모아 편찬한 『춘관지(春官志)』를 이가환에게 증보하게 하면서 이렇게 말했다. "『춘관지』는 곧 그대 집안에서 찬집한 것이니 그대에게는 기구(箕裘, 키와 갖옷이라는 뜻으로, 선대에게 물려받은 가업을 뜻함)와 같은 것이다. 그대는 계속해서 뒤를 이어 찬정(纂正)함으로써 기어코 성취시키도록 하라."(정조실록 5/8/7) 영조 때 1차로 『춘관지』를 편찬한 이맹휴의 조카에게 '가업을 이어' 잘 완성하라고 지시한 것이다. 이것은 비록 사적인 인연을 계기로 이가환에게 일을 위임하는 것이지만 좋은 결과를 도출하도록 하는 '사중지공'의 사례이다.

결론적으로 정조의 사중지공론은 반대파를 설득하고 지지 세력을 규합하는 효과적 대의명분이었을 뿐 아니라 수원 화성 건설, 신해통공 개혁 등에서 일관되게 나타나는 그의 리더십 철학이었다.

4 새 시대를 위한 준비: 규장각과 정조의 지식 경영

싱크 탱크 규장각의 설치와 운용

"지금이 지킬 때인가 아니면 고칠 때인가?" 즉위 초반에 정조가 던진 이 말은 18세기 중반의 시대적 과제를 잘 보여 준다. 정조는 두세 차례의 커다란 대외 전쟁을 치르고 내부적으로도 붕당 간의 첨예한 대립을 거치면서 국가의 기력이 많이 쇠약해진 조선 왕조를 재정비해야 했다. 새로운 시대가 요구하는 인재를 양산해 '재도약의 발판'을 마련하는 일도 중요했다.

그런데 경장(更張), 다시 말해 국가 개혁을 추진하려면 개혁의 비전을 제시하고 그것의 정당성을 이론적으로 뒷받침하고 물리적으로 지원할 정치 세력이 필요하다. 특히 개혁의 청사진을 마련하고 그것을 실현할 아이디어와 방책을 내놓을 싱크 탱크의 역할이 절대적이다. 정조가 즉위하자마자 창덕궁 후원에 규장각을 설치한 것은 그 점

에서 중요하다.(정조실록 즉위년/9/25)

1777년(정조 1년) 2월 청나라에서 들여온 『고금도서집성』 5020권을 규장각 도서관에 비치해 활용하게 한 것이나 서얼을 소통시켜 (1777년 3월) 박제가, 유득공 등 유능한 인재로 하여금 규장각에서 검서관으로 일할 수 있게 한 것도 같은 맥락에서 이해할 수 있다. 한마디로 정조가 왕위에 오른 후 처음으로 한 일은 창조적인 싱크 탱크의 기반 닦기, 다시 말해 기관을 만들고 자료를 제시하고 인재를 충원하는 것이었다.

인재 양성과 관련해 중요한 제도는 초계문신제이다. 초계문신제는 세종 때부터 실시된 사가독서제(賜家讀書制)에서 연원을 찾을 수 있는 것으로, 젊은 문신들에게 휴가를 주어 국비로 연구에 매진하게 하는 제도이다. 이 제도는 임진왜란 때 없어졌다가 정조 때 부활했는데, 선발된(抄) 젊은 문신들은 규장각 주관하에 경사(經史)의 학습 과정(啓)을 거쳤다.

초계문신은 1781년(정조 5년)에 16명이 선발된 것을 시작으로 정조 말년인 1800년(정조 24년)까지 11회에 걸쳐 모두 142명이 뽑혔다.[1] 규장각은 의정부에서 뽑아 올린 서른일곱 살 이하(마흔 살에 면제)의 재주 있는 젊은 문신들에게 사서삼경(經)과 역사서(史)를 체계적으로 지도했다. 초계문신들에게는 한 달에 두 번의 시험(試講)과 한 번의 과제(試製)가 부과되었다. 권장하는 의미에서 잡무의 면제와 공동 문집 (奎華名選) 간행 등 몇 가지 특권을 주고 수석자와 낙제자에게 상벌을

---

1   정동준 등 누락된 4명을 포함한 수이다.

주었다. 당시 사람들은 이러한 초계문신을 대단히 선망하였다.[2]

역할과 운영 방식

규장각이나 초계문신제는 어떤 역할을 하고 어떻게 운영되었을까? 규장각의 역할은 크게 도서의 수집과 편찬, 국왕과의 토론 및 자문, 세자와 초계문신을 위한 교육으로 나눌 수 있다.[3]

첫째, 규장각의 우선적 과제는 도서의 수집과 편찬이었다. 애초의 취지대로 역대 국왕의 글씨나 그림을 보관하는 일 외에도 국내외 서적을 수입하거나 편찬하는 일이 규장각의 주된 임무였다. 당시 청나라를 통해 들어오는 엄청난 양의 새로운 지식과 국왕 정조를 비롯해 국내 지식인들이 쏟아 내는 저술 등을 구입하고 분류하며 보관

---

2   초계문신제는 1800년 정조 사후 폐지되었다가 1848년(헌종 14년)에 잠시 부활했다. 총 13회에 걸쳐 205명에 이르는 초계문신은 이서구(3회 출신), 정약용(6회 출신), 서유구 · 정약전(7회 출신), 김매순(10회 출신) 등 백과전서적 지식인을 포함해 김재찬(1회 출신, 순조 때 영의정에 이름), 김조순(4회 출신, 순조의 장인으로 영돈령부사에 이름), 조득영(7회 출신, 형조판서에 이름), 박종경(7회 출신, 호조 판서에 이름), 남공철(8회 출신, 영의정에 이름), 홍석주(9회 출신, 좌의정에 이름), 이유원(11회 출신, 영의정에 이름) 등으로, 그야말로 "공경대부(公卿大夫) 태반이 초계문신 가운데서" 나왔다. 『국조보감』 하 정조 4년(11월).

3   규장각의 구체적인 업무로는 ① 어제(御製), 어서(御書)의 봉안이라는 고유 업무, ② 서적의 수집, 편찬, ③ 역사편서 편찬, ④ 경연관을 겸하여 시강과 원자 교육 담당, ⑤ 사신의 임무, ⑥ 초계문신의 교육 등을 들 수 있다. 설석규, 「규장각 연구: 정조 대의 정국과 관련하여」 상, 《대구사학》 29(1986), 16~22쪽.

하는 일이었다. 특히 전문 서적의 출판 및 고증학의 발달로 인해 책을 편찬하고 필요한 대목을 즉각 찾아내도록 하는 것도 규장각신의 임무였다. 물론 당시 조신선(曺神仙)과 같은 서쾌[4]들이 중국을 오가며 종횡무진으로 책주름(책거간) 역할을 했지만 국왕 정조나 조정 신료들의 왕성한 지식욕과 신속한 도서 접근 욕구를 충족시키지는 못했다.

정조는 "교화의 근본과 다스림의 거울을 모두 책에서 찾으려고(教化之本 具於書 治亂之本 鑑於書)" 했기 때문에[5] 좋은 책을 구하는 데 각별한 노력을 기울였다. 당시는 또한 1781년 중국에서 이미 『사고전서』를 초벌 완성한 것에서 볼 수 있듯이 얼마나 많은 지식과 정보를 종합적으로 편찬해 내는가가 곧 국력의 크기를 보여 주는 시대였다. 이 같은 상

---

4   대표적 책 거간꾼 조신선(조생(曺生))에 관한 기록을 살펴보면 다음과 같다.

(……) 조생은 어떤 사람인지 알지 못한다. 책을 파느라 세상에 뛰어다닌 지 오래되었다. 그 때문에 그를 보는 이들은 귀한 이, 천한 이, 현명한 이, 어리석은 이 할 것 없이 모두 저가 조생임을 알았다. (……) 영조 신묘년(1771년) 주린이 지은 『명기집략』에 태조와 인조를 모독하는 말이 있어 중국에 이 사실을 알리고 천하에 이 책을 회수하여 불살랐다. 이 책을 매매하던 자들을 사형에 처하니 이에 서울에서 책 거간을 하던 이들이 대부분 죽임을 당했다. (……) 누가 물었다. "모든 책이 다 있소? 책 내용도 볼 줄 아시오?" "내게 책이 없더라도 모 씨가 그 책을 모년에 소장하였고, 어느 책은 내가 약간 권을 팔았소. 이런 때문에 그 내용은 몰라도 어느 책을 누가 지었고, 누가 해석했는지, 몇 함 몇 책인지 다 아오. 그런즉 천하의 책은 다 나의 책이오. 천하에 책을 아는 이로 나만 한 이가 없을 것이오. (……)"

조수삼, 「육서조생전」, 『추재집』 8권

5   『규장각지』(완본) 1권, 서적 5.

황에서 신간 도서를 구입하고 고전을 편찬하는 규장각의 기능은 매우 중요한 임무일 수밖에 없었다. 실제로 1781년(정조 5년)의 기록을 보면 규장각에 보관한 도서가 3만 권으로, "무릇 산경해지(山經海志) 가운데 희귀한 책들이 (……) 수천 수백 종류나 된다."라고 했다.(정조실록 5/6/29)

둘째, 국왕의 고전 강독 및 국정 운영에 대한 자문이다. 역대 어느 임금보다 학구열이 높았던 정조는 책을 읽다가 "토론하고 싶은 것이 있으면 (규장각) 학사들을 불러" 묻고 답하기를 즐겼다.(정조실록 1/1/27) "규장각의 여러 신하들과 경사(經史)에 대해 토론하고, 민생의 질고와 정치의 득실 그리고 전대의 치란(治亂)"에 대해 논의하는 데 많은 시간을 할애한 것이다.(정조실록 6/5/29) 정조는 보다 활발한 토론을 위해 "규장각신이 등대(登對)할 때는 승정원(喉院)을 거치지 않게 하고, 조지(朝紙)에도 반포하지 말도록" 지시했다.(정조실록 6/9/12)

정조의 이와 같은 "신하에 대한 극진한 대우(極盡友臣之道)"와 관련하여 공조 참의인 소론 이택징은 다음과 같이 상소를 올렸다.

> 삼가 괴이하게 여기는 것은 규장각신의 등대(登對)는 당초 승정원(喉院)을 거치지 않고 있고 또 조지(朝紙)에도 반포하지 않는(不關由喉院 又不頒布朝紙) 점입니다. (……) 만일 이런 것이 법규로 굳어져 뒤로 전하여 가게 되면 이 규장각은 곧 전하의 사각(私閣)이 되는 것이요, 나라 안의 공공(共公)의 각(閣)이 아니게 될 것입니다. 또한 이 신하는 곧 전하의 사신(私臣)인 것이요, 조정에 있는 인신(隣臣)이 아닐 것입니다(是閣 卽殿下之私閣 而非國中共公之閣也 是臣 卽殿下之私臣 而非朝廷隣哉之臣也).
>
> 정조실록 6/5/26

한마디로 규장각의 설립 자체는 의미 있지만 자칫 국왕의 사조직처럼 운용될 수 있다는 지적이다. 그러자 정조는 사흘 뒤 여러 대신들을 모은 뒤 규장각의 설립 취지를 말했다. 규장각을 세운 뜻은 그의 시대를 "문명의 다스림(文明之治)"으로 이끌고 가기 위함이며, "사대부를 가까이하기" 위해서라는 것이다. 국왕은 자칫 "비단옷 입은 아름다운 여인"에 빠지거나 큰 집을 짓거나 사냥하는 것을 낙으로 삼을 수도 있는데 "우리나라 400년의 종국(宗國)을 지탱해 온 것은 오직 이 사대부들"이며, 따라서 그들과 더불어 정사를 이끌어 가기 위해서 규장각을 세웠다고 정조는 말했다. 그는 특히 학문 토론을 통해 정치의 지혜를 구하려는 것도 규장각을 세운 '본의'라고 말했다.

내가 본디 시문을 짓거나 서화 그리는 일을 즐기는 성벽(性癖)이 있어 매양 국정(機務)을 처리하는 사이에 여가가 날 때마다 규장각 안의 여러 신하들과 경사(經史)에 대해 토론한다. 그들은 생민의 질고(疾苦), 정치의 득실(得失), 이전 시대의 치란에 관해 (과인이) 묻는 바에 따라 찾아서 섭렵하고 있다. 실제로는 (과인을) 보필하는 역할을 하고 있는 것이다. 내가 내각을 건립한 본의는 오로지 여기에 연유한 것이니 경 등은 이 뜻을 알아주기 바란다.

정조실록 6/5/29

흥미롭게도 신하들을 측근으로 만들려는 것이 아니냐는 비판에 대해 정조는 맹자와 세종의 예를 들어 반박했다. "'근신(近臣)'이란 두 글자는 위에 있는 사람(왕)이 그런 말을 들으면 혐의스럽고 아래에 있는 사람(신하)이 그런 말을 들으면 두렵게 여겨 왔는데, 이는 전혀 그렇지 않은 점이 있다. 맹자가 말하기를 '왕께서는 친신(親臣)이 없습니다.' 하였고, 또 말하기를 '원신(遠臣)을 살피려면 반드시 근신(近臣)으로부터 시작해야 합니다.'라고 하지 않았느냐?"(정조실록 6/5/29) 한마디로 근신 자체가 나쁜 것은 아니라는 이야기였다.

이 말은 맹자와 제선왕(齊宣王)의 대화에서 유래되었다. 먼저 맹자가 "왕은 친한 신하가 없으십니다. 전일에 등용한 사람 중에 오늘 도망한 자가 있는 것을 모르고 계십니다."라고 말했다. 그러자 제선왕은 "도망한 자들이 모두 재질이 없는 사람인데, 내가 애당초 이들을 알지 못하고 잘못 등용하였을 뿐이오. 하지만 난들 어떻게 그 무능함을 다 알아서 가려낼 수 있겠소?"라고 대답했다. 인재를 가려내기가 생각처럼 쉽지 않다는 말이었다. 그러자 맹자는 이렇게 말했다. "군주는 어진 이를 등용하되 부득이한 것처럼 해야 합니다. (……) 다른 한편 좌우의 신하들이 모두 (그를) 불가하다고 말하더라도 듣지 말며, 여러 대부들이 모두 불가하다고 말하더라도 듣지 말고, 나라 사람들이 모두 불가하다고 말한 뒤에 살펴보아서 불가한 점을 발견한 뒤에 버려야 합니다." 한마디로 등용할 때나 버릴 때 모두 신중에 신중을 기해야 하며, 인재를 친한 신하, 다시 말해 근신으로 삼았으면 함부로 버려서는 안 된다는 말이었다.[6]

다른 한편 정조는 세종의 사례를 들어 왕이 신하들을 가까이하는 것의 중요성을 말했다.

---

6   『맹자』「양 혜왕 하」7.

과거 집현전(集賢殿)이 성대한 때에는 혹 유신(儒臣)들의 자호(字號)를 부르기도 하고 혹 달밤에 거닐면서 노닐기도 하셨다. 임금이 입는 옷(貂裘)과 옥술잔(玉盃)을 하사하기도 하고 임금이 드시는 반찬(御膳)과 술(黃封)을 내리기도 한 것이 훌륭한 일(勝事)로 전하여 미담(美談)이 되고 있다.

정조실록 6/5/29

그런데 전체적으로 볼 때 정조가 중요한 정치적 쟁점이나 정책 과제에 관해 규장각신들과 긴밀히 의논한 것 같지는 않다. 아마도 세종 사후에 집현전 학사들이 '연구에만 전념케 한' 원칙을 무너뜨리고 현실 정치에 개입한 결과 계유정난과 같은 파국을 맞은 것에 대한 반성 때문인 듯하다. 물론 규장각의 제학이나 부제학이 개인 자격으로 여러 가지 국정 현안에 대해 문제를 제기하고 국왕과 의논하는 경우는 있으나, 규장각의 이름을 걸고 현실 문제에 참여하는 경우는 거의 없었다.

셋째, 교육 기능이다. 규장각은 국왕과의 학술 토론 외에도 세자의 교육을 담당했다. 규장각의 각신들이 커리큘럼을 짜고 원자(세자가 되기 이전의 순조)의 교육에 돌아가면서 참석한다든지(정조실록 21/5/1) 세자의 사부 자격으로 세자시강원에 출입하는 등(정조실록 23/4/3) 왕세자 교육을 도왔다. 또 하나 빠뜨릴 수 없는 규장각의 기능은 초계문신에 대한 교육이다. 매월 초하루에 선발된 2명의 규장각 각신은 초계문신의 고강(考講)과 고권(考卷, 시험지 채점)을 전담했는데, 젊은 문신들에게 『대학』, 『논어』, 『맹자』, 『중용』, 『시경』, 『서경』, 『주역』을 순서대로 읽게 했다. 이 경서의 강독이 끝나면 역사책을 읽게 했다.

평소 "문풍이 부진한 이유는 인재 배양이 그 근본을 잃었기 때문"(정조실록 5/2/17)이라고 본 정조는 젊은 문신들의 재교육을 위해 몸소 나섰다. 국왕이 직접 문신들을 가르치고(親講) 숙제 검사를 하고 시험을 치게 하는(親試) 진풍경이 벌어진 것이다. 하지만 이런 "임금이자 스승(君師)"의 모습은 당대 신하들에게 저항을 불러일으켰다. 예컨대 초계문신 출신으로 정조의 총애를 받은 정약용조차 초계문신제의 문제점을 강하게 비판했다.

> 내각에서 초계하는 것은 태평한 성대의 훌륭한 일이다. 그러나 나라에서 과거 보이는 법을 마련한 까닭은 어진 이를 택해서 뽑고, 그 능함을 알아서 등용하려 함이다. 이미 과거로 뽑아서 벌써 벼슬에 제수했고 이미 청화(淸華)의 지위에 좌정했는데, 이 사람을 다시 시험하고 다시 고과(考課)한다. 이것이 어찌 어질고 유능한 자를 대우하는 도리인가. (……) 이것으로 놀이하고 잔치하거나 혹 군신 간에 서로 농지거리하는데 가까우면 독서당(湖堂, 사가독서 하는 곳)의 제술(製述)하는 것도 진실로 좋은 일이 아니다. (……) 또 비록 총명한 사람이라도 어전 지척에 돌아앉아서 여러 가지 경서를 강하도록 하니, 잘못 실패하는 때도 있어 황구(惶懼)한 땀이 등을 적시기도 한다. 혹 가벼운 벌이라도 받게 되면 졸렬함이 다 드러나는데, 어린애(童蒙)같이 때리며 생도같이 단속한다."[7]

---

7   정약용, 『경세유표』 1권 춘관예조 3 「예관지속」.(或捶罰加身 醜拙畢露 擊
     之如童蒙 粟之如生徒)

정약용은 이어서 "한번이라도 이 선발을 거친 자는 의기가 움츠러들어서 감히 낯을 들어 일을 논하지 못하고, 종신토록 머뭇거리기만 하며, 문득 임금의 사인(私人)이 되어 버리니, 이것은 좋은 법제가 아니"라고 말했다. 신하로서 벼슬길에 오른 자가 무릇 포부가 있으면 혹 글을 올려서 일을 논하고, 혹 언의를 드려서 정사를" 도와야 하는데 이처럼 신하들을 "굴복"시키는 것은 좋지 않은 제도라는 것이다. 따라서 "초계하여 과시하는 법은 지금부터 혁파하는 게 마땅"하다는 것이 정약용의 주장이었다.[8]

국왕은 모름지기 "자신에게 가르침을 줄 수 있는 자를 신하로 삼기 좋아해야(好臣其所敎)" 하는데, 정반대로 "거만하게 스스로를 성인이라고 여기면서 뭇 신하들의 의견을 깔보기 때문에, 서슴없이 할 말을 다 하는 기상이 사라지고 있다."라는 김종수의 비판도 있었다.(정조실록 13/11/17)[9]

국왕이 "신하를 가르칠 상대로 삼기 좋아"하며 언관들에게까지 "기를 꺾고 윽박지른다."라는 오익환의 상소나(정조실록 12/1/23) 초계문신을 "어린애같이 때리며 생도같이 단속한다."라는 정약용의 말은 정조가 임금과 신하의 관계를 사제(師弟) 관계의 관점에서 인식하고 행

---

8   같은 글.

9   맹자는 탕왕과 이윤, 환공과 관중의 예를 들면서 "장차 크게 될 임금은 (……) 자신에게 가르침을 줄 수 있는 자를 신하로 삼기 좋아하고, 자신이 가르침을 줄 수 있는 자를 신하로 삼기를 좋아하지 않는다(將大有爲之君…… 好臣其所敎 而不好臣其所受敎)."라고 말했다. 『맹자』「공손추장구하」 2.

동하였음을 보여 준다. 실제로 초계문신 출신 이서구가 부임하기를 거부하자 정조는 "내가 진작시키고 가르쳐서 여기에 이르렀는데, 감히 이런 따위의 습속을 행하려고 하는가? 내가 덕이 없기는 하지만 군사(君師)로서의 책임이 나 한 사람에게 달려 있으니 (……) 누가 감히 명령대로 따르지 않겠는가?"라고 '스승'의 입장에서 엄하게 꾸짖었다.(정조실록 21/윤6/11)[10]

경연에서 '말'과 '일'을 엮다

정조는 규장각을 어떻게 운영했을까? 이를 이해하기 위해서는 규장각 신하들과의 대화를 살펴볼 필요가 있다. 그중에서 특히 왕과 신료들이 고전을 놓고 토론하다가 당면 과제의 해법을 모색했던 경연은 정조의 지적 리더십을 살필 수 있는 좋은 기회이다. 사실 경연은 조선 왕조가 유교 문명국가로 발돋움할 수 있게 만든 뛰어난 제도였다. 유교 고전 속에 있는 풍부한 말과 예법 등을 함께 검토하면서 문명의 정치를 구현할 수 있는 장치이기 때문이다. 경연은 또한 정보와

---

10   이서구는 1784년에 초계문신으로 선출되어(정조실록 8/11/9) 경상우도 암행어사(정조실록 11/5/4), 승지(정조실록 15/5/26), 사헌부 대사헌(정조실록 17/2/11), 전라도 관찰사(정조실록 17/8/4), 성균관 대사성(정조실록 19/12/13) 등을 거쳐 당시 비변사 제조로서 새로 유사(有司)의 직임에 임명되었는데, 남인인 좌의정 채제공과 혐의가 있다는 이유로 부임을 거절(引義)하였다. 정조실록 21/윤6/11.

지식을 모으고 신중한 판단을 내릴 수 있는 지식 경영의 좋은 모델이다. 지도자로 하여금 현명한 판단을 할 수 있게 하고, 구성원들에게는 그 판단을 존중하고 따르게 하는 기능을 했다.

정조가 첫 경연에서 교재로 삼은 책을 보아도 그것을 알 수 있다. 세종의 경우 첫 번째 경연에서 『대학연의』를 연속으로 세 번 읽어서 자신의 정치와 역사에 대한 생각(지도자의 자기 관리, 민본 이념, 아부금지 등)을 드러냈다. 국왕이 지향하는 것을 책을 함께 읽어 가면서 제시하고 설득했다. 정조 역시 자신의 생각을 경연을 통해 반영하려 했다. 『정조실록』을 보면 정조는 즉위한 지 49일 만에 경연관 이의철의 제안으로 『예기』를 읽었다. 증자가 임종 때 어떤 아이의 지적을 받고 삿자리를 낮은 것으로 바꾸었다는 내용인데, 이를 통해 정조는 생부 사도세자의 정치적 위상을 어떻게 자리매김할지가 큰 관심거리임을 보였고, 그것은 그의 취임사에서도 드러났다.(정조실록 즉위년/4/12)

핵심을 찌르는 질문

정조 시대의 경연 내용 중 돋보이는 것은 국왕 정조의 핵심을 찌르는 날카로운 질문이다. 1781년(정조 5년) 3월에 정조는 이문원(摛文院)에 행차하여 규장각의 여러 신하들을 불러서 『근사록』을 강하게 했다. 먼저 규장각 직제학 심염조가 왕명을 받들어 태극도설(太極圖說)장을 읽고 그 뜻을 아뢰었다. 그러자 정조는 다음과 같이 말했다.

이 책의 이름은 곧 『근사록』인데, 이는 대개 학자가 학문을 함에 있어 먼저 가까운 데에서부터 공부하여 간절히 묻고, 비근한 데서부터 생각함으로써 가까운 데에서 먼 데로 이를 수 있기 때문일 것이다. 그런데 이미 '근사'라고 이름을 붙였으면서도 편의 맨 앞(篇首)에 성리(性理)의 은미하고 깊은 내용을 말하고 있는데, 이는 초학자들이 깨달을 만한 것이 아니어서, '근사'의 뜻에 맞지 않는 점이 있는 듯싶다. (······) 특히 첫머리에 태극도설(太極圖說), 성기신장(誠幾神章), 중화설(中和說)을 실은 것은 너무 고원하고 심오한 데 가깝지 않겠는가. (······) 이 설이 그럴듯하지만 공자께서 성명에 관해서는 드물게 말한 뜻으로 견주어 보면 의심스러운 단서가 없지 않다. 경들은 어떻게 생각하는가?[11]

이에 대해 규장각 제학 김종수는 "배우는 자는 모름지기 먼저 대강(大綱)을 안 연후에야 바야흐로 준적(準的)이 서게 되고 손을 댈 수 있게 되는 것입니다. 그 때문에 주자가 반드시 이 태극도설을 가지고 편의 머리(篇首)에 게재한 것은 세급(世級)이 내려갈수록 설명을 더욱 상세히 하기 위한 것"이라고 대답했다.[12]

이 자리에서 유언호는 "학문하는 도리는 아는 것을 먼저 하고 행하는 것을 뒤에 하는 것이니, 진실로 성리학의 본원을 이해하지 못한다면 장차 어떻게 손을 대어 공부를 할 수가 있겠습니까? 그러니

---

11   정조,『홍재전서』64권『경사강의』1.
12   정조는 김종수의 대답이 마음에 들었는지 "책을 읽을 때는 먼저 대요(大要)를 파악해야 한다. 대요를 파악하면 만 가지 현상이 하나의 이치로 꿰어져서 반만 노력해도 효과를 배로 거둘 수 있기 때문"이라고 말했다. 정조,『홍재전서』164권『일득록』4.

책을 엮는 법도 그렇게 하지 않을 수 없는 것입니다."라고 아뢰었다.

그러자 정조는 "여러 신하들이 진달한 바가 좋다. (……) (그런데) 지금의 세상을 돌아보면 온 세상 사람들이 단정한 자세로 도를 향해 달려갈 마음이 없고, (……) 체용(體用)의 본말과 대소의 상세함과 소략함에 대해서도 강마(講磨)하지 않고 있으니, 진실로 개탄스럽다. 군신 간에는 숨김이 없는 것을 귀하게 여긴다. 오늘날 문풍을 진작하고 치도를 만회할 만한 요점을 들을 수 있겠는가?"라고 말했다.

이에 대해 직제학 성빈시가 내답했다. "천하의 모든 일은 먼저 규모를 세운 연후에야 그 실효를 요구할 수 있는 법입니다. 그런데 근래 세도(世道)가 더욱 비화되고 문풍(文風)이 더욱 무너져 내린 것은 오로지 규모가 확립되지 않은 때문입니다. 그 규모가 확립되지 않은 것은 또한 정치가 요도(要道)를 얻지 못한 것에서 연유한 것입니다." 그러자 왕이 되물었다. "그렇다. 어떻게 하면 과연 요도를 얻을 수 있겠는가?"

직제학 심염조가 근래 소학 공부를 하는 이가 드물어서 자라면 반발하고 거부하는 일이 많다면서 "먼저 동몽을 가르치는 교관을 신칙하여 훈도(訓導)하는 방법을 극진히 하게 하고, 또 사학(四學)의 교수(敎授)들에게 명하여 성심으로 과업(課業)을 권면하게" 하자고 제의했다. 그러자 정조는 "말은 좋지만 지금 사학에 교관을 두어 국내의 동몽을 가르치는 일 또한 어려운 일"이라면서 다음과 같이 자신의 소견을 밝혔다.

오늘날 어린이를 가르치는 방도가 진실로 급무이기는 하다. 하지만 이는 우선 놔두고, 먼저 과궁(寡躬, 임금)에서부터 직제학 이하에 이르기까지 반드시 정좌(正坐)하는 공부를 힘써야 할 것이다. 그런 다음에야 『소학』의 성공(成功)과 『대학』의 문로(門路)를 다질 수 있다. 더구나 저 음직 줄(南行)에 앉아 있는 신하들은 더욱 젊은 문신들이어서 모두가 가르칠 만한 어진 선비들이니, 어찌하여 더욱 여기에 스스로 힘쓰지 않을 수 있겠는가? 이제 이 연석에 나온 신하들의 제일 절실한 공부는 오직 '정좌'란 두 글자에 달려 있다. 하루 이틀 참되게 쌓아 오래도록 힘을 쓴다면 저절로 모든 행동이 법도에 맞는 경지에 들어갈 수 있을 것이다. 나도 마땅히 힘쓸 것이니, 그대들도 또한 이것으로 각기 스스로 힘쓰라.[13]

여기서 정조는 두 가지를 말하고 있다. 하나는 정좌하는 공부, 즉 바른 몸가짐을 통해 마음의 제세를 가다듬는 연습을 지금 우리부터 실천하자는 것이다. 그럴 경우 어린이 교육은 저절로 문이 열린다는 이야기였다. 다른 하나는 지나가듯 이야기했지만 음직 줄, 즉 과거 출신이 아닌 관리에게 기회를 주는 것의 의의이다. 젊고 가능성 있는 인재라면 비록 과거에서 산발되지 않았더라도 발탁해 쓰는 것 역시 가까이에서 시작하는 공부이며 실천이라는 것이다. 자신이 즉위한 직후부터 사검서 임용 등 신분이다 출신을 뛰어넘어 임용한 일을 은연중에 정당화한 것이다.(정조실록 5/3/18)[14]

---

13   정조, 『홍재전서』 64권 『경사강의』 1.
14   다른 자리에서 정조는 '가까운 곳에서부터 생각하는 것'의 의미를 이렇

또 다른 사례를 살펴보자. 정조는 1781년(정조 5년)에 『맹자』를 읽다가[15] 이렇게 질문했다.

양 혜왕이 빈사(賓師)를 처음 만나는 날에 먼저 "나의 나라를 이롭게 함"을 가지고 물었는데, 이것은 "내 몸을 이롭게 함"과는 같지 않은 것이었다. 즉 그 이(利)는 의(義)로써 하는 것인지 이(利)로써 하는 것인지는 아직 판별할 수 있는 상황이 아니었다. 그런데도 맹자가 (……) "어씨 반드시 이(利)를 말씀하십니까?"라고 하면시 꺾어 버린 것은 어째서인가?[16]

한마디로 양 혜왕은 내 몸에 이로운 것(利吾身)을 물은 것이 아니라 내 나라에 이로운 것(利吾國)을 물은 것인데, 맹자가 대뜸 하필왈리(何必曰利)라고 하여, '이(利)'라는 한 글자를 들어 몰아붙인 것이 잘못 아니냐는 질문이다. 이 말에는 지식인들이 흔히 범하는 실수의 하나로 남의 말을 자세히 새겨듣지 않고 자신의 주장만 냅다 해 대는 '오활함'을 비판하는 의미도 있었다.

게 밝혔다. "학문이란 날마다 평상적으로 행동하는 데 있을 뿐이다. 자기 자신에 있어서 행동하고 멈추고, 말하고 침묵하는 것이고, 집안에 있어서는 어버이를 섬기고 형을 따르고, 아내와 자식을 가르치는 것이다. 나라에 있어서는 적임자에게 맡기며 백성을 다스리는 것이다. (……) 이처럼 간단하고 가까운 것을 버려두고 다시 어디에다 힘을 쓴단 말인가."
(정조, 『홍재전서』 161권 『일득록』 1)

15   『맹자』 「양 혜왕 상」 1.
16   정조, 『홍재전서』 76권 『경사강의』 13.

이에 대해 이시수는 "단지 사신이 있음만 알고 대부(大夫)와 사(士)와 서민(庶人)이 있는 줄은 알지 못한" 양 혜왕의 잘못을 다시 거론했다. 그러자 정조는 "이(利)에는 의리(義理)의 이가 있고 이욕(利欲)의 이가 있다. 『주역』에 이른바 '이물화의(利物和義)'[17]의 이와 '이용안신(利用安身)'의 이는 모두 의리로 말한 것이고, 『논어』에 이른바 '방어리(放於利)'[18]의 이와 '소인유어리(小人喩於利)'[19]의 이는 모두 이욕으로 말한 것이다. 이국(利國)을 물은 양 혜왕의 질문이 완전히 이욕에서 나온 것인 줄을 어찌 알아서 반드시 이와 같이 엄하게 물리친 것인가?"라며 재반론했다.[20] 모든 이익을 배척할 것이 아니라 좋은 목적을 위해 사용되는 이(利)는 인정해야 하고, 그것이야말로 국가 경영자가 추구해야 할 본연의 책무가 아니냐는 것이었다.

정조는 이어서 "양 혜왕이 처음 맹자를 만났을 때에는 반드시 먼저 평소 우러러 존경하는 마음과 그가 온 것을 영광으로 여기는 뜻을 말했을 것인데, 여기에서 조금도 드러내지 않은 것은 어째서인가?"라고 물었다. 그 자리에 있던 김조순이 "'나라를 이롭게 하는 것'

---

17   "물건에 이롭게 함이 족히 의에 조화된다(利物 足以和義)." "물로 하여금 그 이로운 바를 얻게 하면 의(義)로써 화(和)하지 않음이 없다(使物各得其所利 則義无不和)." 『주역』 「건괘 문언전」

18   "이익(利益)에 따라 행동하면 원망(怨望)이 많이 생긴다(放於利而行 多怨)." 『논어』 「이인」 12.

19   "군자는 의(義)에 밝고 소인은 이익(利益)에 빠르다(君子 喩於義 小人 喩於利)." 『논어』 「이인」 16.

20   정조, 『홍재전서』 79권 『경사강의』 16.

과 같은 양 혜왕의 질문이 현인을 처음 만나자마자 나온 것은 너무 성급한 점이 없지 않습니다."라고 대답했다. 그러자 정조는 『맹자』의 편집자가 "번잡한 것을 깎아 버리고 간략하게 하여 그 핵심만 모으려고 하였기 때문에 다른 말은 생략하고" 그 말만 기록했을 것이라고 말했다.

정조는 '하필왈리'에 대한 대화를 계속 이어 간다. 사실 이 주제는 상산 육구연(象山 陸九淵, 1139~1192년)의 감동적인 백록동 서원 강의로도 유명하다. 당시 주희는 남강의 지사로 부임한 다음 백록동 서원을 재건하고 틈틈이 직접 강의하는 한편 인근의 명강사를 초빙하기도 했다. 1181년 2월에는 자신의 논적이기도 한 상산을 불러 '군자는 의(義)에 밝고 소인은 이(利)에 빠르다'라는 주제를 강의하게 했는데 강의가 하도 좋아 주희를 비롯해 청중들이 감동해 눈물을 흘렸다는 이야기이다.[21]

하여튼 정조는 다시 신하들에게 "이 장의 '역장유이(亦將有以)'의 역(亦) 자는 과연 빼 버릴 수 없는 것인가?"라고 물었다. "또한 장차(亦將)"라는 말을 빼고 "노인(老人)께서 천 리를 멀리 여기지 않고 오셨으니, 내 나라를 이롭게 함이 있겠습니까?"라고 하면 안 되느냐는 말이었다. 이에 김조순은 "양 혜왕은 평소 오직 공리(功利)를 주장하는 사람들을 찾아서 자기 나라를 이롭게 하려고 했습니다. 그는 맹자를 만나서 맹자도 저와 같은 공리를 주장하는 사람일 것이라고 여겨 '또한 장차'라는 말을 한 것"이라고 대답했다. 그러자 정조는 이렇게 말했다.

---

21   진영첩, 표정훈 옮김, 『주자강의』(푸른역사, 2001), 264쪽.

그렇지 않다. 맹자는 당대에 으뜸가는 아성(亞聖)의 재능을 가진 분으로서 도(道)를 떠맡고 의(義)를 지키며 제후들을 만나지 아니하였다. 이 때문에 당시의 여러 나라의 임금들로서 그를 만나 본 자는 매우 드물었다. 지금 천 리 길을 왔으니 그것만으로도 참으로 나라의 이익이라고 할 만한 것인데, 만나고 난 뒤에 또 나라를 이롭게할 방법을 듣고자 하였기 때문에 '역장이오국(亦將利吾國)'이라고 한것이다. 이렇게 보면 말에 더욱 묘미가 있다.[22]

김조순의 얼버무리는 대답에 곧장 "그렇지 않다(非然也)."라면서 맹자를 만난 것만으로도 좋은(利) 일인데, 나라에 이로운 말까지 듣는다면 한층 더 좋은 것이 아니냐고 새로운 해석을 내놓는 모습이이채롭다. 그러자 경연에 참석한 모든 사람이 "성상의 말씀이 매우혼후하고 원만합니다(聖敎極爲渾圓矣)."라고 말했다.

이 '강의'에서 볼 수 있듯이 정조는 고전에 대한 문제 제기에서 시작해 강의를 마칠 때까지 시종 주도권을 쥐었다. 간간이 신하들이 "전하의 정성(誠)이 모자라서 이런 일이 생겼습니다."라고 비판의 실마리를 쥐어 보지만 곧 국왕의 박식과 다언(多言)에 파묻혀 버리고 말았다. 결국 신하들은 국왕의 말을 "명심하겠습니다."라든가"소신들이 미칠 바가 아니옵니다."라는 수준에 머무는 경우가 대부분이었다.[23]

---

22   정조, 『홍재전서』 79권 『경사강의』 16.

23   정조는 말의 의미를 중시한 정치가였을 뿐 아니라 각종 차대나 경연 등

공부의 목적과 토론 중심의 수업

정조의 경연을 조금 더 살펴보자. 정조의 학문 토론장은 사실 정약용을 비롯한 조선조 최고의 지식인들을 양산한 용광로와 같은 것이었다. 오늘날 '줏대 없는 사회과학자들'이 거듭나기 위해서는 준거점으로 삼아야 할 문제의식으로 가득 차 있기도 하다. 1777년(정조 1년) 2월 1일 대화의 주제는 '당나라 군대가 백전백패한 이유'였다. 강독 교재는『논어』였다.

> 당(唐)나라 때에 군대를 거느리는 신하 가운데 적격자가 없었던 것이 아니었는데 싸우기만 하면 패배하였으며, 아홉 절도사(節度使)들도 일시에 패배하기에 이르렀으니, 그 이유가 무엇인가?
>
> 정조실록 1/2/1

한겨울 밤의 차대(次對, 왕과 신하들의 정례적 만남)가 학술 토론으로 이어졌는데(월 6회) 정조는 뜻밖에도 '당나라 군대' 이야기를 꺼냈다. 이 질문에 대해 시독관(책을 받들어 읽는 관리) 이재학은 "당시 임금의 기의(忌疑) 때문"이라고 대답했다. 임금이 장수들을 꺼리고(忌) 의심했기(疑) 때문에 백전백패했다는 것이다. 검토관 이유경은 "소인이 중간에서 농

에서 신하들보다 더 많은 말을 하여 비판을 받을 정도로 다변의 정치가였다. 이 때문에 그는 신하들에게 "왕언(王言)의 체재는 간명하고 중후해야 하는데, 전교(傳敎)를 내릴 때마다 한 종이의 열 줄에 정녕히 반복하여 조금도 남겨 두지 않고 말을 번거롭게 되풀이한다."라는 비판을 받기도 했다. 정조실록 3/11/12.

산부렸기(用事)" 때문이라고 말했다. 그러자 정조는 이렇게 말했다.

아무리 소인이 농간 부린다고 하더라도 3년 동안의 전쟁에서 어떻게 한 사람도 공을 이루지 못하였을 수 있겠는가? 이는 반드시 그렇게 된 이유가 있다.

① 임금이 사람을 기용하는 방도는 먼저 신중히 가리되 임용한 뒤에는 의심하지 않은 연후에야 공효를 책임 지울 수 있다. 그런데 장수를 내보낸 뒤에 환관으로 하여금 군을 감시하고 그 동정(動靜)을 엿보게 한 것이 첫 번째 폐단이다.

② 군사상(閫外)의 일은 장군이 전적으로 주관하게 해야 한다. 그래야만 호령을 내리고 명령을 시행할 때 스스로 통령(統領)이 서기 때문이다. 그런데 반드시 조정을 경유하게 했기 때문에 완급(緩急)에 대응함에 있어서 매양 때에 뒤져 사세를 잃게 된 것이 두 번째 폐단이다.

③ 곽자의, 이광필은 모두 명장(名將)인데도 위임(委任)하지 않았고 또 아홉 절도사로 하여금 일시에 출병하게 함으로써 서로 뜻이 안 맞고(携貳) 명령이 여러 곳에서 나오게 된 게 세 번째 폐단이다.

정조실록 1/2/1(일련번호는 인용자)

말하자면 '기용한 사람을 의심(君之忌疑)'한다든지, '사세(timing)를 잃는다(失勢)'든지, '명령 체계가 불일치(令出多門)'한다면 백전백패하리라는 세 정조의 설명이나. 시노자의 인재 쓰기의 철칙과도 같은 이 내용을 다시 풀어 보면 다음과 같다. 어떤 사람을 신중히 가려서 임용하되 일단 임용했으면 그를 신뢰하여 전적으로 그의 판단에 따라

지휘하게 해야 한다. 지휘자의 명령에 힘이 실리고 지휘자가 책임지고 작전을 수행할 있게 하기 위함이다.① 전투에서 가장 중요한 것은 때를 잃지 않는 것인데, 지휘자의 책임 의식이 없거나 통령이 바로 서지 않을 경우 변화에 효과적으로 대처하는 전투란 불가능하다.② 또한 장군들에게 작전권을 위임하되 여러 명의 장군들을 유기적으로 연계하여 일치된 계획에 따라 전투를 수행하게 하여 서로 간의 오해와 충돌을 막아야만③ 승전할 수 있다.

그런데 이 대화 다음에 내용상으로는 서로 연결되는 것 같지는 않은데, 정조의 놀라운 공부론을 보여 주는 대화가 나온다. 『논어』에 나오는 '온고지신(溫故知新)'에 대한 새로운 해석이 그것이다.

"온고지신이란 무슨 말인가?"
이유경이 대답했다.
"옛 글을 익혀 새 글을 아는 것을 말합니다."
임금이 말했다.
"그렇지 않다. 초학자(初學者)는 그렇게 보는 수가 많은데, 대개 옛 글을 익히면 그 가운데서 새로운 맛을 알게 되어 자기가 몰랐던 것을 더욱 잘 알게 된다는 것을 말한다(初學之人 多如此看得 而蓋謂溫故書 則知新味於其中 益知其所不知之謂也)."

정조실록 1/2/1

여기에서 정조는 온고(溫故), 다시 말해 이미 읽은 것 또는 이미 가지고 있는 것과 경험한 것을 다시 생각하고 되돌아보는 학습법을

말했다. 그에 따르면 온고의 학습법은 보는 안목과 지석 능력을 높여
준다. 그래서 어제 몰랐던 것을 오늘은 알게 되고, 내일 다시 생각하
고 되돌아보면 새로운 것을 알게 된다는 것이다. 정조는 이유경의 방
법대로 '새 글을 아는' 공부법은 평생 공부해도 다 배울 수 없을 정
도로 많은 지식 때문에 좋지 않다. 그보다는 이미 공부한 것과 경험
한 것 속에서 '새 맛'을 알아내는 것(知新味於其中)이 좋은 공부법이라
는 게 정조의 말이었다. 그 핵심은 '더욱 잘 알게 되는 것(益知)'에 있
다. 정조가 다른 대화에서 온고지신의 요체는 익힐 '습(習)' 자에 있
다면서 "예전에 들은 것을 때때로 익히면 매번 새로 터득함이 있다."
라면서 통찰력을 강조한 것도 같은 맥락에서 이해할 수 있다.[24]

정조의 학문 토론장이 신하들에게 늘 반가운 것만은 아니었다.
앞서 언급한 정약용 등의 비판이 그렇거니와 오후에 시작된 경연이
저녁 시간이 되어 식사를 하게 한 다음 "오늘 경들과 함께 하루 종일
끝까지 담론하고 밤을 지새워 아침까지 계속하려 한다."라면서 '밤샘
세미나'를 강행할 때는 불만이 꽤 많았을 것이다. "과인은 오늘밤을
새우려 하노라."는 요즘 말로 하면 '끝장 토론'을 하자는 것인데, 신하
들이 왕 앞에서 바른 자세로 앉아(正坐) 밤새 학문적 대화를 나누는
당시의 정경을 생각하면 절로 안타까운 웃음이 나온다.[25]

---

24   정조, 『홍재전서』 122권 『노론하전』 1.

25   정조는 '밤샘 세미나'를 즐겼다. 즉위한 해인 1776년 8월 14일 밤에도
      이문원에 여러 신하들을 불러 놓고 밤이 늦도록 등잔불을 밝혀 놓고 토
      론했다. 그는 무릎을 쳐서 장단을 맞춰 가며 글을 읽는 것은 음악 연주
      못지않은 것"이라고 말하면서, 이문원의 고서(古書)를 꺼내 신하들로 하

그럼에도 정조의 '강의'에는 놓여서는 안 되는 통찰이 여기저기 숨겨져 있다. 가령 강의나 학술적 토론의 목적과 취지가 그것이다. 정조는 1781년(정조 5년) 3월 18일의 이문원 『근사록』 강의에서 경연의 목적이 "어찌 곧 글을 이야기하고 경(經)을 설명하고서 끝내려는 것뿐이겠는가? 글월의 뜻 이외에 오늘날의 일에 관해서 할 말이 많을 것이다. 위로는 과궁(寡躬, 임금)의 허물과 시정(時政)의 득실에서부터 백성의 고락(苦樂)과 전왕(前王)의 치란(治亂)에 이르기까지, 일은 말하지 못할 것이 없고 말은 끝까지 못 할 게 없게 함으로써 상하(上下)가 서로 이익 됨이 있게 하자는 것"이라고 말했다.(정조실록 5/3/18) 학문 토론을 하면서 국정을 함께 의논하는 것이 경연의 목적이라는 것이다.

이어서 그는 강의의 취지를 이렇게 말한다.

> 대개 강설(講說)은 곧 말로 인하여 의문을 일으키고 의문으로 인하여 의문을 풀게 하여 결국은 사람의 선심(善心)을 감격하여 발현하는 데 이르게 하는 것이다(因言而起疑 因疑而釋疑 終至於感發人善心者)."
>
> 정조실록 5/3/18

여기에서 정조는 강의 목적이 일차적으로 '말로 인해 의문을 일으키는' 것이라고 말했다. 답을 가지고 알려 주는 게 아니고 관련된 말로 의문을 일으키는 것이 첫째 목적이라는 것이다. 다음으로는 '그

여금 한 편씩 읽게 했다. 이윽고 동이 틀 무렵 음식을 내려 주어 기쁨을 한껏 표하고서야 자리를 파했다. 정조, 『홍재전서』 164권 『일득록』 4.

의문으로 인해 의문을 풀게 하는' 것이라고 했다. '왜 그런 일이 일어났을까? 당시 사람들의 반응은 어땠나? 그들은 어떻게 그 문제를 풀었을까?' 등이 그러한 의문의 예이다. 마지막으로 그 의문을 푸는 과정에서 사람의 선심을 감발하게 하는 게 강의의 목적이라고 하였다. 공부 자체로 끝나지 않고, 사람들의 마음을 감격하고 발현하도록 하는 것, 이것이 정조가 말하는 강의와 공부의 최종 목적이다. 오늘날 학교 수업을 이런 방식으로 진행한다면 훨씬 많은 학생들이 적극적으로 참여하고 창의적으로 토론하지 않을까 생각한다.

비판적 평가

이상의 내용을 요약하면 다음과 같다. 정조는 규장각이라는 이른바 국가의 전략 커뮤니티를 만들어 국내외의 지식과 정보를 모으고 편찬하게 했다. 그는 또한 이곳에서 젊은 문신들을 재교육하여 국가에서 필요로 하는 인재를 양성하려 했다. 그 과정에서 젊은 문신들의 반발과 저항에 부딪치기도 했지만 서책을 수집·편찬하고 문풍을 혁신하려는 정조의 목적은 달성된 듯하다. 그뿐 아니라 초계문신들은 외국 사신이나 어사로 파견 가서 국왕의 통치를 돕기도 했으며, 군사 분야의 장용영과 함께 국왕 지지 세력 역할을 했다.

다만 국왕의 '가르치려는' 태도로 인해 신하들이 수동적인 자세에 머물고, 보다 활발한 토론이나 창의적인 문제 제기가 나오지 않은 것은 당시 중대한 국내외적 변화 추이에 비추어 볼 때 몹시 아쉬운 점이 아닐 수 없다. 변화된 여건에 맞게 공동체의 목표나 구성원 각자의 역할 등을 근본적으로 다시 설정하고, 예상 가능한 상황들을 토론해 볼 수 있는 장(場)이 만들어지지 않은 것이다.

사실상 '군주가 신하들을 직접 가르친' 초계문신제나 국왕이 자신의 관점에서 특정한 문체를 신하들에게 강요한 문체반정과 같은 경우는 세계 역사상 유례를 찾아보기 힘든 것이다. 국가를 하나의 학교로 보고 정치를 선생과 학생 간의 교육 과정으로 인식하는 이같은 군사론적 정치관이 갖는 일차적인 문제점은 정치를 기능적인 것으로만 간주하는 데 있다. 정치를 공동체의 목표에 도달할 수 있도록 도와주는 도구로만 파악하는 것이다. 이 경우 실정된 공동체의 목표가 바람직한 것인지, 또는 그 목표를 설정하는 것이 과연 필요한 것인지에 대한 토론 과정 자체가 부정되는 경향이 있다. 그뿐 아니라 교사의 생각과 다르거나 반대되는 의견은 공동체의 발전을 저해하는 것으로 간주되어 배척되며, 문체반정이나 천주교 논쟁에서 보듯이 구성원 모두가 거대한 집단적 사고에 들어올 때까지 온갖 회유와 강제가 동원되는 잘못을 범할 수도 있다.

당시의 문풍과 문체반정의 정치학

정조의 지식 경영과 규장각을 좀 더 잘 이해하려면 당시 지식인들의 생각과 삶의 모습을 살펴볼 필요가 있다. 당시 지식인들의 삶과 생각을 이해하지 않고는 정조의 학문 정책을 제대로 파악할 수 없기 때문이다.

서울과 경기 동호인 집단과 수도권 중심의 지식 정보 네트워크

18~19세기 조선 시대를 다룬 소설이나 영화를 보면 당시의 모습이 흥미롭게 묘사되곤 한다. 특별히 주목되는 것은 서울과 경기 지역을 중심으로 한 순수 동호인 집단이다. 예컨대 지금의 탑골공원[26]의 원각사지 10층 석탑 주변에 모여 살면서 학문과 예술을 논하고 시문을 짓던 지식인 집단 백탑파[27]나 인왕산 자락 옥류계(玉流溪) 부

26 　1464년(세조 10년) 세조가 원각사(圓覺寺)로 개명하고(고려 시대에는 흥복사(興福寺)) 중건하면서(1468년 완성) 세운 10층 석탑에서 유래되었다. 1514년(중종 9년) 원각사 건물이 철훼(撤毁)되면서 비와 석탑만 남게 되었는데, 1897년 총세무사 브라운(Brown)의 건의에 따라 '파고다 공원'이 설립되었고, 이것이 다시 1992년부터 현재의 명칭으로 개칭되었다. 서울시 종로구에 있다.

27 　백탑파의 주된 멤버는 박지원, 이덕무, 유득공, 서상수, (남산 아래 살던) 박제가 등 '북학파' 지식인들이었다. 박제가는 백탑과 그 주위에 살던 박지원을 만난 추억을 다음과 같이 기술했다.

　　도회지를 빙 두른 성의 중앙에 탑이 솟아 있어 멀리서 바라보면 으슥비슥 눈 속에서 대나무 순이 나온 것처럼 보이는데, 그곳이 바로 원각사 옛터다. 지난 무자년(1768년), 기축년(1769년) 여름에 내 나이 18, 19세 나던 때, 미중 박지원 선생이 문장에 뛰어나 당세에 이름이 높다는 소문을 듣고 탑 북쪽으로 선생을 찾아 나섰다. (……) 그 무렵 형암 이덕무의 사립문이 그(백탑) 북쪽에 마주 서 있고, 낙서 이서구의 사랑이 그 서편에 솟아 있었다. 또 거기에서 북동쪽으로 꺾어지면 유금 유득공의 집이 있었다. 나는 한번 그곳을 방문하면 돌아가는 것을 잊고 열흘이고 한 달이고 머물렀다. 지은 시문과 척독(尺牘, 편지)이 곧잘 책을 만들어도 좋을 정도가 되었으며, 술과 음식을 찾으며 낮을 이어 밤을 지새우곤 했다.

근에서 서리층과 중인들이 시를 짓고 교류하던 옥계사(玉溪社) 등은 국왕 정조가 주도하는 "특정의 목적으로부터 독립"한 채 "무이념적" 문예 활동을 벌이던 대표적 동호인 집단이었다.[28]

이들 동호인 집단은 대체로 서울과 경기 지역에서 형성되고 발전했다. 이들은 으레 번잡한 도회지를 떠나 강호를 찾아다닌 이전 시기 조선 선비의 유형화된 행동과 달리 서울이나 적어도 수도권을 떠나지 않으려 했다.[29] 예컨대 서유구는 당시 지식인들의 주거와 관련된 의식을 다음과 같이 표현했다.

예전에는 조정에서 벼슬하는 사대부들치고 시골집(鄕廬)을 두지 않은 자가 없어서, 관직이 있으면 서울로 오고 관직이 없으면 시골로 돌아가기 때문에 서울 집을 여관 보듯 하였다. 이로 인해 농사나 벼슬살이 둘 다 잃지 않고, 거취(去就)와 출처(出處)에서 넉넉하게 여유를 가질 수 있었다. 내가 괴이하게 여기는 한 가지 사실은, 근세의 벼슬아치들(縉紳家)은 성 밖 10리 너머의 땅을 거의 황폐한 변방이나 더러운 시골구석이라 하여 하루도 살 수 없는 것으로 본다는 것이다. 벼슬길이 떨어진 뒤에도 자손을 위하는 자들이라면 번화한

박제가, 안대회 옮김, 「백탑에서의 맑은 인연」, 『궁핍한 날의 벗』(태학사, 2000), 26~28쪽.

28 강명관, 「문체와 국가 장치: 정조의 문체반정을 둘러싼 사건들」, 안대회 엮음, 『조선 후기 소품문의 실체』(태학사, 2003), 68쪽.

29 안대회, 「18·19세기 주거 문화와 상상의 정원: 조선 후기 산문가의 기문(記文)을 중심으로」, 《진단학보》 97호(2004), 113~115쪽.

152

서울 거리를 한 발짝도 벗어나려 하지 않는다. (……) 굶주림과 추위가 몸에 닥치면 할 수 없이 선조로부터 물려받은 전답을 몽땅 팔고 지붕 새고 구들 꺼진 집 하나를 멍하니 지키고 살 뿐이다.[30]

이미 정약용도 유배지에서 자손들에게 "왕성(王城) 10리 이내의 지역"에 거주하는 것이 가장 좋으며, 경제적인 이유로 서울에 살 수 없다면 "근교(近郊)에서 과실과 채소를 가꾸며 생활하다가 형편이 좋아지면 서울로 옮겨야 한다."라고 말했거니와[31] 서유구는 성 밖 10리 너머의 땅을 '더러운 시골구석'으로 보고 곤궁하더라도 서울을 벗어나지 않으려는 세태를 지적했다.

그러면 당시 사람들은 왜 서울을 벗어나지 않으려 했을까? 서유구는 앞에서 자손을 위해, 다시 말해 자손의 벼슬길을 위해 학문 정보를 습득하기에 유리한 서울을 떠나지 않으려 한다고 말했다. 그 외에도 18세기 이후 30만 명 이상으로 급증한 서울 인구의 의식주와 관련된 상업 및 수공업이 번창했던 경제적 측면과 서울을 중심으로 형성된 정보와 지식의 네트워크로부터 소외되지 않으려는 지적 동기를 들 수 있다.[32]

---

30   서유구, 『풍석전집』 「시태손」.
31   정약용, 「시이아가계」, 『정본 여유당전서』 4(다산학술문화재단, 2012).
32   서울의 인구는 1657년(효종 8년)에 1만 5760호 8만 572명이던 것이
      1786년(정조 10년)에는 4만 2786호 19만 9227명으로 248.5퍼센트로
      증가하였다.(연 약 2.1퍼센트의 평균 성장률) 김영호, 「조선 후기에 있어서
      도시 상업의 새로운 전개」, 《한국사 연구》 2집(1968), 30쪽. 대체로 18
      세기 이후 서울 인구는 30만 명 이상으로 증가한 것으로 보고 있다. 고

한마디로 "한양은 정교(政敎)가 시행되는 곳이요, 사방에서 사람들이 모여 있는 곳이며, 벼슬아치와 벌열, 인물과 누대(樓臺), 수레와 선박, 재화의 번성함 그리고 친척과 벗들, 공부에 필요한 문헌이 모두 이곳에 모여 있는 곳"이었다.[33]

특이한 것은 한강과 임진강의 수로를 중심으로 연결된 거대한 정보 및 지식 네트워크이다. 다음 지도에서 보듯이 서울 지역의 박지원, 이덕무, 유득공, 박제가(①), 양주(지금의 의정부) 지역의 박세당(②), 포천의 김석문과 성해응(③), 좀 더 과거의 인물이지만 가평의 김육(④), 양근(지금의 양평)의 권철신과 정약용(⑤), 여주의 한백겸(⑥), 광주(廣州) 지역의 안정복(⑦), 용인의 유형원(⑧), 과천의 김정희(⑨), 안산의 이익, 강세황(⑩), 강화의 정제두, 이긍익, 신작(⑪), 장단의 이수광, 서명응, 서유구(⑫), 파주의 신후담(⑬) 등은 대체로 서울에서 하루 내지 반나절 정도의 거리에 살면서 새로운 학문 정보를 얻고 "전문적 기예와 벽(癖)을 가진" 마니아 집단과 교유하기 위해 빈번히 왕래하였다.[34]

이와 같은 서울과 수도권의 지식인 네트워크는 그야말로 영·정조 시대의 문예 부흥을 가능케 한 사회적 인프라였다. 어느 정도의 경제적 풍요(물론 빈부의 격차가 큰 풍요였다.)와 계속해서 중국을 통해 밀려오는 신학문과 방각본 소설의 보급에서 보이듯 수요와 공급의 양 측면에서 형성된 문화 마니아층의 존재 그리고 영조와 정조의 지식인

동환, 『조선 후기 서울 상업 발달사 연구』(지식산업사, 1998), 52쪽.

33   박제가, 「서울과의 결별」, 앞의 책, 115쪽.

34   김문식, 『조선 후기 경학 사상 연구』(일조각, 1996), 14쪽.

서울·경기 지역 실학적 지식인 네트워크[35]

① 한양
② 양주
③ 포천
④ 가평
⑤ 양근
⑥ 여주
⑦ 광주
⑧ 용인
⑨ 과천果川
⑩ 안산安山
⑪ 강화
⑫ 장단
⑬ 파주

우대 정책 등이 '실학의 시대'로 부를 수 있는 왕조의 문예 부흥기를 낳았다.

정조의 실용지학론과 문풍 혁신 운동

하지만 이처럼 다종 다기한 문풍의 범람이 반드시 좋은 것만은 아니었다. 새로움(新)과 기이함(奇)만을 선호하여 옛것을 그저 낡은 것으로 간주하고, 인정물태(人情物態)라고 표현되는 인간 세계의 리얼리티를 표현하는 것을 중시하는 문풍이 국가 통치사의 입상에서 볼 때는 우려스러운 것일 수도 있었다. 실제로 정조는 당시 유행하던 소설, 소품, 잡기 등을 "초쇄(礁殺)""기궤(奇詭), 기환(奇幻), 경교(傾巧)""파쇄(破碎), 경박(輕薄), 첨박(尖薄)"이라는 말로 비판했다.[36] "소리가 촉급해지다가 점점 작아지는(礁殺)"문학 표현은 인간의 슬픈 감정을 드러내는데, 정조는 이를 "사람의 심술을 병들게(蠱) 하는 것"이라고 했다.[37] 또한 고전의 언어 습관을 벗어나 기궤하고 환상적이며 공교로운 용어를 새롭게 만들어 내는 과격한 언어 실험이나 사물을 극히 주관적 입장에서 관조하면서 일정한 틀을 깨뜨리려는 당시 지식인들의 문풍은 "세도"를 무너뜨리는 위험한 것이라고 보았다.

이른바 소품이란 시문 짓기나 서화 그리는 일 등 붓과 벼루 사이의

---

35   「동국여도(東國輿圖)」 경강부 임진도(京江附 臨津圖)에 표시함. 19세기
      전반. 서울대 규장각 소장

36   정조, 『홍재전서』 163권 『일득록』 3.

37   정조, 『홍재전서』 164권 『일득록』 4.

일에 지나지 않았다. 연소하고 식견이 얕으며 재예가 있는 자들은 일상적인 것을 싫어하고 신기한 것을 좋아하므로, 서로 다투어 모방하여 어느 틈엔가 음탕한 소리와 사악한 색깔이 사람의 심술을 고혹시킨다. 그 폐단은 성인을 그릇되게 여기고 경전에 반대하며 윤리를 무시하는 지경에 이를 것이다.[38]

특히 "학문이 정도에 도움이 되지 않는다면 차라리 없는 게 낫고, 문장이 실용에 쓰이지 않는다면 없는 편이 낫다(學無益於正道 不如無學 文無當於實用 不如無文)."라고 생각하는 정조의 눈에 사람의 심술을 고혹시켜 '윤리를 무시하게' 만드는 소품들은 위태로운 것이었다.[39] 소설 역시 위험하기는 마찬가지였다. 이상황은 1787년(정조 11년) 예문관에서 숙직하면서 『평산냉연(平山冷燕)』이라는 소설을 읽다가 왕에게 발각돼 파직된 후 반성문을 써서 바쳤다. 그는 식사할 때는 물론이고 측간에서도 소설을 손에서 떼지 못할 정도의 소설 마니아였다. 정조가 보기에 소설은 잡된 글로서 "치세(治世)의 글"이 아닐 뿐 아니라(정조실록 15/11/7) "심신의 활동력(精力)을 분산시키는"(정조실록 19/7/25) 문제가 있었다. 그뿐 아니라 박지원의 「양반전」이나 「호질」 등에 들어 있는 기존 사회 질서에 대한 강한 비판 의식은 국왕의 관점에서는 체제의 정당성을 훼손하는 주범이었다.

이러한 문풍을 바로잡고 진경문화론, 북학론, 서학론 등으로 전

---

38   정조, 『홍재전서』 163권 『일득록』 3.

39   같은 책.

개되는 18세기의 다종 다기한 학문과 문화를 조화시키기 위해서는 바른 학문(正學)을 세워야 한다는 게 국왕 정조의 생각이었다. 그리고 이를 위해 "선비들의 원기(士氣)"를 활성화해야 한다고 보았다. 선비들이 바로 서 있으면 이질적인 외래 학문조차 순기능을 발휘할 수 있지만, 그렇지 못할 때는 오히려 역기능이 순기능을 압도하기 때문이다.[40]

선비들 사이에 정학이 제대로 자리매김하면 "마치 바람이 불면 풀이 쓸려 눕듯 나라가 좋은 방향으로 나아가게 될 것(風行草偃 其國庶幾)"(정조실록 19/8/4)이라고 생각한 정조는 재위 중반에 문체를 바로잡아 선비의 기풍을 세우는 문체반정을 일으켰다.

정조 시대의 문체반정(문체를 이유로 발생한 대표적 정치 파동)으로는 정미년 사건과 임자년 사건을 들 수 있다. 우선 1787년(정조 11년)의 정미년 사건은 노론의 김조순과 이상황이 예문관에서 숙직하면서 당송(唐宋) 시대의 소설과 『평산냉연』이란 책을 읽다가 왕에게 발각돼 파직되고 책이 불태워진 사건을 지칭한다. 그런데 이 시기

---

40   정조의 이런 태도를 비판적으로 보는 시각도 있다. 정조의 문체반정으로 인해 "18세기의 그 다양하고 풍성했던 새로운 사유가 (……) 주저앉고 말았다."라는 것이다. 즉 문체반정으로 피를 흘리거나 감옥에 처박힌 사람은 없었지만 "그것은 새로운 사유와 표현에 대한 탄압이 되고 족쇄"로 작용해 소품과 소설의 문체로 사회 비평을 감행했던 "박지원을 잇는 계승자가 아무도 없었다."라는 주장이다. 강명관,「문체와 국가 장치: 정조의 문체반정을 둘러싼 사건들」, 안대회 엮음,『조선 후기 소품문의 실체』(태학사, 2003), 73쪽.

는 이택징이 규장각 및 초계문신제에 대해 강력히 비판하고(정조실록 6/5/26) 규장각 제학 김종수가 왕의 '복심(腹心, 배와 심장처럼 없어서는 안 되는 소중한 사람. 심복)'을 거론한(정조실록 8/6/1) 이래 노론의 반발이 표면화된 때였다.

또한 초계문신의 과강(課講)에서 소품체가 나오고(정조실록 11/8/22) "천주교의 요술(妖術)이 나라 안에 유입되어 민심을 미혹"시키고 있다며(정조실록 11/4/27) 이사렴에 의해 서학 비판 논쟁이 시작된 시기였다. 말하자면 국왕의 교화 정책에 대한 노론의 공격이 본격화된 시기에 정조의 문체반정이 있었던 것이다.

정조는 사학(邪學) 문제와 관련해 당쟁이 재연될 기미가 보이자 이열치열의 방식으로 대응했다. 이열치열이란 한쪽의 단점을 다른 쪽의 단점과 대비시켜 상쇄시키되 양편의 장점을 취하여 회유하고 포용하는 정조 특유의 대국적(對局的) 정치 운영 방식이다.(정조실록 17/4/16, 17/5/7) 천주교 문제에 남인들이 많이 관련된 것을 파악한 정조는 남인의 단점을 청의 고증학과 패관 소품체에 심취해 있는 노론의 문제점과 대비시켰다. 즉 남인 학풍의 좋은 점인 육경 고문을 취하여 노론의 공격으로부터 남인을 막아 주는 한편 주희의 문장론을 높이 평가해 노론을 회유하고, 소론이나 남인으로부터의 공격을 차단하려 한 것이다.

정조는 주희의 문장론에 대해 다음과 같이 말했다.

지금 이 시대에 맞는 선비가 되려면 제일 좋은 길이 바로 주자의 시를 배우는 것이다. (주자의 시를 배우면) 시를 읊조리고 감탄하고 또

소리 높여 길게 뽑는 과정에서 모든 찌꺼기가 다 녹아 없어지고 혈맥이 확 트이며, 평이하고 정직하고 자애롭고 신실한 마음이 무럭무럭 자라난다. 반면 뒤틀리고 괴벽하고 태만한 생각은 일지 않아, 가까이는 부모를 섬길 수 있고, 멀리는 임금을 섬길 수 있다. 그뿐 아니라 거기에서 흥기한 모든 것을 관찰하고 모두 하나가 되어 옛 선왕의 시교(詩敎)가 어떠했는지를 이 시를 보면 다소나마 짐작할 수 있을 것이다.[41]

"지금의 시속으로 지금의 선비를 만들어 가기 위해서는(由今之時 造今之士)" "뒤틀리고 괴벽하고 태만한 생각"을 일게 하는 최근의 패관 소품이나 서양학을 볼 것이 아니라 얼핏 "전혀 맛도 없고 뜻도 없어서" 진부해 보이지만 "정직하고 신실한 마음을 자라나게 하는" 주자의 글을 읽어야 한다는 것이다. 정조는 또한 양비론적 입장에서 남인과 노론의 선비들을 비판했다.

서양의 학문은 학문 중의 잘못된 것이요, 소품의 문장은 문장 중에서 잘못된 것이다. (……) 한번 방향을 바꾸니 홍수와 맹수보다 심하게 되었다. 또한 그 형세가 반드시 소품으로부터 점차 사학(邪學)으로 빠져 들어갔으니 길의 맥락은 비록 다르지만 서로 이끌어 당긴 것이다. 오늘날 문장을 공부하는 사람은 소품 두려워하기를 사학 두려워하는 것처럼 한 연후라야 오랑캐나 짐승이 되어 가는 것

41   정조, 『홍재전서』 10권 「아송 서」.

을 변할 수 있다.[42]

1792년(정조 16년)의 문체반정은 이러한 문체관에 따라 취해진 조치였다. 정조는 동지정사(冬至正使)로 중국에 가는 박종악과 대사성 김방행을 접견한 자리에서 선비들의 패관 문체의 심각성을 지적하고, 돌아올 때 일일이 수색해 패관소기(稗官小記)는 물론이고 경서(經書)나 사기(史記)라도 당판(唐板)인 경우 절대로 가져오지 말라고 명했다. 정조는 "근래 선비들이 점차 타락하고 문풍도 날로 비속해져서 과거 시험 등에서 패관 소품(小品)의 문체를 모방"하고 있다면서 "문체와 세도(世道)가 밀접히 관련되어 있음"을 깨달아야 한다고 지적했다.(정조실록 16/10/19)[43]

정조는 이 자리에서 대사성 김방행에게 "성균관의 시험지 중에 만일 한 글자라도 패관 잡기에 저촉되는 것이 있으면 비록 전편이 주옥같을지라도 빼 버리고(下考) 그 사람의 이름을 확인하여 다시는 과거를 보지 못하도록" 처리하라고 지시했다. 실제로 유생 이옥의 응제(應製) 글귀들이 순전히 소설체로 되어 있어 처벌받았다.[44] 정조는 또

---

42   정조, 『홍재전서』 164권 『일득록』 4권.

43   당시 지식인들 사이에서 패관 문체에 대한 관심은 대단했던 것으로 보인다. "오늘날 불순한 학문의 폐해는 비유하자면 중병이 든 환자가 밖에 불순한 기운의 응어리가 맺혀 비록 인삼과 부자를 넣어서 지은 진기한 약제로 처방을 하더라도 치료할 수가 없는" 형국이라는 이병모의 말이 그 예이다.(정조실록 23/5/5)

44   이옥은 문장의 효능을 재도지기(載道之器)나 치세지용(治世之用)으로 보

한 초계문신 남공철의 대책(對策) 중에도 '골동(古董)' 등의 패관 문자가 인용되었음을 지적하여 그를 파직시키는 한편 반성문(供招)을 올리게 했다.

1787년(정조 11년)에 소설을 보다가 발각되어 파직된 이상황과 김조순, 심상규 역시 다시 거론되어 육경 고문체의 반성문을 작성해 올린 후에야 다시 이전의 직책을 부여받을 수 있었다.(정조실록 16/10/24)[45]

정조가 소설을 금지한 진짜 이유는?

그러면 정조는 재미있는 소설을 왜 그토록 읽지 못하게 했을까? 앞에서 언급한 것처럼 정조는 소설이 잡된 글로서 "치세(治世)의 글"이 아닐 뿐 아니라(정조실록 15/11/7) "심신의 활동력(精力)을 분산시킨다."(정조실록 19/7/25)라는 이유로 규장각에 소장돼 있던 패관 소설을 불태우게 했다.

대신에 그는 "제왕의 계획을 화려하게 장식하고, 지상의 법도를

는 견해를 반대하여 인간의 정(情)을 진실하게 드러내는 데 문장의 가치가 있다고 보았다. 그는 이러한 문장론에 따라 섬세하면서도 다분히 방탕스럽기까지 한 여인의 정서를 「이언(俚諺)」이라는 일련의 연작시로 그려 냈다. 『예림잡패』「이난(二難)」.

45   흥미롭게도 몇 년 전 발굴된 정조의 어찰을 보면 정조의 문체 역시 순정하지 못했다. '만조하다(얼굴이나 모습이 초라하고 잔망하다)', '좋은 건더기(好滓料)'와 같은 속어를 사용하는가 하면 '껄껄(呵呵)', '마누라쟁이(抹樓下長衣)', '입에 맞는 떡(適口之餠)'과 같은 구어체를 자주 구사했기 때문이다. 심지어 '뒤죽박죽(뒤죽박죽)'이라는 한글을 섞어 사용하기도 했다.

멋지게 꾸미는 치세의 소리"라며 시의 효능을 강조했다. 그가 소설을 나쁘게 본 것은 크게 두 가지, 즉 소설의 내용적 문제점(음란성, 현실 비판성)과 함께 소설의 장르적 특징에서 비롯된 것으로 보인다.[46]

우선 소설의 내용이다. 당시의 소설들은 기존 사회 질서에 대한 불만과 강한 비판 정신을 내포했다. 예컨대 박지원의 「양반전」이나 「호질」 등의 소설은 당시 양반들이 내세우는 명분의 허구성과 양반 중심의 사회 질서가 붕괴되는 과정을 잘 묘사했다.[47] 『심청전』이나 『장화홍련전』만 해도 무능한 아버지상을 그대로 보여 주었다. 천인 기생이 양반 자제와 결혼하는 『춘향전』의 내용은 또 어떤가? 국왕의 관점에서 볼 때 이 같은 소설의 비판 정신은 사회 기강을 문란하게 하고 체제의 정당성을 훼손하는 것이었다. 특히 소설에서 그려지는 남녀 간의 사랑(男女相悅之詞)은 풍기를 문란하게 하는 것으로 "음란함을 가르치는 것"이었다. 요즘 인터넷 연애 소설로 밤을 지새우는 청소년을 둔 부모의 심정이 아마 정조와 비슷했을 것으로 보인다.

그뿐 아니라 당시 유행하던 이상 국가 소설은 정치 냉소주의를 자아낼 수 있었다. 예컨대 박지원의 『열하일기』를 통해 소개된 신후담의 『남흥기사(南興記事)』는 원군(元軍)에 패하여 중원을 잃어버린 주인공(제병(帝昺))이 도망하여 도달한 바다 위 자유의 나라 남흥국의 모습을 그렸다.[48]

---

46 미하일 바흐친, 전승희 외 옮김, 『장편 소설과 민중 언어』(창작과 비평사, 1988), 198쪽.

47 송찬식, 『조선 후기 사회 경제사의 연구』(일조각, 1997), 673~683쪽.

48 김태준, 박희병 교주, 『증보 조선 소설사』(한길사, 1990), 155~156쪽.

이 소설은 "조선 최초의 파라다이스 기록"으로, "『홍길동전』에 나타나는 율도국과 함께 실학적 지식인이 그리던 이상향의 실제 기록"이라고 평가된다.[49] 이 같은 이상향 소설의 특징은 현실에 대한 냉소적 비판과 이상 사회를 향한 맹목적 긍정에 있다. 이는 결과적으로 현실 도피 심리를 부추겨 정치·사회적 개혁 의지를 무력화할 위험이 있었다.

둘째, 소설이라는 장르가 갖는 문명사적 의미이다. 소설은 기본적으로 당대의 생생한 언어의 재구성을 통해 작가의 비판적 사유 체계를 전달하는 속성을 갖는다. 박지원의 소설에서 볼 수 있는 것처럼 속어나 방언, 비웃는 말이나 비꼬는 말 그리고 욕설과 같이 생활 세계에서 사용되는 말들이 소설 속에서는 자연스럽게 등장한다. 새롭고 이질적인 언어에 대한 개방성 내지 '언어적 다양성(heteroglossia)'이야말로 소설이라는 장르가 갖는 기본적 특성이기 때문이다. 이는 '고상'하거나 '정제된' 시어(詩語)만을 일정한 음률과 규격에 맞추어 선별해야 하는 고전 시와 구별되는 소설의 특징이다.[50] 그런데 언어적 다양성은 기본적으로 다양한 사유 체계에서 비롯되며 동시에 그것은 개별적이며 이질적 사유 체계를 촉진하는 경향이 있다. 작품 속에 나오는 주인공의 구체적 발언을 통해 그의 성격이 묘사되며 당대의 부조리한 현실을 객관적으로 풍자하는 소설 장르는 기본적으로 기존의 정형화된 세계관의 허구성을 드러내고 기성 정권의 질서를 파괴

---

49   같은 책, 156쪽.

50   미하일 바흐친, 앞의 책, 94~96쪽, 68~69쪽.

하는 경향이 있다.

　말하자면 소설은 그동안 공동체 속에 매몰되어 있었던 개인 (individual)의 의미를 찾아낸다. 또한 현재를 성대했던 옛날의 아름다움에 못 미치는 '불초(不肖)의 시대'로 생각하지 않고, 무언가 새롭고 역사적인 일이 시작되는 '변혁의 시기'로 간주하는 인식의 전환점에서 탄생했다. 이 점에서 볼 때 소설은 과거 지향적이라기보다 미래 지향적이며, 보수적이기보다 진보적이다.

　요컨대 삼대와 같은 절대적 과거에서 정치적 이상의 완벽한 모델을 모색하고 "먼 옛날의 순수함"을 되찾는 것을 정치의 목표로 삼았던 보수적 정치가 정조가 당대의 언어를 생생하게 담아내고 현실 비판적인 소설들을 "세속적인 것"으로 보고 금지한 이유가 바로 여기에 있었다.

인재는 때로 신분과 무관하게 나오니,
기이한 꽃이나 신기한 풀이
시골구석의 더러운 도랑에서
나고 자라는 것과 같다.[1]

탕평, 대통합의 리더십

정조의 정치 중에서 주목되는 것은 정적을 포용하는 대통합의 리더십이다. 새 정부가 들어섰을 때 사람들은 어떤 차별적 정책이 나올지 궁금해한다. 그런데 더욱 중요한 것은 그때까지 추진해 오던 국가사업을 계승·발전시키는 일이다. 특히 이전 정부에서 일했거나 새 정부와 반대 노선을 택했던 인재들을 어떻게 활용하는가가 국가 경영 리더십에서 매우 중요하다.

정조는 앞에서 살펴보았듯이 자신의 원수와 정적을 제거하되 선대 임금인 영조와의 약속을 깨뜨리지 않기 위해서 권도(權道)를 효과

---

1   人或不係世類 如奇花異草多生於猥巷穢溝. 정조,『홍재전서』172권
    『일득록』12.

적으로 구사했나. 그리고 영조가 펼친 탕평 정치를 계승해 정치적으로 소외되었던 인재들을 등용시켜 일하도록 했다.

정적 제거 방식

먼저 정적에 대한 정조의 대응을 보면 그가 반대 세력을 세 부류로 나누었음을 알 수 있다. 첫째는 정조 자신의 즉위를 반대하거나 암살하려 했던 자들로, 홍인한(어머니 혜경궁의 숙부)과 정후겸(고모 화완옹주의 양자) 등이 그 예이다. 정조는 왕위에 오른 지 네 달 만에 이들을 숙청했다.(1776년 7월) 국왕 자신을 전면으로 부정하는 자들과 나랏일을 함께 해 나갈 수는 없었다.

둘째는 생부 사도세자의 죽음에 연루된 자들이다. 홍봉한과 김귀주, 김상철 등 1762년 사도세자의 죽음(임오년 사건)에 직간접적으로 연루된 노론과 소론의 권신들이 그 예이다. 정조는 그들을 가급적 보호하려 했으나 그들 대부분은 정조의 정치 보복이 두려워 역모에 가담하는 등의 방식으로 스스로 죽음의 길을 재촉했다. 그래서 정조가 그들을 처단할 때 굳이 사도세자의 원수를 갚는다는 명분이 필요 없었고, 영조와의 약속을 저버렸다는 비난을 받지 않아도 되었다.

셋째는 정조가 추진하려는 개혁 정책을 반대하는 기득 세력으로, 노론과 소론은 물론이고 심지어 남인 중에도 있는 이른바 벽파 세력이다. 정조를 곤혹스럽게 한 것은 둘째와 셋째 범주의 경계가 모호하다는 점이 있다. 사도세사의 죽음은 이미 영조 정권에 의해 "그 질병과 광기 때문"에 취해진 "부득이한 거조"(홍봉한의 표현)로 성격이 정리되었다.(영조실록 38/8/26) 따라서 셋째 범주의 사람 중에서 사도세자가 억울하게 희생되었다고 말할 자는 거의 없었다. 또한 그들 대부분은 노론이 50년 장기 집권을 통해 구축한 국정 이념과 정책을 지속시켜야 한다고 보는 사람들이었다. 따라서 둘째 범주를 너무 넓게 그리면 기득 세력 대부분을 반대 세력으로 몰아 국왕 자신의 입지가 좁아질 우려가 있었다. 반대로 너무 좁게 그려도 안 되었다. 그것은 일차적으로 아버지의 원수를 용납하는 일이었고, 동시에 정적들에 의해 왕 자신이 포위될 위험이 있었다. 그럴 경우 국왕이 기득 세력의 허수아비로 전락할 수 있었다.

정조는 우선 첫째 범주에 든 자들을 처단하면서 그 외의 사람들은 동요치 않게 했다. 즉위년 8월의 토역 교문에서 정조는 홍인한, 정후겸 등을 처단한 이유("즉위 저지")를 밝히는 한편 임오년 사건을 거론한 이덕사, 이응원 등도 죽였다고 밝혔다. "대행대왕(영조)의 능침(陵寢)이 차가워지기도 전에" 사도세자의 원수를 갚아야 한다고 주장하는 자들을 목 베어 "남의 사주를 받아 위협하는 자들을 징계"한다고 말했다.(정조실록 즉위년/8/24) 한마디로 확실히 처단할 몇 명을 제외하고는 사도세자 사건 때문에 보복당하는 일이 없으리라는 점을 분명히 했다.

둘째, 정조는 자신이 직접 나서지 않고 홍국영의 힘을 빌려 정적들을 처단했다. 세손 시절부터 정조의 몸이 위태로울 때면 늘 보호하고 힘이 되어 주던 홍국영은 같은 노론인 홍봉한의 가까운 일가였다. 정조는 즉위하자마자 그런 홍국영을 승정원 동부승지로 발탁했다가(1776년 3월) 곧 도승지로 삼았다.(7월) 그뿐이 아니었다. 다음 해에는 국왕의 호위를 맡는 금위대장 겸 숙위대장으로 임명했으며(1777년

11월) 그다음 해에는 규장각 제학을 맡기는 등(1778년 3월) 정부 요직을 두루 장악하게 했다.

정조는 홍국영에게 핵심 권력을 맡겨 당시 강력한 권력자들이던 홍인한, 정후겸 등을 처단한(1776년 7월) 후 정순왕후의 오라버니인 김귀주를 흑산도에 유배 보냈다.(9월) 홍국영으로 하여금 악역을 맡게 함으로써 자신의 손에 피를 묻히지 않고도 첫째와 둘째 부류의 정적들을 제거한 것이다.

이 정도 수준에서 정적들을 처단하는 군주였다면 오늘날 우리가 정조를 되돌아보지 않아도 되었을 것이다. 그런 유의 인물은 역사에서 무수히 많았고 그다지 감동이나 교훈을 주지도 않기 때문이다. 정조가 위대한 것은 노론 벽파를 비롯해 많은 정적들을 포용하면서 국가가 잘되도록 그들의 에너지를 모아 가는 리더십의 소유자였기 때문이다.

정치 운영의 주체는 누구여야 하는가: 성학론 대 성왕론

정조는 이질적인 사람들의 갈등과 대립을 긍정적인 방향으로 승화하기 위해서 새로운 비전을 제시했다. 그는 지배자가 최소화된 나라를 만들려 했다. 당시 노론을 비롯한 많은 신료들은 국왕의 역할을 최소화하려 했다. 양반 사대부가 중간에서 실권을 쥐고 맨 아래의 백성들을 지배해야 한다고 생각했다. 이른바 군신공치(君臣共治)라는 노론의 논리에 따르면 국왕은 도덕적 모범자로서 현실 정치에 개입하지 말아야 했다. 왕의 역할은 재상을 임명하는 일에 그쳐야 한다고 보았다.

예컨대 영의정인 노론의 정존겸은 이렇게 상소하였다.

제왕(帝王)의 학문은 비록 일반 선비(韋布)들의 학문과 차이가 있기
는 하지만, 입지(立志)나 성공(成功)에 있어서는 본시 두 가지의 길이
없습니다. 지금 전하께서 요순(堯舜)이 되려고 하시면 요순이 될 수
도 있고, 문왕(文王)과 무왕(武王)이 되려고 하시면 문왕과 무왕이
될 수도 있는 법이어서 방해할 사람이 있지 않습니다. 이래서 "임
금의 뜻이 정해지기만 하면 천하가 다스려지기는 작정된 일"이라고
한 것입니다. 옛적의 성왕(聖王)들이 국정(國政)을 해 가기에 부지런
하지 않은 이가 없었지만, 또한 일찍이 정신의 피로함을 돌보지 않
고 몸소 친히 서무(庶務)를 부지런히 하지도 않았습니다. 현명한 사
람에게 맡기고 유능한 사람을 부려 각기 그의 직책에 성과를 내도
록 하면서 통솔해 가고 감독해 갈 뿐이었습니다.

정조실록 7/7/4

여기에서 정존겸은 두 가지를 말했다. 첫째, 성학, 즉 공자의 사상이
나 요순 임금의 행적 등 유교 정치 이념을 공부하는 데는 국왕이나 신하
가 다를 것이 없으며, 국왕은 그 공부를 더 많이 한 신하들에게 배워야
한다는 말이다. 둘째, 왕은 도덕적 모범자로서 상징적 통치만 할 뿐이고
실제적인 국정 사무는 신하들에게 위임해야 한다는 주장이다. 율곡 이
이 등 수많은 조선의 사대부들이 주장한 성학론의 대표적인 논리이다.[2]

---

2   성학론이란 사대부를 정치의 실질적 주체로 보고 정치 과정상의 핵심

같은 노론의 영수였던 김종수도 국왕의 역할을 최소화하려고 했다. 그는 "정치의 규범을 수립하고 언로를 열고 명분과 절의를 기르는 데 있어서 임금의 덕을 힘써 닦는 것이야말로 그 근본이 되며, 상벌을 내리고(作賞) 재정 운용(財用)을 하는 것은 단지 말절(末節)일 뿐"이라고 하면서 주희가 강조한 "임금의 일심(一心)"을 거론했다. 김종수는 "하루에 만 가지 사무를 처리하는" 제왕으로서 "그 마음을 사물에 따라 변하지 않게 하는 것은 역시 어려운 일"이라고 말했다. 따라서 그 마음을 지켜 나가기 위해서는 경연을 자주 열어 "성학(聖學)을 진전"시켜야 했다. 그런데 국왕이 "근년 이래 강연을 정지하는 날이 점점 많아지고" "거만하게 스스로를 성인이라고 여기면서 뭇 신하들의 의견을 깔보기 때문에 서슴없이 할 말을 하는 기상이 사라지고 있다."라고 비판했다. 이 같은 "폐습을 바로잡자면 진실로 전하께서 몸소 이끌고 앞장서서 솔선하는 것"밖에 다른 길이 없으니 그 요령은 "성인의 학문(聖學)을 진전시키는 데" 있다는 게 김종수의 주장이었다.(정조실록 13/11/17)

그러나 정조나 정약용 같은 남인 신료들은 생각이 달랐다. 정약용은 우선 "옛적 성왕들이 몸소 친히 서무(庶務)를 부지런히 하지 않

적 행위자이자 공론의 수렴자로서 붕당의 역할을 중시하는 정치적 입장을 말한다. 이 경우 국왕은 '정치가'라기보다 도덕적 모범자 또는 '성군'으로 규정된다. 이에 비해 정조나 정약용은 국왕을 정치의 핵심적 주체이자 적극적인 '성왕'으로 본다. 성학론과 성왕론에 대한 자세한 논의는 다음을 참고하라. 박현모, 「정조의 성왕론과 경장 정책에 관한 연구」(서울대학교 박사 학위 논문, 1999).

고" "현명한 사람을 임용하고 유능한 사람"에게 맡길 수 있었던 것은
바로 사사로움을 버리고 공적인 태도를 견지하는 신하들이 있었기
때문이라고 지적했다.

우와 직이 전지를 다스릴 적에 피부의 털이 닳아 없어졌고, 손발에
굳은살이 박였다. 썰매를 타고 나막신을 끌며, 산을 넘고 구렁을 지
나서 9년 동안이나 밖에 있으며 자신의 집 문 앞을 세 번 지나갔으
나 들어가지 않았다. 그린 다음에 견(畎, 산골짜기)과 회(澮, 시내)를 파
서 큰 하천에 이르게 하고 큰 하천을 파서 사해(四海)에 이르게 하
여 그 일을 끝마쳤다.[3]

그런데 정조 시대에는 우나 직과 같이 사사로움을 버리고 국가
의 일을 끝마치는 공적인 신하를 거의 찾아보기가 어려웠다. 대신
"탐관오리가 부당하게 거두고, 큰 상인과 교활한 장사치들이 이익을
독점하는" 시대였다. 따라서 국왕이 직접 서무를 챙기고 인사를 책임
질 수밖에 없다는 게 정약용의 주장이었다.[4]

정약용은 또한 "재부(財賦)를 더러운 물건이라 해서 감히 입에
올리지 못하게 하는 것은 천하 국가를 경영하는 도리가 아니"라면서,
"상벌을 내리고 재정 운용을 하는 일을 그저 말절일 뿐"이라고 보는

---

3   정약용, 『경세유표』 6권 『지관수제』 「전제」 5.(禹稷之治田也 皮膚生毛 手
　　　足胼胝 乘橇曳梮 蹾山越壑 九年在外 三過其門 而不得入 然後能濬畎澮距川 濬
　　　川距四海 以畢其功.)
4   정약용, 『경세유표』 11권 『지관수제』 「부공제」 5.

싱학론자들의 주장을 논박하였나. "하나의 절소만 알고 융통성 없는 선비(一節之士)가 재부 거론을 부끄럽게 여김도 오히려 부당한데, 하물며 만승의 나라 임금(萬乘之君)과 삼공육경의 신하(三事之臣)의 청렴하고 소루함(淸疏)이 이와 같아서야 어찌 나라를 다스리겠는가?"라는 주장이었다.[5]

정약용은 이러한 '오해'가 국왕, 특히 성왕에 대한 잘못된 인식에서 비롯된다고 보았다. "지금 사람들은 명색은 성인을 사모한다 하나 실상은 성인이 어떤 사람인지도 모른다. 마음속으로 생각하기를 '성인은 순박하여 팔짱을 끼고 묵묵히 이해 따위엔 관심이 없다. 그 도는 바름만 지켜서 시의(時宜)에 맞지 않고 그 마음은 광대하므로 때에 따라 오활함이 있다.'라고 한다." 그러나 "성인을 이와 같이 (잘못) 아는 까닭에" "일을 당해서 제도를 의논"하거나 "조금이라도 경장하려는 것이 있으면 삼사(三司)의 뭇 신하가 반드시 입을 다투어 논쟁하고 발언이 뜰에 가득하며 의견이 분분하여 경장을 좌절시킨다고 말했다.[6]

세속에 당우(唐虞) 시대의 다스림을 말하는 자는 "요와 순은 모두 팔짱을 끼고 공손한 모습으로 고요하게 아무 말도 하지 않았으며, 그들이 띠 지붕 밑에 앉아 있어도 그 덕화가 젖어 듦은 마치 향기로운 바람이 사람을 감싸는 것 같았다." 한다. (······) 천하에 요순(堯

---

5   정약용, 『경세유표』 7권 『지관수제』 「전제」 9.
6   같은 글.

舜)보다 부지런한 사람이 없었건만 하는 일이 없었다고 속이고, 천하에 요순보다 정밀한 사람이 없었건만 엉성하고 오활하다고 속인다. 그리하여 임금이 매양 큰 사업을 해 보려고 하면 반드시 요순을 생각하게 해 스스로 단념하도록 하니(使人主每欲有爲 必憶堯舜以自沮) 이런 이유로 천하가 날로 부패해져서 능히 새로워지지 못하는 것이다.[7]

정약용에 따르면 훌륭한 국왕이란 부지런하고 주밀한(勤密) 정치가이다. 삼대의 지극한 정치(至治)를 이룩한 요순의 경우도 "흥작(興作)하기에 분발하여 천하 사람을 바쁘고 시끄럽게 노역(勞役)시켰을 뿐 아니라 "정밀하고 엄혹하여 천하 사람들로 하여금 공손하게 움츠리고 두려워 떨게(悚懼) 하여 일찍이 털끝만큼도 감히 거짓을 꾸미지 못하도록 한" 강력한 정치가였다. 그럼에도 많은 사람들은 "순임금이 팔짱 끼고 말없이 앉아서 손가락 하나 움직이지 않았어도 천하가 순순히 되어 갔다."라고 거짓 주장(誣)하여, 적극적으로 일을 도모하려는 왕의 의지를 꺾는다는 것이다.[8]

---

7   정약용, 『경세유표』 1권 「방례초본 인」.

8   같은 글. 가령 정조 시대의 성덕조는 다음과 같이 성왕을 '무위의 정치가'로 말했다. "옛날 성왕은 단정히 손을 마주 잡고 옷깃을 드리우고, 가만히 앉아 있어서 아무것도 하지 않는 것 같았지만 모든 법도가 궤범에 맞고 모든 것이 저절로 응하게 되었습니다. 이것은 다름이 아니라 (임금이) 고요하면서도 허령한 마음을 따라 확연히 공평하고 정중하며 지극히 정당하게 하며 결연히 무사한 쪽으로 행하였기 때문"이며 "총찰을 너

정조는 정약용을 비롯한 남인 계통 사대부들의 성왕론을 적극 수용했다. 예컨대 1791년(정조 15년)에 좌의정 채제공은 『시경』 「기욱(淇澳)」의 "슬혜한혜(瑟兮僩兮)"라는 대목을 인용하면서 다음과 같이 국왕의 주도적 역할을 요청했다.

이 대목을 주자께서 해석하시기를 "슬(瑟)은 엄밀한 모양이고 한(僩)은 강인한 모양"이라 하였습니다. 삼가 보건대 성상께서 모든 정사에 관한 명령을 내리시고 조처하시는 데 있어서 부족한 것은 강인한 점입니다. 강인한 점이 부족하기 때문에 왕자(王者)의 기강이 나날이 가벼워지는 걱정이 있으며 나라의 정사가 위축되는 조짐이 많은 것입니다. 이러고서야 어찌 가히 "혁혁하고 성대하여 끝내 잊을 수 없다."라는 성과를 바랄 수 있겠습니까.

정조실록 15/10/9

이에 대해 정조는 "경의 말은 정문일침(頂門一鍼)이라 할 만하다. 대체로 당면한 현상이 이와 같은 것은 왕자의 기강이 바로잡히지 못한 데서 말미암은 것"(정조실록 15/10/9)이라며 적극적으로 수용했다.

탕평의 두 가지 의미

정조는 국왕을 중심으로 정치가 운영되는 것이 '변칙'이 아니라 요순 임금 때부터 내려온 '원칙'이라는 점을 설득하기 위해 '탕평'이라

무 상세히 하지 말라."(정조실록 1/1/29)

는 용어를 사용하곤 했다. 그에게 탕평이란 두 가지 의미로 사용되었다. 그 하나는 정치적 비전으로서 온 신민이 대통합된 상태였다. 이러한 탕평의 의미는 즉위년 9월의 이른바 탕평 윤음에 잘 나타나 있다.

> 아! 탕평이란 곧 편당(偏黨)을 버리고 상대와 나를 구분 짓지 않는다는 뜻이다(蕩平卽祛偏黨 無物我之名). (……) 위에서 보면 균등한 한 집안의 사람들(一室之人)이고 다 같은 동포이다. 잘한 이에게 상 주고 죄지은 자에게 벌 주는 것에 어찌 좋아하고 미워하는 구별이 있겠는가. (……) 지금 이후로 무릇 나를 섬기는 조정 신하는 노론이나 소론 할 것 없이 모두 대도(大道)에 나오도록 하라. (……) 오직 그 사람을 보아 어진 이를 등용하고 불초한 사람을 버릴 것이다.
>
> 정조실록 즉위년/9/22

자신의 "치도의 요체(治道之要)"라면서 밝힌 이 윤음에서 정조는 첫째, 탕평의 의미를 "편당"을 제거하는 것이며, 남과 나를 구분 짓지 않는 것(無物我)이라고 말했다. 노론이니 소론이니 남인이니 하며 편당하여 싸우는 정치를 벗어나 다 같은 집안사람, 하나의 동포로 더불어 살아가는 세상을 탕평이라고 본 것이다. 그리고 이를 위해 국왕인 자신이 갈등이나 분쟁이 발생했을 때 어느 쪽도 편들지 않고 공평하게 상벌을 주어 다스리겠다고 약속했다.

둘째, 정조는 이 윤음에서 "오직 그 사람을 보아 어진 이를 등용하고 불초한 사람을 버릴 것(用賢而捨不肖)"이라며 앞으로 자신의 인사가 탕평의 원칙에 따라 이루어질 것임을 분명히 했다. 이는 국왕이 인사 문제에 적극적으로 개입하여 문벌이나 당파가 아닌 능력에 따라 인재를 중용하겠다는 의지의 표현이었다. 노론·소론으로 분열된 지금까지의 정치를 지양하고 국왕을 중심으로 대동단결된 정치(大道)를 펼쳐 가겠다는 말이기도 했다. 한마디로 분열과 대결의 정치를 종식하고 임금을 중심으로 "궁궐 안팎이 일체가 되어" 인재들로 하여금 서로 "협력하고 효과를 거두게 하는" 정치를 해 보자는 것이 윤음의 요지였다.

의리의 탕평: 대국의 통치 방식

대동단결된 정치를 위해 정조는 어떤 조치를 취했을까?

첫째, 정조는 대립하는 붕당들에게 상과 벌을 병용하는 대국(對局)의 통치 방식을 펼쳤다. 그는 자신의 탕평책을 숙종의 환국(換局) 방식과 비교해 설명하면서 이열치열의 통치 방식으로 불렀다. 이열치열의 통치 방식이란 한 당파에서 반역자가 나오면 그를 반대 당파의 반역자와 대비해 다스리고, 한 당파에서 충신이 나오면 반드시 반대 당파의 충신과 대비해 표창하는 대국의 통치 방식을 뜻한다.

이에 반대되는 것이 '이수치열'의 방식이다. 이는 한 당파의 반역을 다른 당파의 충성과 연계해 반역자가 나온 당파를 모두 제거하는 물갈이식 통치 방식이다. 숙종이 자주 사용한 '환국의 정치'가 그 예이다. 1784년(정조 8년)에 정조는 숙종의 통치 방식에 대해 이렇게 말했다.

일찍이 숙종조에 당파의 습성이 점점 고질화되어 수습할 수 없는 지경이 되었다. 이 때문에 성상의 뜻에 따라 혹은 이쪽이 저쪽보다 낫다고 생각되면 오로지 이쪽만을 등용하였고, 혹은 저쪽이 이쪽보다 낫다고 생각되면 다시 저쪽만을 등용하였다. (이 때문에) 우리 선왕조(영조 시대) 초기에는 싸움만을 서로 일삼고, 엉켜 붙은 감정을 풀기 어려웠다. 선대왕이 보존하고 감화시키는 교화로써 탕평책의 정사를 행하여 후손들을 위한 좋은 계책을 나에게 남겨 주었다.

정조실록 8/12/8

다시 말해 "당파의 습성"을 깨뜨리기 위해 숙종이 "오로지 이쪽만을 등용하거나 다시 저쪽만을 등용"하는 환국의 정치를 실시하였으나 이것이 오히려 붕당 간의 격렬한 싸움을 촉발하고 대립하는 가문끼리의 감정을 엉켜 붙게 하여 사태를 더욱 악화시켰다는 것이다.

왕위에 오른 정조는 독특한 이열치열식의 대국적(對局的) 정치를 추진했다. 즉위한 직후에 정순왕후의 동생 김귀주가 이끄는 '남당(南黨, 공홍파)'과 혜경궁의 숙부 홍인한이 이끄는 '북당(北黨, 부홍파)', 다시 말해 대립하던 두 외척 세력을 대역 부도죄와 관련해 한꺼번에 제거한 것이나 집권 중반기에 노론이 천주교(邪學)와 관련된 남인계를 공격하자 이른바 문체반정을 통해 노론계 신하들의 학문 풍조를 속학(俗學)이라며 동시에 견제한 것이 그 예이다. 그뿐 아니라 정조는 문체반정에서 노론의 정통 주자 성리학과 남인의 원시 유학의 장점을 동시에 수용해 바른 학문(正學)의 내용으로 삼았는데, 이 조치 역시 이열치열식 탕평책의 일환이었다.

정조의 이 같은 이열치열의 탕평책은 옳고 그름(是非)의 관점에서 정치를 보는 것에서 벗어나 우열론의 관점에서 정치를 이해하는 것이다. 이러한 관점의 전환은 당쟁이 격화됨에 따라 후유증이 심각하던 숙종 말기 박세채 등의 논의에서 비롯되었으며, 선조 시대 이이의 붕당 절충론까지 거슬러 올라간다.

박세채에 따르면 정치와 정책의 판단에서 중요한 것은 "누가 옳고 누가 그른가?"라는 시비론(是非論)이 아니라 "누구의 의견이 보다 우수한가?" 하는 우열론(優劣論)이다. 즉 "당세의 인재를 통해 당대의 문제를 해결할 수밖에 없는 것"이 정치의 역사적 조건이라면 국왕이 할 수 있는 최선이란 보다 우수한 인재를 선발해 그들의 의견을 채택하는 것밖에 없지 않느냐는 것이었다. 말하자면 이열치열의 탕평책은 이이의 절충론과 박세채의 우열론을 계승한 것으로, 이념적 대립 구도로 경직되어 있던 정국에서 벗어나려는 노력의 일환이었다.

그러나 정조 시대의 노론 신하들은 대부분 국왕의 탕평책을 반대하거나 외면하는 태도를 보였다.(정조실록 11/4/11) 그들은 국왕의 탕평책이 정치 원칙의 옳고 그름의 문제를 흐리게 할 뿐 아니라 관직을 붕당별로 비례하여 배분함에 따라 무능한 자들이 자리를 차지하고 있다고 비판했다.(정조실록 14/3/28) 예컨대 김종수는 "군자이면서도 결함이 있는 자가 많고, 소인이면서도 재주가 있는 사람도 많습니다. 결함이 있다는 이유로 군자를 버리고 재주가 있다는 이유로 소인을 등용하면, 이것은 현사(賢邪)가 도치(倒置)되고 국가가 난망(亂亡)하게 되는 원인이 되는 것"이라고 말했다. 실용적 측면에서 다소 문제가 있더라도 군자만을 등용해야 한다는 것이 그의 주장이었다.(정조실록 13/11/17) 그러나 정조는 일관된 국정 운영과 탕평의 인사 정책으로 노론의 그런 저항을 극복했다. 정약용 등 남인과 이만수 등 소론 그리고 박제가나 김홍도 같은 중인 계층의 중용은 그러한 정책의 성과였다.

둘째, 대립된 정국을 풀어 나갈 중재자를 적극적으로 활용했다. 정조는 중재자 활용을 '군신좌사(君臣佐使)'라는 의학 용어로 표현하곤 했다. 군신좌사의 탕평책이란 매우 정교한 인사 정책으로서 국왕의 개혁 정책을 지지하는 세력(君)과 반대하는 세력(佐)을 맞서게 하되 두 정치 세력을 매개하고 조화시킬 수 있는 제3의 세력(使)을 함께 등장시켜 서로 조화를 이루고 각기 장점을 발휘할 수 있게 하는 방식을 가리킨다. 여기에서 중요한 것은 대립하는 두 세력을 중재하는(應臣) 제3 세력의 역할이다. 예컨대 국왕의 탕평책을 거절하는 세력과 지지하는 세력 사이를 오가며 한자리에 모이게 하되 서로의 장점을 중간에서 이해시키고 타협하게 하는 역할이 그것이다.

정조는 오랜 당쟁으로 인재의 소통이 이루어지지 않아 사대부의 원기(士氣)가 크게 침체된 것을 당시의 심각한 병통으로 간주하고 군신좌사의 탕평책으로 이를 치료하려 했다. 그동안 소외되었던 남인의 채제공 같은 인물을 요직에 앉혀 새로운 인재들을 등용케 하되 이에 반대하는 노론의 신하들에 대해서는 소론의 온건한 인물로 하여금 중재하도록 한 것이다. 이를 정조는 대승기탕(大承氣湯)의 처방이라고 불렀다.

대체로 고질병에는 다소의 부작용이 있더라도 (독한 약을 복용하지 않으면) 효험을 기대하기 어렵다. 더구나 지금의 풍속을 통해 지금의 폐단을 구원하려면 어찌 대승기탕에 좌사(佐使)의 두 맛을 가미하지 않을 수 있겠는가.

정조실록 17/4/22

여기에서 '고질병'은 오랜 당쟁과 대립으로 막힌 정국을 뜻하며, '독한 약'은 반발을 무릅쓰고라도("다소의 부작용") 국가 정책을 적극 지지하는 인사들을 등용하겠다는 왕의 의지를 보여 준다. 또한 '좌사'는 이들 사이를 촉진·매개할 수 있는 세력을 가리킨다.[9]

정조는 집권 초반기에 노론의 강력한 반대에도 소론 시파의 서명선(君)과 노론의 정존겸(佐)을 맞서게 하는 한편 탕평당 계열의 김상철과 남인 채제공을 중재 세력(使)으로 이용하였다.(정조 1년 5월) 집권 중반기에도 남인의 채제공(君)과 노론의 김종수(佐)를 맞서게 하는 한편 이성원, 이재협 등 소론 세력(使)을 이용해 중재케 하였는데(정조 13년 9월), 이 같은 인사 배치는 군신좌사 탕평책의 관점에서 이해할 수 있다. 특히 그는 1788년(정조 12년)에 소론의 이성원을 특별히 "후보 명단에 추가해(加卜)" 좌의정에 임명하고(2월 8일) 다시 사흘 뒤에는 남인의 채제공을 우의정에 "친필로 임명"하여(2월 11일) 노론의 김치인(영의정)을 보좌·견제(佐)하도록 했다. 채제공에 대한 노론과 소론 신하들의 집요한 반발을 물리친 정조는 스스로 이 군신좌사의 구도에 만족(得意)하기도 했다. 즉 "당목(黨目)이 있은 이래로 오늘과 같은

---

9   군약(君藥)으로 대황을, 신약(臣藥)으로 지실(탱자)을 쓰되 사약(使藥)으로 도라지를 넣는 방식을 그 예로 들 수 있다.

삼정승(三相)의 구도는 처음 있는 일일 듯하다."라면서(정조실록 12/2/29) "선조(先朝)에서도 일찍이 없었던"(정조실록 12/2/19) "보합(保合)의 정치"를 이룬 것에 대해 "스스로 자부"했다.

국왕 지지 세력과 반대 세력을 맞서게 하되 두 정치 세력을 매개하고 조화시킬 수 있는 제3의 세력(使)을 적극 활용하는 이른바 군신좌사의 탕평책은 실제적인 효과를 거두기도 했다. 그의 재위 기간에 이뤄진 낭청권의 혁파(정조 13년 12월)나 금난전권 혁파(정조 15년 1월)와 같은 각종 개혁 정책이 그 예이다. 남인 채제공이 발의(發議)하면 노론의 신하들이 비판·견제하고 소론의 신하들이 중립적 입장에서 중재하려고 노력하는 가운데 국왕이 힘의 팽팽한 균형 속에서 개혁 지지 세력의 손을 들어 주는 방식을 취했던 것이다.

이상에서 살펴본 바와 같이 정조는 탕평 정치라는 정치적 이상을 위해 붕당의 존재를 전면 부정하거나 국왕 자신이 전면에 나서는 극단적 방식을 채택하지 않았다. 대신 그는 붕당의 잘잘못을 가려내고(이열치열) 각 붕당 안에서 유능한 인재를 발탁하여 그들끼리 견제하고 중재하도록 하여(군신좌사) 정국을 균형 있게 이끌어 나갔다.

정조의 인재론과 인재 쓰기

정조의 여러 이야기 중에서 재미있고 유익한 것은 인재 쓰기 사례이다. 정약용, 박제가, 백동수, 박지원, 조심태 등 다양한 인재들의 이야기를 듣는 것은 소설보다 흥미롭고 배울 점이 많다. 그들은 앞에서 살펴본 것처럼 서울과 경기 지역에 거주하면서 한강과 임진강의 수로를 이용해 만나고 대화하면서 그 시대를 문예 부흥기로 만들었다. 무엇보다 정조 시대의 규장각이라는 연결점(nexus)을 매개로 다종다양한 인재들의 생각과 정책 아이디어가 수렴되고 확산되었다.

세종은 "인재란 천하 어느 나라를 막론하고 가장 귀중한 보배"라고 말했다. 인재를 들어 쓰고 싶지 않은 리더란 없다는 말이다. 인재를 적재적소에 배치하기만 한다면 국가나 기업이 안고 있는 대부분의 문제가 해결되기 때문이다. 재능 있는 사람들은 누가 시키지 않아도 자기 재주를 발휘하지 못해서 안달이다. 따라서 그들을 제자리에만 데려다 놓기만 하면 그들은 어떻게든 능력을 발휘하려고 애쓴다. 그것이 인재의 본질이다. 조직은 저절로 발전하고 그 정점에 있는 지도자는 설령 원하지 않더라도 자기 이름이 빛나고 역사에 남는 업적을 남긴다. 인재를 찾아 적재적소에 두는 것은 예나 지금이나 조직 운영의 단순하면서도 변치 않는 기본 원리이다.

그러면 정조 시대의 인재 쓰기의 장애물은 무엇이었고 정조는 그것을 어떻게 극복했을까?

정조의 인재 쓰기 장애물과 극복

첫째, 정치 세력 간의 극심한 균열과 집권 노론의 독선적 '군자 당론'이다. 정조 시대 인재 쓰기의 가장 어려운 장애물은 붕당들의 대결 구도였다. 당동벌이(黨同伐異), 즉 우리 편이면 무조건 감싸고 다른 편이면 무조건 배척하는 분위기가 팽배한 시대였다. 이런 분위기에서 인재를 가려 쓰기란 쉽지 않다. 진짜 인재를 발탁해 쓰기가 매우 어려워진다. 그 사람의 능력보다는 어느 편에 속하느냐로 평가하기 때문이다. 정조는 노론의 이른바 군자당과 소인당이라는 이분법적 정치관이 인재 등용을 가로막는다고 보았다. 노론의 핵심 인물인 김종수의 경우 "작은 흠 있는 군자를 버리고 재주 있는 소인을 등용하면 어짊과 삿됨이 뒤집어지고 나아가 국가가 망하게 될 것"이라고 주장했다.

이처럼 노론은 자기 당만이 군자당이고 다른 당은 모두 소인당이리라 배척했다. 이런 군자당론은 사실 그보다 훨씬 전 송시열에 의해 주장되었다. 송시열은 붕당을 비판하는 사람들에 대해 다음과 같이 말했다. "모름지기 군자와 소인을 분별할 수 있어야 한다. 모든 일에는 옳고 그름의 나뉨이 있으니 한쪽이 옳으면 다른 한쪽은 그르게 마련이다. 옳은 것은 천리(天理)이고 그른 것은 인욕(人慾)이다. 따라서 옳은 것을 지켜서 잃지 말 것이며, 그른 것은 남김없이 제거해 버리는 것이 한 몸을 다스리는 방법이다."[10] 군자의 당, 즉 천리를 지키고 있는 노론이라는 군자당은 없애려 해서는 안 된다는 얘기였다.

노론 신하들은 영조와 정조에 의해 초당적으로 인재가 등용되자 역차별론을 주장했다. 조금 흠이 있더라도 군자의 당인 노론과 함께 국정을 이끌어 가야 하는데 그 흠을 보고 군자를 버리고 재주 있는 소인을 등용해서 나라가 망하게 생겼다는 것이다. 한마디로 군자당인 노론 쪽 사람이 차지해야 할 자리를 탕평책 때문에 소인당인 다른 붕당 사람들이 빼앗아 차지하고 있다는 불만이었다.

---

10   송시열, 『송자대전 부록』 18권 『어록』 5 「최신의 기록」 하.

이런 비판과 불만에 정조는 어떻게 대응했을까? 정조는 즉위한 직후에 소론 쪽 인사들을 모두 궁궐에 불러들인 다음 "탕평이 한 가지 일은 선대왕께서 고심하여 왔던 본의"라고 말했다. 그런데도 아래의 신하들이 어떻게든 자기 당에 불리한 결정이나 인사 조치가 내려지지 않도록 막는 데만 급급해서 탕평이라는 좋은 취지를 망쳤다고 지적했다. 그 때문에 세간에는 "탕평의 당이 옛날 당보다 못하다."라는 말이 나돌았다고 한다. 그런데 정조가 보기에 "대저 노론이 붙잡은 바가 곧 충성이라고 하지만 노론 가운데도 역적이 있었다." 따라서 "노론은 모두가 충신이고 소론은 모두가 역론(逆論)을 한다."라고 주장할 수 없다고 말했다. 무슨 당은 충성스러운 군자의 당이고 다른 당은 역적 논의를 하는 소인당이라고 딱 잘라서 말할 수 없다는 것이다. 그보다 중요한 기준은 "나라에 충성하는가?"라는 게 정조의 생각이었다. 자기 당파에 충성할 게 아니라 국가라는 전체의 목적에 헌신하고 부지런한 사람이야말로 진짜 군자라는 것이다.

이렇게 정조는 노론의 독선적인 군자당론을 부정했다. 그리고 새로운 인재 쓰기의 기준을 천명했다.

지금 이후로 무릇 나를 섬기는 조정 신하는 노론이나 소론 할 것 없이 모두 대도(大道)에 나오도록 하라. 어제 밝게 깨우쳐 준(洞諭) 천만 가지 단서를 경 등은 모두 알아들었을 것이다. 그런데 오늘 다시 변론하여 마지않는 것은 진실로 국가 흥망의 기회가 이 한 가지 일에 달려 있기 때문이다. 요즈음은 또한 그 힘을 쓰면 효과를 드러내기가 전보다는 한결 쉽다. 이제부터는 내가 마땅히 인재를 쓰

고 버림(用捨)에 있어서 '노소(老少)' 두 글자를 먼저 마음속에 두지
않으려 한다. 오직 그 사람을 보아서 어진 이를 등용하고 불초한 사
람은 버릴 것이다.

정조실록 즉위년/9/22

정조는 한마디로 노론이냐 소론이냐 또는 남인이냐가 아니고
그 사람의 능력을 보고 등용하겠다는 인재 등용 원칙을 선언하였다.
이것은 얼핏 보면 당연한 이야기 같지만 결코 쉬운 일이 아니다. 그
러면 능력이란 무엇을 말하는 것일까? 그리고 리더는 어떤 관점에서
그 능력을 살펴야 할까?

둘째, 획일적 인재관과 그것을 넘어서는 정조의 개성을 살리는
인재 쓰기이다. "나라 다스리는 제일 급선무는 인재를 배양하는 것
보다 앞선 것이 없다(治國之策第一急務 莫有先於培養人材)."라고 본 정조는
인재 양성에 각별한 노력을 기울였다.[11] 인재 양성의 핵심은 그들의
개성을 살리는 데 있었다. 예를 들어 1792년(정조 16년) 11월에 이동
직이라는 신하는 당시 성균관 대사성에 임명된 남인의 이가환에 대
해 "단지 문장 한 가지만 보고 발탁했다."라고 비판했다. "재예(才藝)
만 가지고 벼슬을 주어서는 안 된다."라는 게 그의 주장이었다. 이에
대해 정조는 "우리나라가 비록 작으나 많은 백성이 팔역(八域)에 살고
있다. 그들을 다스리는 방법은 하늘을 나는 것들은 나는 것대로 물
속에 잠겨 사는 것들은 잠겨 사는 대로 그들의 본성을 거스르지 않

---

11   정조, 『홍재전서』 169권 『일득록』 9 「정사」.

게 하는 것에 불과하다. 다시 말해 모난 것은 모난 대로 둥근 것은 둥근 대로 기량에 따라 쓰면 그뿐"이라면서 문장 한 가지라도 그 장점을 살려 쓰는 인재 활용이 중요하다고 말했다.(정조실록 16/11/6)

당시 대다수 신하들은 사서에 나타난 주자 성리학을 배워 과거 시험에 합격하는 것을 최고로 쳤다. 그 외의 공부는 이단시됐다. 그 결과 이가환처럼 오랫동안 소외된 인사들의 말하기와 글쓰기에 대해서 "비분강개한 소리"와 "괴벽한 문장"이라며 이단으로 배격했다. 하지만 정조는 "그의 주위가 외로우면 외로울수록 말은 더욱 편파적이 되었을 것이고 말이 편파적일수록 문장도 더욱 괴벽했을 것"이라면서 이것은 "이가환 스스로가 좋아서 한 것이라기보다 조정이 그를 그렇게 만든 것"이라고 그를 변호했다. 소외된 사람을 보호하되 그의 개성, 다시 말해 특이한 문장을 살리는 방향으로 나간 것이다.

이와 같이 정조는 "형편에 따라 잘 이용하고 본성을 거스르지 않게" 인재를 활용한다는 인재관을 가지고 있었다. 그의 「만천명월주인옹 자서」에는 그런 인재관이 한층 자세하다.

> 만천명월주인옹(萬川明月主人翁)은 말하노라. (……) (나는) 물과 달의 모습을 관찰하면서 태극과 음양오행의 이치를 깨달았다. 달은 하나며 물은 수만이지만 물로써 달을 담으니 앞에 흘러가는 물에도 달이요, 뒤에 흘러오는 물에도 달이다. 달의 수와 냇물(川)의 수가 같으니 냇물의 수가 만 개라면 달의 수도 만 개이다. 이렇게 되는 것은 하늘에 있는 달이 본디 하나이기 때문이다.[12]

이 글은 정조가 말년인 1799년(정조 23년)에 쓴『홍재전서』서문의 한 대목이다. 만천명월주인옹은 정조 스스로 지어 붙인 호이다. 그는 자신을 만천, 다시 말해 만 개의 시냇물과 명월(밝은 달)의 주인이라고 말했다. 아주 오만해 보이기도 하는 표현인데, 이것은 국왕이 나라의 중심이 되어야 한다는 정조의 정치관을 담고 있다. 정조의 또 다른 호인 홍재(弘齋)도 마찬가지이다. 이 호는 '홍우일인재(弘于一人齋)'의 준말인데, 한 사람(一人)으로부터 넓혀 간다는 뜻이다. 여기에서 한 사람이란 당연히 국왕 자신이고, 왕으로부터 점차로 넓혀 가겠다는 것으로, 만천명월주인옹과 맥락을 같이한다.

만천명월주인옹에 대한 정조의 해설은 이어서 계속된다.

내가 많은 사람을 겪어 보았는데 (……) 뜻만 높고 실행이 따르지 않는 자, 생각은 부족하나 고집스럽게 자신의 지조를 지키는 자, 모난 자, 원만한 자, 엄하고 드센 자, 멀리 밖으로만 도는 자, 명예를 좋아하는 자, 실속에만 주력하는 자 등등 그 유형을 나누자면 천 가지 백가지일 것이다. (……)

근래에 와서 다행히도 태극, 음양, 오행의 이치를 깨닫게 되었고 또 사람은 각자 생김새대로 이용해야 한다는 이치도 터득했다. 그리하여 대들보감은 대들보로, 기둥감은 기둥으로, 오리는 오리대로 학은 학대로 살게 하여 그 천태만상을 나는 그에 맞추어 필요한 데 이용만 하는 것이다. 다만 그의 단점은 버리고 장점만 취하며, 선한 점은 드러내고

12   정조,『홍재전서』10권「만천명월주인옹 자서」.

나쁜 짐은 숨겨 주고, 잘한 일은 안착시키고 잘못한 것은 뒷전으로 미루며, 규모가 큰 자는 진출시키고 협소한 자는 포용하고, 재주보다는 뜻을 더 중히 여겨 양단(兩端)을 잡고 거기에서 중(中)을 택했다.[13]

여기에서 정조는 사람들의 개성이 참 다양하다는 사실을 말했다. 뜻만 높고 실행이 따르지 않는 자도 있고, 생각은 부족한데 고집스럽게 지조를 지키는 사람 등등 유형이 천 가지, 백 가지라는 것이다. 그런데 근래에 와서 다행히 자신이 태극, 음양, 오행의 이치를 깨달았다고 했는데, 바로 각자 생김새대로 이용해야 된다는 점이다.

트인 자(通者)를 대할 때는 규모가 크면서도 주밀한 방법을 이용하고, 막힌 자(塞者)는 여유를 두고 너그럽게 대하며, 군센 자(强者)는 유(柔)하게, 유약한 자(柔者)는 강하게 대하고, 바보스러운 자(癡者)는 밝게, 우직한 자(愚者)는 조리 있게 대하며, 소견이 좁은 자는 넓게, 얕은 자(淺者)는 깊게 대한다. 용감한 자(勇者)에게는 방패와 도끼를 쓰고, 겁이 많은 자(怯者)에게는 창과 갑옷을 쓰며, 총명한 자(明者)는 차분하게, 교활한 자는 강직하게 대해야 한다.[14]

그는 이러한 인재 쓰기의 예로 공자를 들었다. 공자의 제자가 3000명이었지만 각자의 물음에 따라 대답을 다르게 했다는 것이다.

---

13   같은 글.
14   같은 글.

따라서 "봄이 만물을 화생하여 제각기 모양을 이루게 하듯이 좋은 말 한마디와 착한 행실 한 가지를 보고" 그 장점을 살려 써야 한다는 게 정조의 생각이었다. 그는 나아가 인재를 가려내고 활용하는 주체로서 왕의 존재를 강조했다.

달이 물속에 있어도 하늘에 있는 달은 그대로 밝다. 그 달이 아래로 비치면서 물 위에 그 빛을 발산할 때 용문(龍門, 사마천의 고향)의 물은 넓고도 빠르고, 안탕(雁宕, 절강성의 수려한 산)의 물은 맑고 여울지며, 염계(廉溪, 주돈이가 은거한 여산의 시내)의 물은 검푸르고, 무이(武夷, 주희가 머물던 복건성 무이산)의 물은 소리 내어 흐른다. (……) 경수는 흐리고, 위수는 맑지만, 달은 각기 그 형태에 따라 비춰 줄 뿐이다. 물이 흐르면 달도 함께 흐르고, 물이 멎으면 달도 함께 멎고, 물이 거슬러 올라가면 달도 함께 거슬러 올라가고, 물이 소용돌이치면 달도 소용돌이친다. 그러나 그 물의 원뿌리는 달의 정기(精氣)이다. 거기에서 나는, 물이 세상 사람들이라면 달이 비춰 그 상태를 나타내는 것은 사람들 각자의 얼굴이고 달은 태극인데, 그 태극은 바로 나라는 것을 알고 있다. 이것이 바로 옛사람이 만천의 밝은 달에 태극의 신비한 작용을 비유하여 말한 그 뜻이 아니겠는가. 그리고 나는, 저 달이 틈만 있으면 반드시 비춰 준다고 해서 그것으로 태극의 테두리를 어림잡아 보려고 하는 자가 혹시 있다면, 그 일은 물속에 들어가서 달을 잡아 보려는 것과 다를 바 없는 아무 소용 없는 짓임도 알고 있다.[15]

여기에서 정조는 인재 쓰기의 주체는 엄연히 국왕 자신이고 신하들이나 붕당에서 그것을 넘보는 것은 물속에 들어가서 달을 잡아 보려는 것처럼 주제넘은 짓이라고 경고했다.

흥미로운 것은 정조가 자주 사용하는 달빛의 메타포이다. 그는 하나의 달과 수만의 시냇물이라는 비유를 들곤 하는데, 이러한 비유는 세종에게서도 발견된다. 세종의 유명한 『월인천강지곡(月印千江之曲)』이 그것이다. 하나의 달과 천 개의 강, 달과 강은 이상적인 한국형 리더십의 비유라고 할 수 있다. 서양에서는 루이 14세의 경우처럼 황제를 종종 태양에 비유하곤 한다. 태양은 위에서 모든 사물을 투사하여 그림자를 거의 만들지 않는다.(그림자는 중앙 통제력이 미치지 않는 영역을 의미한다.) 그리고 압도적인 태양 빛으로 인해 일반 사람들은 해를 직접 바라볼 수 없다.

햇빛이 사물로 뻗어 나가는 것에서 보듯 태양은 강한 원심력의 상징이다. 반면 달빛은 부드러운 흡입력을 가지고 있다. 달은 어두운 밤 많은 이들의 시선을 수렴하는 구심점이다. 사람들은 구름에 가리지 않은 달을 직접 보고 싶어 한다. 직접성이야말로 달빛 메타포의 요체인 것이다. 실제로 정조는 달과 시내 사이에 끼어 있는 구름에 임금과 백성 사이의 간신배 내지 탐관오리를 비유하곤 했다. 정약용도 『경세유표』에서 백성들에게 선정을 베풀려는 왕의 밝은 뜻을 탐관오리들이 중간에서 가로막고 왜곡하는 탐관오리를 제거해야 한다고 말했다.

---

15   같은 글.

어쨌든 정조는 인재의 개성에 맞는 활용을 강조했다. 대들보는 대들보대로, 기둥은 기둥대로, 오리는 오리대로, 학은 학대로 살게 해서 그 천태만상을 그에 맞춰 필요한 데만 이용하면 된다는 것이다. 그것을 뜯어고치려 하지 않고 장점들을 살려야 하는데, 다만 그것을 판단하는 주체는 당파적이거나 치우치지 않은 국왕 자신이어야 한다는 것을 달에 비추어 강조했다. 정조는 이런 인재 쓰기를 '물을 보는 방법(觀水之法)'에 비유하기도 했다. 그는 물을 볼 때는 찰랑이는 부분들을 잘 봐야 한다고 했다. 매우 시적인 표현이다. 물을 볼 때 잔잔한 곳이 아니라 찰랑거리고 여울지는 곳(其瀾)을 보듯이 사람들의 개성을 관찰해야 한다는 게 정조의 인재 관찰법이었다.(정조실록 즉위년/10/13)

그런데 이런 개성을 살리는 인재 쓰기가 현실에서는 대단히 어렵다. 최고 경영자들이 직원들에게 당신의 개성이 뭐고 장점이 뭐냐고 묻거나 낮은 자세로 자세히 살피는 경우는 많지 않다. 설사 파악했더라도 개성과 장점을 살려 인재를 쓰는 일은 거의 없다. 대부분 획일적인 기준에 입각해 당장 써먹을 수 있는 재주가 무엇인지 파악해서 조직의 필요에 따라 쓰려고 한다. 생김새에 따라 오리는 오리대로 학은 학대로 활용하는 경우는 거의 없다. 그런데 그런 획일적인 인재 쓰기는 장기적으로 조직을 건강하게 만드는 데는 별로 도움이 되지 않는다. 정조가 말하는 대들보나 기둥감을 만들지 못하는 것이다.

셋째, 정적들의 공격을 막아 내 큰 인물로 키우려는 국왕의 인재 보호책이다. 정조는 당시 언관들의 기계적 탄핵으로부터 인재를 보호하려고 애썼다. 1791년(정조 15년)에 경연을 하면서 정조는 "너는 기

등과 큰 배에 쓰이는 재목을 보지 못했느냐. 그 재목은 교목(喬木, 큰 나무)이 아니면 쓰기에 적당하지 않기 때문에 옛사람이 교목을 세신(世臣, 대대로 충성을 바치는 신하)에 견주었다. 백 년을 잘 보살펴 기른다 하더라도 오히려 알맞은 재목을 찾아내지 못할까 걱정이다. 이 때문에 기르는 방법이 혹시 서툴지나 않은지, 도끼를 가진 자들이 날마다 침범하지는 않는지 전전긍긍하며 차라리 지나치게 감싸 주는 결함이 있을지언정 잘려 나가고 휘어지는 손상을 끼치고 싶지 않다."라고 말했다.(정조실록 15/2/18)

정조는 가문 대대로 내려오면서 충성을 바치는 신하(세신)들이 격심한 당쟁 속에서 많은 상처를 입었다고 보고, 그들을 잘 보호하는 것이 국왕의 임무라고 말했다. 그는 기둥과 큰 배에 쓰이는 교목이 아니면 쓸 수 없기 때문에 옛사람이 교목을 세신에 비유했다고 강조했다. "백 년을 잘 보살펴 기른다 하더라도 알맞은 재목을 찾기 어려운데 도끼를 가진 자들이 날마다 침범하지는 않는지 이것을 내가 잘 보호해야 된다."라는 것이 정조의 생각이었다.

'교목세신'은 맹자와 제선왕의 대화에 나오는 말이다. 맹자가 제선왕에게 "이 나라에는 누대로 내려오는 훈구 신하가 없고, 왕 곁에는 친한 신하 친신(親臣)이 없습니다."라고 말했다. 왕이 처음에 등용한 사람들이 왕의 곁을 하나둘 떠나고 있지 않느냐는 것이 맹자의 지적이었다. 그러자 제선왕이 "그들이 무능해서 떠나는 것을 내가 일부러 어떻게 하라는 얘기냐?"라고 반문했다. 이에 맹자는 "그러니 처음 임용할 때 신중을 기해서 임용하고 내칠 때는 신중에 신중을 기해야 하는 것 아니겠습니까?"라고 비판했다. 신중히 임용해서 훈구 신하 내지 세신으로 성장시켜야 한다는 것이 맹자의 주장이었다.

국가의 핵심 인재가 최고 권력자의 곁을 떠날 경우 조직을 안정적으로 운영하거나 국책 사업을 효과적으로 추진하는 일이 어려워진다. 오늘날 대통령 선거나 국회 의원 선거 이후 내부 분열로 인해 집권당이 나뉘면서 핵심 인재들이 대립하는 경우가 그 예이다. 정권 초기에는 핵심적 일을 하던 사람들이 후기에는 다들 돌아서서 함께하던 사람들을 비난하는 것도 마찬가지이다. 친신 내지 세신을 어떻게 키우고 제 역할을 하게 할 것인가가 예나 지금이나 리더의 큰 숙제이다.

정조의 인재 쓰기 사례

그러면 정조는 구체적으로 어떻게 인재를 대했으며, 실제로 그가 키워서 활용한 인재는 누구였을까?

무신 이주국의 경우: 위협과 회유로 국왕 지지 세력화

『정조실록』에는 다양한 인재들의 이야기가 나온다. 그중에서 1791년(정조 15년) 6월에 기록된 정조의 다음 말이 인상적이다.

임금의 큰 정사로는 인재를 등용하고 그 인재를 신임하는 것보다 앞서는 것이 없다(人君之大政 莫先於用人任人). 신임하고 등용하는 방도에 있어서는 장수와 재상에 관한 것이 더욱 중요하다. "의심스러우면 맡기지 말고 맡겼으면 의심하지 말라(疑之勿任 任之勿疑)."라는 것은 옛사람의 격언이나. 마음에 들지 않는 자가 있을 때 숨기고 참는 것이 옳겠는가, 밖으로 드러내 보이는 것이 옳겠는가.

정조실록 15/6/5

여기에서 정조는 국왕의 가장 중요한 일이 인재 등용, 특히 재상과 장군의 신임이라고 말했다. 그리고 "의지물임 임지물의(疑之勿任 任之勿疑)"라는 고금동서 최고의 인재 등용 원칙을 강조한다. 여기에서 주목을 요하는 것은 "마음에 들지 않는 자"라는 말이다. 누구를 말하는 것일까? 바로 이주국이었다.

이주국은 1740년(영조 16년)에 무과에 급제해 이듬해 선전관에 임명된 뒤 훈련원 주부와 판관 등을 지냈다. 1754년 충청도 수군절제사, 이듬해 경상우도 병마절도사, 1759년 함경북도 절도사가 되었다. 한마디로 그는 영조 시대부터 무관의 요직을 두루 거친 인물이다. 하지만 그는 정조 즉위년인 1776년 영조의 장례식 때 상여 끄는 일 등을 책임지는 여사대장(輿士大將)이 되었으나 여사군이 소란을 피워 기율을 바로잡지 못한 죄로 파직되었다. 그는 다시 총융사에 보직되었다가 군량미를 비축하지 못한 죄로 파직되었다. 관리 능력이 뛰어난 장군은 아니었던 것이다. 결정적으로 그는 사도세자의 죽음에 깊숙이 연루된 구선복과 가까운 친척(종형제)이었다.

그럼에도 정조는 1791년(정조 15년)에 그를 수원과 광주(廣州) 등 경기도 지역의 군사력을 책임지는 총융사에 임명했다. "이 사람의 처지가 어떠한가. (……) 바야흐로 역적 구선복이 붙잡힌 초기에 세상 사람들 어느 누가 총융사를 의심하지 않았겠는가마는 나만은 그들

종형제 간에 평소 알력이 있었다는 것을 생각하였기 때문에 특별히 총융사에 임명하였다."라는 것이 임명의 변(辭)이었다.(정조실록 15/6/5)

정조의 말처럼 1786년(정조 10년) 상계군 사건 때 신하들은 "역적 구선복의 종형제"인 이주국을 함께 처벌하라고 요구했다. 정조는 이 요구를 물리치고 "죽을 것을 살려 주고 마른 뼈에 살을 붙여" 주었다. 그런데 이주국이 그런 '은혜'를 망각하고 벽파들과 행동을 같이한다는 것이 정조의 말이었다. 따라서 정조는 "지금부터는 반드시 두려워하는 생각을 갖고 고치도록 하라."라고 위협적인 지시를 내렸다.

흥미롭게도 정조는 은위(恩威) 병용의 인재 기용술을 썼다. 그는 한편으로 삼가고 두려워하여 결코 전철을 밟지 말라고 이주국을 심리적으로 위협했다. 다른 한편으로 그를 총융사라는 군 요직에 임명했다. 이는 정조의 독특한 정치 기술로서, 반대파 중에서 능력 있는 자를 가려내 위협하는 한편 그에게 파격적인 대우를 베풂으로써 반대파 내부의 분열과 붕괴를 조장하는 것이다. 정조는 "북채를 잡고 북을 치면 곧장 반응이 나오는 것"(정조실록 19/6/2)처럼 국왕의 하교를 듣고 "걱정하고 두려워한 나머지 자신의 잘못을 스스로 밝히는 방도를 생각할 자"들이 많이 나오기를 기대했다. "내가 하려고 하는 정치를 도와 달라."(정조실록 24/5/30)라는 것이 정조의 주문이었다. 실제로 이주국은 친왕 세력으로 전향하여 화성 축성과 장용영 강화 등에서 일익을 담당했다.

'영원한 수원인' 조심태

조심태는 정조의 신임을 얻어 형조 판서와 한성 판윤까지 역임한 인물인데, 이주국과 마찬가지로 문신이 아니라 무신이었다. 그는 정조에 의해 '단련된' 인물이자 '영원한 수원 부사'로 자리를 굳힌 사람이다.

그는 1784년(정조 8년)에 무술 시험을 회피했다가 처벌받았고(정조실록 8/9/23) 홍충도(충청도) 수군절도사(정조실록 8/10/17), 함경북도 병마절도사(정조실록 11/3/8), 삼도 수군통제사(정조실록 11/4/19) 등 변방으로 떠돌다가 1788년(정조 12년) 5월에야 중앙 관직인 좌포도대장에 임명되었다.(정조실록 12/5/25) 하지만 그는 임명된 지 엿새 만에 군호를 잘못 전달해 파직되었다.(정조실록 12/6/1) 다음 해에 그는 차대와 비변사의 모임에 참여하지 않은 죄로 또 서용하지 않는 벌을 받았다.(정조실록 13/2/28) 한마디로 조심태는 외직으로 떠돌다 처벌당한 별 볼 일 없는 무신이었다.

그런 그가 정조의 신임을 얻은 것은 사도세자의 묘(영우원)를 수원으로 이전하기로 하면서부터이다. 그는 1789년(정조 13년) 7월에 수원 부사에 임명되었는데(정조실록 13/7/11) 이후 수원 화성을 발전시키기 위한 수많은 아이디어를 내고 관철시켰다.

본부(수원)의 새 고을 시정(市井)에 점포를 설치하는 일에 대해 이미 대신들과 여러 재상들의 의견을 들으셨습니다만 신도 여러 사람들의 의견을 널리 물어보았습니다. 본부는 삼남(三南)으로 통하는 요로이기는 하나 물산이 본디 적어서 비록 부호(富戶)를 많이 모으고 점포를 설치하려 하더라도 갑자기 생각대로 되기는 어렵겠다고 하였습니다. 반드시 본고장 백성들 중 살림 밑천이 있고 장사 물정을 아는 사람을 골라 읍 부근에 자리 잡고 살게 하면서 그 형편에 따라 관청으로부터 돈을 받아 이익을 남기며 살아가게 하는 것이 좋은 대책이 될 것이라고 합니다. 이 의견이야말로 한번 시도해 볼 만합니다. 어떤 관청이든지 이자(利子)가 없는 돈 6만 냥을 떼어 내 고을 안에서 부자라고 이름난 사람 중에 원하는 자에게 빌려주어 해마다 그 이익 나는 것을 거두게 하되 3년을 기한으로 정하고 본전과 함께 거두어들인다면 백성들을 모집하고 산업을 다스리는 방법에 있어서 아마 큰 도움이 될 것입니다.

정조실록 14/5/17

여기에서 보듯이 조심태는 수원 신도시의 시정에 점포를 설치하는 일과 관련해 의견을 수렴한 후 새로운 제안을 제시했다. 이에 대해 좌의정 채제공은 "운영에 매우 조리가 있으니 마땅히 진술한 대로 시행해야 합니다."라고 말했다. 우의정 김종수 역시 "수원 부사가 아뢴 말은 정말 허점을 잘 맞혔습니다."라고 반응했다. 노론과 남인의 정승들로부터 모두 칭찬을 받은 것이다. 그리고 이후 그는 화성 건축과 둔전 설치 등 수원에 관한 모든 일을 자기 일처럼 열심히 했다.

그는 이주를 모두 꺼리는 분위기 속에서 자기 가족을 먼저 수원에 이사시키는 등 모범을 보였다. 이에 정조는 그를 화성 성역을 끝낼 때까지 전임시켜 일의 성과를 거두도록 했다.(정조실록 20/1/3) 1797년(정조 21년) 1월에 정조는 수원 화성을 돌아보면서 성가퀴(雉堞, 성 위에 낮게 쌓은 담)의 제도 등이 뛰어나다고 칭찬했다. 이어서 그는 화성 유수 조심태의 공적이 전쟁에서 승리한 공에 뒤지지 않는다며 특별히 선지와 백성을 떼어 주었다.(정조실록 21/1/29) 2년 뒤 9월에 조심태가 사망했을 때 정조는 "큰 나무가 그리도 빨리 시들 줄이야 어찌 알았겠는가. 너무도 슬픈 나머지 나도 모르게 목이 멘다."라고 슬퍼하였다.(정조실록 23/9/27)

박제가, 북벌에서 북학으로 전환

정조의 인물 중에서 빠뜨릴 수 없는 사람이 박제가이다. 그는 승지 박평의 아들로, 초정(楚亭), 정유(貞蕤), 위항도인(葦杭道人) 등의 호를 갖고 있다. 소년 시절부터 시서화에 뛰어나 문명을 떨쳤고 열아홉 살 무렵 박지원을 비롯해 이덕무, 유득공 등 서울에 사는 북학파들과 교유하였다.

1778년에는 사은사 채제공을 따라 이덕무와 함께 청나라에 가서 이조원, 반정균 등의 청나라 학자들과 학문적 대화를 나누었다. 돌아온 뒤 청나라에서 보고 들은 것을 정리해 『북학의(北學議)』 내외편을 저술했는데, 내편에서는 생활 도구의 개선을, 외편에서는 정치, 사회 제도의 모순점과 개혁 방안을 다루었다. 그 일부를 옮기면 다음과 같다.

만약 백성들에게 이익을 가져다준다면 그 법이 오랑캐에게서 나온 것이라 하더라도 성인은 그 법을 채택할 것이다. 더구나 중국의 옛 땅에서 만든 법이 아닌가. 지금 청나라가 되놈이기는 하다. 되놈의 청나라는 중국을 차지하는 것이 이익이라는 사실을 알고서 약탈하여 소유하기까지 하였다. 그런데 우리나라는 빼앗은 주체가 되놈인 것만 알고 빼앗김을 당한 존재가 중국 명나라인 줄을 모르고 있다. 청나라로부터 자국을 지키는 것조차 하지 못했다. 이것은 벌써 드러난 명확한 증거이다. (……)

지금은 중국에 대해서 배울 만하다고 말하면 떼를 지어 비웃는다. 필부가 원수를 갚고자 할 때에도 원수가 날카로운 칼을 차고 있는 것을 보면 그 칼을 빼앗을 방법을 고민하는 법이다. 그런데 지금은 당당한 천승의 나라로서 천하에 대의를 펼치려고 하는데도 중국의 제도를 하나도 배우려고 하지 않고 중국의 지식인 한 사람과도 사귀려고 하지 않는다. 그럼으로써 우리 백성들로 하여금 고생만 실컷하게 겪게 할 뿐 아무 효과도 보지 못하고, 궁핍에 찌들어 굶어 죽고 스스로 쓰러지게 만들었다. 백 배의 이익이 될 것이라 할지라도 반드시 버리고 결코 행하지 않는다.

나는 중국을 차지하고 있는 오랑캐를 물리치기는커녕 우리나라 안에 있는 오랑캐의 풍속도 다 변화시키지 못할 것이 염려된다. 그러므로 오늘날 사람들이 오랑캐를 물리치고자 한다면 차라리 누가 오랑캐인지를 먼저 분간하는 일이 우선되어야 한다. 그리고 중국을 높이고자 하면 차라리 저들의 법을 완전히 시행할 필요가 있다. 그것이 중국을 진정 높이는 길이다. 만약 다시 명나라를 위하여 원수를 갚고 우리가 당한 치욕을 설욕하고자 한다면 20년 동안 힘써 중국을 배운 다음에 함께 논의해도 늦지는 않을 것이다.[16]

익히 알려져 있는 박제가의 글을 다소 길게 인용한 것은 지도자의 시대 인식이 얼마나 중요한가를 말하기 위해서이다. 여기에서 박제가는 북학(北學), 다시 말해 청나라를 배울 만하다고 말하면 모두 비웃는 풍토를 가리키면서 "누가 진짜 오랑캐인가?"를 물었다. 그에 따르면 필부라 할지라도 원수를 갚기 위해서라면 원수의 칼을 빼앗는 방법을 고민할 텐데, 한 나라를 이끄는 사람들이 청나라의 문물을 오랑캐의 것이라고 무조건 배척하는 것이야말로 '우리 안의 오랑캐 풍속'이라고 통렬히 비판했다. "백성들에게 이익을 가져다준다면 그 법이 오랑캐에게서 나온 것이라 하더라도 채택해서" 쓰는 것이 요순 같은 성인의 길일진대 마음의 문을 닫아걸고 "백 배의 이익이 될 것을 버리고 결코 행하지 않고" 있다는 것이 그의 진단이었다.

문제는 그 시대 지배층의 잘못된 방향 설정이었다. 정조의 인재 등용책은 물론 옳았다. 그는 즉위한 다음 해인 1777년 3월에 서얼허통절목(庶孼許通節目)을 발표했고, 그 덕에 박제가를 비롯해 이덕무, 유득공, 서이수 같은 인물들이 규장각 검서관(檢書官)에 임용되었다.(1779년 3월) 하지만 정조는 북학의 중요성을 인지하고도 여전히 북벌(北伐)의 당위성을 내세우는 이중 몰입을 계속했다.

조선의 왕과 신민들에게 '존주(尊周)'의 관념은 중요했다. 그리고 '삼전도 굴욕'이라는 역사적 트라우마의 상처가 너무도 크고 깊었다는 점도 이해할 수 있다. 하지만 정조를 비롯한 많은 조선 지배층은 중원 대륙의 정치적이고 문화적인 변화를 관찰하고 있었다. 간헐적으로 올라오는 북학론적 상소와 청나라에 다녀온 연행사(燕行使)들이 제안하는 문명 이기가 백성들의 생활에 큰 이익을 가져다준다는 것

---

16   박제가, 『북학의』 외편 「존주론」.

도 충분히 알았다. 정조가 수원 화성을 건설할 때 그러한 이용후생의 아이디어들을 사용한 것이 그 증좌이다. 하지만 그들은 마음으로는 '북학'을 생각하면서 실제로는 '북벌'을 외쳤다. 만약 정조가 좀 더 과감하게 '북벌의 정신 모형'에서 '북학의 정신 모형'으로 전환했더라면 어땠을까 하는 아쉬움이 남는다.

어쨌든 정조의 인재 박제가는 13년간 규장각 내·외직에 근무하면서 그곳에 소장된 서적들을 마음껏 읽었다. 정조를 비롯한 국내의 저명한 학자들과 깊이 사귀면서 왕명을 받아 많은 책을 교정·간행했다. 1786년(정조 10년) 당시의 관리들에게 시폐(時弊)를 시정할 수 있는 구폐책(救弊策)을 올리라는 왕명이 내려왔다. 이때 그가 진언한 소는 주로 신분적 차별을 타파하고 상공업을 장려해 국가를 부강하게 하고 백성들의 생활을 향상시켜야 한다는 내용이었다. 그러기 위해서는 청나라의 선진적 문물을 받아들이는 것이 급무라고 주장하였다. 하지만 여전히 북벌의 정신 모형이 지배하는 가운데 그의 제안은 '찻잔 속의 태풍'일 뿐이었다.

박제가는 결국 정조 사후인 1801년(순조 1년) 사은사 윤행임을 따라 이덕무와 함께 네 번째로 중국을 다녀왔지만 돌아오자마자 흉서 사건 주모자인 윤가기와 사돈으로 이 사건에 혐의가 있다 하여 종성에 유배되었다. 1805년에 풀려났으나 그는 곧 병으로 사망했다.

지금까지 살펴본 것처럼 정조는 인재의 개성과 강점을 발견해 활용하는 데 뛰어났다. 국왕을 섬기는 마음과 재능이 있다면 신분과 당색을 뛰어넘어 발탁했다. 각각의 역량 차이를 인정하고 단점이 아닌 장점, 못한 것보다는 잘한 것을 부각해 "잘한 것을 안착시키는" 강점

성영(棄短取長)의 인재 쓰기를 실천했다. 이는 인재란 "다른 세대에서 빌려 올 수 없는 것(人材不借異代)"으로서 "그 시대의 일은 그 시대의 인재로 충분히 처리해 낼 수 있다."라는 정조의 생각에 기반한 것이었다. 실제로 정조는 그 사람이 "쓸 만하다면" 중인이든 무인이든 서얼이든 과거 시험을 거치지 않았어도 능력을 발휘할 기회를 주었다. 김홍도, 이주국, 조심태, 박제가 등이 그 예이다. 완숙기를 지나 쇠퇴기로 접어드는 조선 왕조에 일어난 활력은 그런 인재 쓰기에 힘입은 것이었다.[17] 다만 그 인재들을 '가르치려' 하기보다는 그들이 국내외 경험을 통해 목격한 시대 변화를 말하게 했으면 어땠을까 하는 아쉬움이 남는다. 서로 다른 강점을 가진 사람들이 공통의 절실한 목표를 가지고 열띤 토론을 벌이면 "탁월한 한 사람이 내린 결론보다 못하지 않을뿐더러 대체로 더 나은 결정을 내릴 수 있기" 때문이다.[18]

17 　　정조, 『홍재전서』 170 『일득록』 10.

18 　　Aristotle, *Politics* Book 3(London: Oxford University Press, 1952), p. 126.

개혁 군주 정조, 비전과 처방

　정조는 자신의 시대를 '경장기'로 인식했다. 경장기란 '창업(創業), 수성(守成), 경장(更張), 쇠퇴(衰退)'라는 동양 사상의 체계 순환론에서 세 번째 단계에 해당한다. 이 시기의 과제는 제도와 운영 방법을 시대의 변화에 맞게 새롭게 고쳐 창업의 정신을 되살리는 일이다. 비유컨대 거문고 줄(張)이 오랜 연주로 느슨해졌을 때 낡은 줄을 걷어 내고 새 줄로 바꿔서 다시(更) 제소리가 나도록 해야 하는 때이다.

　정조가 즉위 초년에 경장대고라는 개혁의 방향과 청사진을 천명한 것은 그런 시대 인식에서 비롯되었다. 그는 당시 조선의 상태를 중병 환자, 다시 말해 "마치 큰 병이 든 사람이 원기가 허약하여 혈맥(血脈)이 막혀 버리고 혹이 불거지게 된 것과 같은 꼴"이라고 진단했다. 나라의 기강이 무너져 웃어른에 대한 공경심이 사라지고, 언로가 막혀 강직한 말을 들을 수 없으며, 국왕의 권위를 인정하지 않고 체제를 전복하려는 시도가 빈번해져서 "위태한 증상이 조석(朝夕) 사이에 박두해 있는 상황"이라는 게 정조의 생각이었다.(정조실록 2/6/4)

이런 중병 환자 조선을 정조는 어떻게 치료하려 했을까? "사람 병 고치는 것이나 나라 병 고치는 일이나 그 원리는 똑같다(醫人醫國 其理 固一也)."라는 정조의 말처럼[1] 뛰어난 군주는 곧 그 시대의 질병을 치료하는 의사여야 한다는 게 그의 생각이었다. 의사가 좋은 약으로 환자를 치료하는 것처럼 정치가는 좋은 정책과 제도로 그 나라의 어려움을 해결한다. 따라서 그가 목표로 삼은 정치 비전과 함께 그 비전을 실현하기 위해 취한 처방을 차례로 살펴볼 필요가 있다. 그러면 자신의 시대를 "증세에 대처할 약제(藥劑)를 알지 못하여 손댈 방법을 모르고" 있는(정조실록 2/6/4) 상황으로 인식한 정조가 꿈꾼 '건강한 나라' 조선은 어떤 모습이었을까?

지향 목표: 정치적 비전으로서의 '소강'

정조는 조선이라는 나라가 현재는 '중병에 걸린 환자'이지만 치료하기에 따라서는 차선의 목표에는 도달할 수 있다고 보았다. 그가 말한 차선의 목표는 무엇이고, 최선의 목표는 또 무엇일까?

조선 시대 사람들은 요순시대를 가장 이상적인 시대로 꼽고 그 아래 단계로 우왕의 하(夏)나라, 탕왕의 은(殷)나라, 문왕·무왕·주공(성왕)의 주(周)나라를 일컫는 삼대(三代)를 꼽았다. 전자는 '대동(大同)

---

1   정조, 『홍재전서』 8권 「수민묘전 서」.

의 시대'로 후자는 '소강(小康)의 시대'로 불리는데, 그 특징은 『예기(禮記)』에 서술돼 있다.

이 책을 보면 '대동의 시대'인 요순시대는 "천하가 공공의 것(天下爲公)"이었다. "사람들은 자기 어버이만 어버이로 여기거나 자기 자식만을 자식으로 여기지" 않았다. 모두들 자기 부모와 자식을 대하듯 서로 존경하고 사랑하는 시대였다. 또한 "노인은 편안히 여생을 마칠 수 있었고, 젊은이는 자기 능력을 발휘할 수 있었으며, 어린이는 잘 자라는" 시대였다. "재물이 낭비되는 것은 미워했지만, 반드시 자기가 소유하려 하지 않았으며, 몸소 일하지 않는 것을 미워했는데 반드시 자기만을 위해 일하지는" 않았다. "그러므로 간사한 음모가 생기지 않았고, 도둑이나 난리도 일어나지 않아서 외출할 때 울타리 문 바깥쪽을 잠그지 않았던" 시대였다.

이에 비해 '소강의 시대'인 삼대는 "천하가 한 집안처럼 된(天下爲家)" 시절이었다. 이제 사람들이 "각각 자기 어버이만 어버이로 섬기고 자기 자식만을 자식으로 사랑하며, 재물과 힘을 자기를 위해 사용하는" 시대가 되었다. 이처럼 자타의 구별이 생기면서 "꾀를 쓰고 전쟁을 일으키는" 상황이 벌어졌다. 그야말로 '정치'가 필요해진 것이다. 『예기』에서는 소강의 시대에 접어들면서부터 "천자와 제후의 자리를 부자간에 세습하거나 형제간에 전승하는 것을 예로 여기게 되었다."라고 한다. 대동의 시대에는 요임금이 순임금에게 했듯 성씨가 다른 사람에게라도 선양(禪讓)하는 것이 자연스러웠지만 이제는 아들과 형제에게 왕위가 전승되는 것만이 예로 간주되었다. 또한 소강의 시대에 사람들은 "성곽과 해자(溝池)를 만들어" 외침에 대비하고, 경작지와 마을을 세워 모여 살았다. 우·탕·문·무·주공은 사회적 필요에 의해 선출된 사람들이었다. 선출된 이 정치가들은 다행히 "예를 삼가고, 의를 밝히고, 신을 이루고, 허물을 밝히고, 인을 모범으로 삼고, 겸양을 가르쳐" 백성들이 함께 잘 사는 길을 열어 주었다.[2]

정조가 선택한 목표는 차선인 소강 사회였다. 그는 앞의 경장대고에서 비록 삼대의 제도를 금방 회복할 수는 없겠지만 고치고 잘 바꿔 나간다면 "소강의 정치는 기대해 볼 만하다."라고 말했다.(정조실록 2/6/4) 사실 당시 조선의 형편으로는 소강 시대를 회복하는 것도 만만치 않았다. 그래도 공자가 존경한 주공의 정치, 다시 말해 주나라의 '소강의 정치'를 포기할 수 없는 것 아니냐는 게 정조의 생각이었다.

대개 충역(忠逆)이 이미 나누어지고 시비(是非)가 크게 정하여진 뒤에는 이른바 노론도 나의 신자(臣子)이고 이른바 소론도 또한 나의 신자이다. 위에서 본다면 균등한 한 집안의 사람이고 다 같은 한 동포이다. 착한 사람은 상을 주고 죄가 있으면 벌을 주는 것에 어찌 사랑하고 미워하는 구별이 있겠는가? 요즘 상황(景色)을 살펴보

---

2   이것은 서양의 플라톤이 말하는 칼리폴리스(Kallipolis)라는 이상 사회와 마그네시아(Magnesia)라는 차선의 사회와 비교되기도 한다. 이상익 교수는 대동 시대가 플라톤의 전기 저작인 『국가』의 철인왕이 통치하는 이상 국가라면 소강 사회는 플라톤의 후기 저작인 『법률』에 나오는 실현 가능한 좋은 국가로서 법과 제도에 의해 다스려지는 차선의 국가에 해당한다고 말했다. 이상익, 『유가 사회 철학 연구』(심산, 2001), 90쪽.

건대 자못 진(秦)나라와 월(越)나라가 서로 간섭하지 않는 것과 같으니, 이와 같이 하고서 나라가 능히 나라답게 되겠는가? 옛날 제갈량(諸葛亮)은 오히려 말하기를 "궁중(宮中), 부중(府中)이 함께 일체(一體)가 되어야 한다."라고 하였다.

정조실록 즉위년/9/22

여기에서 보듯이 정조는 신하들에게 '나라 안의 모든 사람은 나의 신자(臣子)이고 동포'라면서 싸우지 말고 살라고 당부했다. 그는 또한 지방의 백성들에게 윤음을 내리면서 모든 백성은 "다 같은 동포이니 서로 돌보는 마음을 가질 것"을 타일렀다.(정조실록 7/10/20) "지방의 관찰사와 수령은 (백성들에 대해) 동포의 의리가" 있고, 왕 자신은 "부모의 책무"가 있다고 말하기도 했다.(정조실록 7/10/23)

다시 말해 정조는 조선이라는 나라 전체를 하나의 집안으로 보고, 백성들을 같은 부모에게서 난 자식들로, 왕 자신을 부모로 여겼다. 자식들 사이에 좀 더 힘센 아이와 약한 아이, 똑똑한 아이와 그렇지 못한 아이가 있을지라도 그들은 모두 같은 탯줄에서 나온 형제자매로, 차별 없이 더불어 잘 살 수 있게 만들어야 한다고 본 것이다. 정조가 재위 중반에 자신의 일념이 "서로 다른 의견을 조화시켜 한 집안 식구처럼 어우러져 살아가게"(정조실록 15/1/9) 하는 데 있다고 밝힌 것도 같은 맥락에서 이해할 수 있다.

여기에서 주목되는 것은 '동포'라는 말이다. 세종이 백성을 '천민(天民, 하늘 백성)'이라고 한 것에 비견되는 정조의 이 백성관은 중국 장횡거의 『서명(西銘)』이라는 책에서 보인다. 장횡거는 "백성은 나의 동포이고, 만물은 나와 함께한다(民吾同胞 物吾與也)."라고 하여 백성 보기를 형제같이 하라고 말했다. "임금 된 이가 능히 동포와 같은 마음으로 백성을 대하면 일의 절반은 지나갈 것(惟能以同胞視民則 斯過半矣)"이라고도 말했다.[3]

이런 백성관은 영조에게도 영향을 미쳤다. 영조는 균역법 논쟁이 한창 뜨거울 때 "백성은 나의 동포이니 (신료들은) 마땅히 백성과 함께해야 한다. 너희(신료들) 처지에서 백성들을 보면 너와 나의 구별이 있을지 모르나 내가 볼 때는 모두가 나의 적자(赤子, 갓난아기)이다. 피차간에 어찌 애증이 다를 수 있겠는가."(영조실록 26/7/3)라고 말했다. 이러한 백성관은 '자유'와 '평등'을 중시하는 현대의 민주주의에서 그대로 수용하기 어려운 생각이다. 하지만 사회적 약자를 세심히 보살피고 구성원끼리 소통하게 만드는 것을 지도자의 책임으로 여기는 자세는 지금도 배울 만하다.

처방

그러면 이런 목표에 도달하기 위해 정조는 어떤 조치를 취했을까? 앞에서 언급한 것처럼 정조는 1778년(정조 2년) 6월에 여러 신하들이 모인 창덕궁의 인정문 앞에서 "이제 처음을 꾀하는 기회를 맞이했다."라면서 개혁의 큰 방향(경장대고)을 선포했다. 그것은 크게 네 가지로, 경제 살리기와 군대 개혁, 인재 선발, 국가 재정이었다. 이를 구체적으로 살펴보면 다음과 같다.

---

3   호광, 윤용남 외 옮김, 『완역 성리대전』 1(학고방, 2018), 451~462쪽.

첫째, 정조는 백성들의 먹는 문제(民生)를 해결하려고 했다. 그에 따르면 "무릇 사람들은 살림살이가 넉넉해진 다음에야 마음이 착해지는데" 당시 농민들은 자기 땅을 소유하지 못하고 있었고, 공업과 상업에 종사하는 사람들도 세금이 너무 무거워 힘이 고갈된 상태였다. 따라서 세금을 가볍게 하고, 신해통공(1791년)과 같이 생산자와 소비자가 직접 거래할 수 있도록 하는 시장 자유화 조치를 통해 서민 경제를 활성화시키려 했다.

둘째, 강한 군대를 길러 백성들을 안전하게 살게 하는 일(戎政)이다. 아무리 살림살이가 넉넉하고 백성들이 착한 마음으로 살아간다 할지라도 이웃 나라에서 갑자기 침략해 들어온다면 치명적일 수밖에 없다. 임진왜란이나 병자호란과 같은 외침을 당한 조선에 튼튼한 국방은 매우 중요한 문제였다. 하지만 오랫동안 평화가 지속되다 보니 사람들의 안보 의식이 해이해졌고, 무엇보다 군대가 여러 붕당과 연결돼 있어 사조직의 성격을 갖는다는 것이 정조의 판단이었다. 중앙의 오군영 군 지휘관들이 국왕이나 그 아래 병조 판서의 지시를 받기보다 소속 붕당 영수의 지휘를 따른 폐단이 그 예이다. 정조는 이것을 "군대의 가병화(家兵化)"와 "명령 체계의 혼란(多門)"이라고 지적했다. 그리고 이를 극복하기 위해 1795년(정조 19년) 수어청 등을 대폭 축소하고 장용영을 창설하는 등 군제 개혁을 추진했다.

셋째, 출신과 신분에 구애받지 않고 인재를 등용(人材)했다. 예나 지금이나 우리나라가 가진 최고의 자원은 인재인데, 정조는 적재(適材)를 적소에 잘 배치할 때 국운이 융성했다고 보았다. 즉 세종 시대의 경우 언관은 언관대로, 재상은 재상대로, 장군은 장군대로, 지방 수령은 수령대로 각자의 위치에서 최선을 다했고, 그 결과 나라가 발전했다는 것이다. 그런데 정조는 인재 등용의 요체는 인재를 잘 기르고 가르치는 데 있다고 보았다. 평소에 인재를 기르고 가르치지 않았는데, 위기 시에 뛰어난 인재가 나오기를 기대하는 것만큼 어리석은 일은 없다. 흔히 "난시에 영웅이 난다."라고 말하는데, 그것은 틀린 말이다. 평시에 인재를 길렀기 때문에 난시에 그 덕을 보는 것이지, 평시에 기르지 않은 인재가 난시에 갑자기 나올 수는 없기 때문이다.

그런데 다른 한편 인사 행정의 개혁은 개혁 중의 개혁이라 할 수 있다. 개혁의 좋은 취지를 살리는 인재가 배출되지 않는 한 바뀐 제도의 안착은 불가능하기 때문이다. 정조는 인재를 기르기 위해 규장각이라는 싱크 탱크를 세우고 초계문신제와 같은 인재 양성 제도를 도입했다. 그리고 당파와 신분을 초월해 유능한 사람들을 발탁해서 중용했다. 규장각에 박제가 등 서얼 출신 인재를 검서관으로 임명하고, 소론과 남인 등 오랫동안 조정에서 밀려나 있던 사람들을 요직에 앉혔다. 18세기 후반에 돌연히 분출된 정신적 활기는 그러한 인재 쓰기의 결과였다.

넷째, 국가 재정을 튼튼히 하려(財用) 했다. 정조 시대에는 계속되는 흉년으로 국가 세입은 줄어든 데 반해 방만한 군대 및 행정 관청의 지출로 인해 열악한 재정 상태가 계속되었다. 게다가 탐관오리들의 부패와 아전들의 농간으로 나라의 창고가 텅 비었다. "만에 하나라도 변방에 전쟁의 경보라도 울리면" 그야말로 안으로부터 무너져 내릴 형국이었다. 정조는 이러한 상황을 개선하기 위해 정부의 시장 개입을 최소화하고 자유로운 상거래를 보장함으로써 세수를 늘리려

했다. 수원 화성에 신도시를 건설해 재정난을 해결하려 한 것도 그러한 맥락에서였다.

평가

전체적으로 정조의 개혁 조치는 크게 세 가지로 나누어 평가할 수 있다. 첫째, 정조 재위 시에 바로 효과를 보았거나 그의 사후 얼마 안 있어 개혁의 성과를 거둔 사례이다. 당파를 초월한 인재 등용으로 능력을 발휘하게 한 인사 개혁이나 장용영처럼 재위 중반에 강한 군대로 거듭나게 한 국방 개혁, 수원 화성이라는 신도시를 조성해 상업 도시로 반창시킨 사례가 여기에 해당한다.

둘째, 미완의 개혁안들이다. 정조에 의해 추진되었지만 재위 기간에 신하들의 협조를 제대로 얻지 못했거나 여건이 좋지 않아 중지된 개혁안이다. 서얼 허통 정책이나 공노비 혁파와 같은 개혁안이 여기에 해당한다.

셋째, 아예 추진하지 못했거나 실패한 개혁안들이다. 즉위 초의 경장대고에서 언급되었으나 추진되지 못한 것으로, 농민들을 위한 토지 제도 개혁이 그 예이다. 나중에 정약용에 의해 비판되었듯이 정조는 정전제와 같은 토지 개혁안을 현실에 적합지 않다는 이유로 미루었다. 그런데 정약용에 따르면 "정전제를 버리고 토지 제도를 논의하는 것은 어리석고 아득한 말"이었다.[4] 정약용은 "요순 임금도 정전제를 시행하지 않았더라면 천하를 다스리지 못했을 것"이라면서 토지

---

4   정약용, 『경세유표』 7 『지관수제』 「전제」 8.

세도의 개혁을 주장했다.

언관들의 권한을 약화시킨 언론 개혁 역시 성과를 거두지 못했다. 정조는 애초에 언관의 특권을 약화해 파당적인 사회 분위기를 변혁시키려 했다. 당시 이조 전랑은 5품, 6품의 낮은 자리이지만 문반 관료의 인사권을 장악하고 있어 언론 삼사(사헌부, 사간원, 홍문관)의 공론을 좌우지하는 힘을 발휘했다. 재상이라 해도 이조 전랑의 눈치를 살펴야 했다. 이처럼 막강한 권력을 쥔 이조 전랑에 누가 임명되는가는 매우 중요한 정치적 관심사였다. 그런데 정조 초년의 상황을 보면 이조 전랑이 후임자를 스스로 천거할 권한을 가지고 있었다.

따라서 당쟁의 빌미가 되고 관료제 내부의 기강을 무너뜨리는 이조 전랑을 개혁하는 것은 영조 이래 정치 개혁의 중요한 목표였다. 특정 당파의 인사가 정부 요직을 장악하게 만드는 '정치적 지렛점'을 바꾸지 않는 한 당파를 초월해 인재를 등용하기는 어렵다고 보았기 때문이다. 정조는 당시 노론이 전랑권을 이용해 "겉으로 참신한 사람을 등용하고 나쁜 사람을 내친다고 빙자하면서 속으로는 자기들의 사적인 일을 돌봄으로써 온전한 사람을 거의 없게" 만든다고 보았다.(정조실록 6/9/26) 따라서 그는 1781년(정조 5년)부터 1786년(정조 10년) 사이에 이조 전랑의 인사권과 자기 추천권 등을 차례로 혁파해 갔다. 또한 지나친 정치 공방이나 비생산적인 이념 논쟁에 빠진 언론에 대해서는 아예 금지령을 내려 상소를 올리지 못하게 했다.

그런데 정조의 이러한 이조 전랑권의 약화는 결과적으로 언론 전반을 무기력하게 만들었다. 그의 재위 후반에는 대다수 관료들이 침묵하는 가운데 건설적인 비판이나 제안이 나오지 않았다. 그의 사후 세도정치기에는 약화된 언관들이 외척 세도가들의 권력 남용을 견제하지 못했다. 이렇게 볼 때 정조의 언론 개혁은 '수술은 성공적으로 끝났으나 환자는 죽고 말았다'는 비판을 면할 수 없을 듯하다.

경제 분야의 개혁: 신해통공 조치

1791년(정조 15년)의 신해통공은 "일을 일답게 해 보려는" 국왕 정조의 개혁 의지와 시장 질서를 바꿔 새로운 정치 질서를 형성하려는 채제공의 의도가 결합해 취해진 조처였다. 물론 생산자와 소비자를 서로 통하게(通共) 하여 백성들을 부유하게 만들려는 통공 조치가 정조 시대에 처음 나타난 것은 아니었다.[5]

통공 조치는 이미 18세기 전반부터 나타나기 시작했으며 정조 시대에 들어서도 병오년(1786년)과 신해년(1791년), 갑인년(1794년) 세 차례에 걸쳐 시행되었다. 그런데 이전의 통공 조치가 부상(富商)들의 반발과 권세가의 비호 아래 실질적 효과를 거두지 못한 데 비해 신해년의 통공 조치는 국왕의 강력한 의지와 측근 신하들의 지지에 힘입

---

5   통공(通共)이란 어원상 '양쪽을 모두 통하게 한다'라는 뜻으로, 특권 상인에 의한 독과점 행위를 폐지하는 조치를 가리킨다. 도고의 폐단을 줄이려는 조치는 영조 시대에도 10여 차례 나타났는데, 권세가의 비호 아래 다시 복구되곤 했다. 그러다가 1791년(정조 15년)과 1794년(18년)에 각각 신해통공과 갑인통공이 취해져 비로소 육의전을 제외한 시전들의 금난전권이 혁파되었다.

이 개혁의 효과를 거둘 수 있었다. 그뿐 아니라 신해통공은 잇따른 후속 조치를 통해 새로운 시장 질서를 구축했다는 점에서 이전의 통공 조치들과 구분된다.

신해통공의 내용과 의의

『정조실록』에 총 360자로 기록되어 있는 신해통공의 구체적 내용을 인용하면 다음과 같다.

① 도성에 사는 백성의 고통으로 말한다면 도거리 장사(都賈, 都庫)가 가장 심합니다. 우리나라의 난전(亂廛)을 금하는 법은 오로지 육의전(六矣廛)에 있습니다. (육의전 상인들로 하여금) 위로 나라의 일에 수응(酬應)하되 이익을 독차지하게 하자는 것입니다. 그런데 요즈음 빈둥거리며 노는 무뢰배들이 삼삼오오 떼를 지어 스스로 가게 이름을 붙여 놓고 사람들의 일용품에 관계되는 것들을 제각기 멋대로 전부 주관합니다.

크게는 말이나 배에 실은 물건부터 작게는 머리에 이고 손에 든 물건까지 길목에서 사람을 기다렸다가 싼값으로 억지로 팔게 합니다. 물건 주인이 말을 듣지 않으면 곧 난전이라 부르면서 결박하여 형조와 한성부에 잡아넣습니다. 이 때문에 물건을 가진 사람들이 간혹 본전도 되지 않는 값에 어쩔 수 없이 눈물을 흘리며 팔게 됩니다. 이후 무뢰배들은 제각기 가게를 벌려 놓고 배나 되는 값을 받는데, 평민들이 사지 않으면 그만이지만 부득이 살 수밖에 없는 사람은 그 가게를 버리고 다른 곳에서 물건을 살 수가 없습니다. 이 때문에 물건 값이 나날이 올라 신의 젊었을 때보다 세 배 또는 다섯 배나 비쌉니다. 근일에 이르러서는 심지어 채소나 옹기까지도 가게 이름이 있어서 사사로이 서로 물건을 팔고 살 수가 없으므로 백성들이 소금 없이 음식을 만들기도 합니다. 곤궁한 선비는 조상의 제사를 지내지 못하는 경우까지 자주 있습니다.

② 이와 같은 모든 도거리 장사를 금지한다면 그러한 폐단이 중지될 것입니다. 하지만 (모두가) 입을 다물고 있는 것은 단지 원성이 자신에게 돌아올까 겁내는 것에 지나지 않습니다. 옛사람이 말하기를 "한 지방이 통곡하는 것이 한 집안만 통곡하는 것과 어찌 같으랴." 하였습니다. 삼삼오오 떼 지어 남몰래 저주하는 간교한 무리들의 말을 피하고자 도성의 수많은 사람들의 곤궁한 형편을 구제하지 않는다면 나라를 위해 원망을 책임지는 뜻이 어디에 있겠습니까.

③ 마땅히 평시서(平市署)로 하여금 20~30년 사이에 새로 벌인 영세한 가게 이름을 조사해 내어 모조리 혁파하도록 하고, 형조와 한성부에 분부하여 육의전 외에 난전이라 하여 잡아 오는 자들에게는 벌을 베풀지 말 뿐만 아니라 반좌법(反坐法)을 적용하게 하십시오. 그러면 장사하는 사람들은 서로 매매하는 이익이 있을 것이고 백성들도 곤궁한 걱정이 없을 것입니다. 그 원망은 신이 스스로 감당하겠습니다.

정조실록 15/1/25(일련번호는 인용자)

좌의정 채제공이 '건의'하고 국왕이 여러 신하들에게 물어서 "모두 옳다."라고 하여 채택된 이 개혁안은 크게 세 가지 내용을 담고 있다. (1) '난전(亂廛)을 금지하는 법'의 원래 취지와 왜곡 현상(도거리 장사), (2) 금난전권 폐지의 대의, (3) 구체적 대책(개혁안)이 그것이다. 각각의 의미를 나누어 살펴보면 다음과 같다.

첫째, 금난전권의 원래 취지와 왜곡 현상이다. "난전을 금하는 법(禁亂廛權)은 오로지 육의전(六矣廛)이 위로 나라의 일에 수응하고 그들로 하여금 이익을 독차지하게 하자는 것"이라는 말에서 볼 수 있듯이 원래 금난전권은 시전 상인들에게 세폐(歲幣, 해마다 공물로 보내는 물품)나 방물(方物, 지방에서 조정에 바치는 특산물) 등 일정한 국역과 소요 물품을 담당케 하는[6] 대가로 주어지던 특권이었다.[7]

그런데 영조 시대의 이보혁이 지적한 것처럼 18세기 들어서 시전 상인들은 "물건 파는 일보다 난전 잡는 일에 전념하고 있었다."[8] 도성을 중심으로 일상 생필품에 대한 수요가 급증하였고 그에 따라 난전의 규모와 범위가 금지할 수 없을 정도로 확대되었다. 시전 상인과 법 맡은 관리들은 난전을 허용하는 대신 일정액을 거두는 방향으로 나아가고 있었다. "요즈음 빈둥거리며 노는 무뢰배들이 스스로 가

---

6   유형원은 "『경국대전』에는 공곽(公廓, 市廛)에 일정한 세(稅)가 있었으나 지금은 시고(市賈), 공곽(公廓)에 모두 정규적인 세가 없다. 다만 중국의 사신이 오거나 국가에 제사가 있을 때, 얼음을 보관해야 할 때 그리고 관부의 각종 수리 사업 등 일이 있을 때마다 일정한 지원을 받고 있다."라고 하여 조선 후기에 들어 시전 상인들이 "일이 있을 때마다 일정한 지원"을 했음을 지적했다. 유형원, 『반계수록』 1권 「전제」 상.

7   강만길, 『조선 후기 상업 자본의 발달』(고려대학교출판부, 1993), 25쪽.

8   『비변사등록』 108책, 영조 17/6/10.

게 이름을 붙여 놓고 사람들의 일용품에 관계되는 것들을 제멋대로 전부 주관"하면서 물건 주인이 "말을 듣지 않으면 곧 난전이라 부르면서 결박하여 형조와 한성부에 잡아넣"는다는 지적이 그것이다.

다른 한편 이들 도고 상인들은 독점적 상행위를 통해 폭리를 취하기도 했다. "길목에서 사람을 기다렸다가 싼값으로 억지로" 사들이고, "배나 되는 값을" 받고 강제로 판다는 대목이 그것이다. 결과적으로 이 같은 도고 상인들의 "도거리 장사" 때문에 "물건 값이" 앙등하여 가난한 백성과 선비들의 일상생활에까지 피해를 준다는 것이 채제공의 지적이었다.

둘째, 채제공이 금난전권 혁파의 대의로 내세운 것은 '도성 백성들의 고통 제거'와 '장사하는 사람들의 매매 이익'이었다. 채제공은 폐단이 심각한 "도거리 장사를 금지한다면 그러한 폐단이 중지될 것"을 알면서도 대부분의 사람들이 입을 다물고 있는 것은 바로 "원성이 자신에게 돌아올까 겁내"기 때문이라고 보았다. 조정의 신하들이 "저주하는 말을 피하려고 도성의 수많은 사람들의 곤궁한 형편을 구제하지 않는" 상황이었다.

실제로 통공 정책에 대한 반발은 대단했던 것으로 보인다. "공 (채제공)에게 하소연하러 오는 사람이 문을 메웠고, 울음소리가 거리에 차고 원망하여 저주하는 사람이 무리로" 일어났는데[9] 1793년(정조 17년)까지도 그 저항은 계속되었다. 채제공이 수원 유수로 임명되자 "저자 백성 70여 명이 수원까지 쫓아와 (통공 철폐를) 호소"하였던

---

9   정약용, 『여유당전서』 『제1시문집』 「번옹유사」.

깃이다.(성조실록 17/3/10) 그럼에도 재제공은 "나라를 위해 원망을 책임지는 뜻"으로 도거리 장사의 근거가 되는 금난전권의 혁파를 주장했다. "장사하는 사람들이 서로 매매하는 이익"과 "백성들의 곤궁한 걱정"을 없애는 것이 중요하다고 보았기 때문이다.

셋째, 도거리 장사의 폐단을 없애기 위해 채제공이 구체적으로 내세운 것은 (1) 근래에 시안(市案)에 등록된 시전들의 혁파, (2) 육의전 이외의 물품에 대한 난전 단속 금지, (3) 난전 단속자를 오히려 반좌법(反坐法) 위반으로 처벌할 것 등이었다. 먼저 "20~30년 사이에 새로 벌인 영세한 가게들을 모조리 혁파"하는 개혁안은 일단 시안(市案)에 등록한 다음 이미 수세권화된 금난전권을 행사하고 있는("난전 잡는 일") 신흥 영세 상인들을 염두에 둔 것이었다. 급증하는 신흥 영세 상인들의 시장 질서 문란 행위를 근절하겠다는 생각이었다. 다음으로 육의전이 누리는 비단, 무명, 명주, 종이, 모시, 어물에 대한 금난전권은 지금 그대로 지속시키겠다고 했는데 이것은 국역을 시전 상인들에게 계속 부담시킬 수밖에 없는 국가의 재정 상황 때문으로 보인다. 즉 통공 조치에도 불구하고 육의전의 금난전권을 부분적으로 유지시킴으로써 국역의 부담을 계속 담당하게 하겠다는 것이다. 이것은 육의전 이외의 시전 상인들이 "난전이라 하여 잡아 오면" "반좌법"을 적용하겠다는 대목과도 상통하는 것으로, 국역 부담에 대한 대가로 육의전에만 특별히 금난전권을 부여하겠다는 것으로 해석할 수 있다.

요컨대 재제공은 금난전권의 원래 취시가 왜곡된 현실을 지적하면서 백성들의 고통 해소라는 대의를 위해 금난전권의 부분적 혁파라는 시장 질서의 변경을 건의했다. 그리고 이 건의는 여러 신하들의 지지를 얻어 시행되었다. 그런데 이 같은 채제공의 개혁안은 구체적인 적용 과정에서 몇 가지 문제점을 드러냈는데, 그에 대한 일련의 후속 조치를 논의하는 과정에서 정치 세력 간의 대립과 국왕 정조의 입장이 잘 드러난다.

신해통공의 후속 조치와 정치적 성격

신해통공의 후속 조치로는 (1)평시서를 혁파하고 그 기능을 호조와 한성부에 각각 분담시킬 것(정조실록 15/6/26)과 (2)시전이 호조에 물품을 공무(公貿, 호조에서 시전의 물건을 구입해서 각 관청에 보급하는 것)하게 한 규례의 혁파(정조실록 15/6/5), (3)도거리 장사(都庫)의 단속을 의정부(廟堂)가 주관하고 포도청이 협력하게 할 것(정조실록 15/6/20) 등이 거론되었다.

이 중에서 (2)와 (3)은 채택되었으나 (1)의 평시서 혁파안은 김문순 등의 비판과 정조의 반대로 무산되었다. 신해통공의 '건의' 과정과 이후에 취해진 일련의 후속 조치에 대한 논쟁의 정치적 성격을 살펴보면 다음과 같다.

첫째, 이들 조치를 찬성하고 반대하는 정치 행위자들의 발언에 나타난 공공성에 대한 입장 차이이다. 통공 조치를 주도한 좌의정 채제공은 '도성 백성들의 고통 제거'와 '장사하는 사람들의 매매 이익'을 위해 육의전 등 몇몇에 대해서만 금난전권을 허용하고 나머지는 모두 혁파하자고 제안했다. "햇수에 관계없이 (……) 백성들의 일상생활과 가장 관계가 깊은 채소와 어물 등의 점포" 등이 행사하는 난전 단속권을 모두 철폐해야 한다는 것이었다. 노론의 김문순은 이를 반대했다. 당시 물가 주관 기관이었던 평시서 제조 김문순은 통공 조치에 의해 혁파될 처지에 있는 도고들 중 몇몇은 "국가의 수요에 부응하는 것도 있다."라면서 채제공의 주장을 비판했다. 그는 "지금 만약 이들(市廛都庫)을 엄격히 금지하고 각자 자유롭게 매매(亂賣)하게 한다면 여러 시전들이 잔폐해"질 것(정조실록 15/2/12)이라고 말했다. 다시 말해 "국가의 수요에 부응해 온" 시전 상인들이 "잔폐해져서 혁파"되면 누가 그들이 맡아 온 국역을 담당하겠느냐는 것이다.

여기에서 채제공이 기득권층이 아닌 "백성의 살림"과 중소 "장사치"들의 이익 및 "저자의 번성"을 금난전권 혁파의 대의(義理)로 내세운 반면 김문순은 오랫동안 "설치한 지 수백 년에 가까워 뿌리가 이미 단단해졌고 위로 국가의 수요에 부응"하는 시전 상인들의 권익 보호를 반대 근거로 내세우는 점이 주목된다. 이 같은 '대의' 이면에는 '일반 백성'의 지지와 중소의 '장사치'들의 협력을 통해 새로운 개혁 세력을 형성하려는 채제공의 '이익'이 깔려 있다. 지난 100여 년간 기득권을 지탱해 준 "오래된 시전 상인"의 권익과 금난전권을 누려 온 기득권층의 이권을 지켜 내려는 김문순의 '이익' 역시 마찬가지이다. 당시 난전 단속을 통해 이득을 보거나 신전을 창설해 시전 질서에 편입될 수 있는 계층이란 결국 100여 년간 권력을 장악해 온 노론 세력 아니면 권세가들과 결탁한 상업 세력[10]일 수밖에 없었다.[11]

---

10   예컨대 외어물전의 성장은 노론가인 인현왕후 민씨 가문의 강력한 지원 하에서 이루어졌다. 고동환, 「18세기 서울에서의 어물 유통 구조」, 『한국사론』 28(1992), 166쪽.

11   박광용, 「탕평론과 정국의 변화」, 《한국사론》 10(1984), 263쪽.

요컨대 경제 개혁에서 '공공의 명분'과 '사적인 이익'은 늘 동전의 양면과 같이 공존하기 마련이며, 결코 어느 한쪽으로 환원될 수 없는 '본질적으로 다면적인' 요소라는 점을·채제공과 김문순의 발언에서 확인할 수 있다.

둘째, 신해통공에 대해 국왕 정조가 보인 '공공의 관점'의 중요성이다. 신해통공에 대한 정조의 태도는 남인 채제공이나 노론 김문순의 당파적 입장을 초월한 중립적인 것이었다. 예컨대 정조는 평시서 자체를 혁파하자는 채제공의 집요한 요청에도 불구하고 김문순의 뜻을 좇아 평시서 존속을 지시했다. 통공 조치의 실효성을 높이기 위해 육의전을 제외한 시전을 전면 철폐하자는 주장이 김문순의 반대에 부딪혀 좌절되자 채제공은 "도거리 장사를 혁파한 뒤에는 평시서가 쓸모없는 관청이 되어 아전들이 도성 백성들을 착취하는 구멍이 될 뿐"이라며 혁파를 주장했다. 노론의 경제적 본거지를 완전히 없애 버리자는 것이었다. 채제공은 그 대안으로 종래 평시서가 담당하던 기능을 "호조에 소속시켜 호조 판서로 겸임하게 하고, 송사에 관한 임무는 한성부에 넘기기"를 청하였다.(정조실록 15/6/26) 그러나 정조는 "비록 그러한 폐단은 있지만, 폐단이 생기는 것은 단지 사람에게 달린 것이고 제도가 나쁜 것은 아니"라며 평시서의 지속을 명하였다.

말하자면 채제공이 다분히 노론의 경제적 근거를 공격해 남인의 상대적 이익을 추구하는 당파적 입장을 벗어나지 못한 데 반해 정조는 국가 전체라는 공공의 관점에서 통공 문제를 이해했다.[12] "옛

---

12   한상권, 「영조·정조의 새로운 상업관과 서울 상업 정책」, 이태진 외 지

사람의 말에 '너는 그 양을 아끼는가. 나는 그 예를 아낀다.'라고 하였는데, 나에게는 그 예를 아껴서 양을 희생으로 쓰는 법을 보존하려는 생각이 있다."라는 정조의 말은 이 같은 입장을 잘 말해 준다.(정조실록 15/6/26)

결과적으로 신해통공의 시행은 상당한 효과를 거둔 것으로 보인다. 통공을 시행한 다음 달에 채제공은 "어물 등의 물가가 갑자기 전보다 싸졌다."(정조실록 15/2/12)라고 보고했으며, 다섯 달 후에는 "장작 값이 옛날의 수준으로" 돌아갔다고(정조실록 15/6/20) 아뢰었기 때문이다. 정약용 역시 "일반 백성들도 모두 시행하기에 불편하다고 말했지만, 1년 정도 시행해 보니 물품과 재화가 모두 모여들고 백성들의 씀씀이가 풍족하게 되어 크게 기뻐하였다(民用以裕 百姓大悅)."라고 진술했다.[13]

채제공 정부의 후원으로 성장한 신흥 사상들이 국가적 사업에 협력하기도 하였다. 앞에서 언급한 것처럼 경강상인에게 세곡 운송권 등 특권을 부여하며 한강 배다리(舟橋)의 가설에 드는 비용을 부담하도록 한 것이나 "1만여 냥을 관에 바치고 수원 화성 역사를 돕겠다고 자원하는 자가 하나둘이 아닐" 정도였다는 기록(정조실록 21/2/29)이 그것이다. 이 같은 정부의 '공공한 경제 정책'에 힘입어 당시 상업 세력이 급속히 성장했는데, 서울의 전통적 시장이던 종로의 시전 거리(鐘樓)와 난전 상인들의 상설 시장인 이현(梨峴)과 칠패(七牌)가 서울

음, 『서울 상업사』(태학사, 2000), 300쪽.

13   『여유당전서』『제1시문집』「번옹유사」.

의 3대 시장으로 성장하였다.[14]

경제 개혁 성공 조건 세 가지

이상에서 살펴본 것처럼 신해통공은 시전 상인의 활동 영역을 침범하는 난전 상인의 단속권(禁亂廛權)을 대부분 폐지한 조치로서, 당시의 사회·경제적 변화(이앙법에 의한 농업 생산력의 증가와 광작의 증가, 대동법에 따른 독과점 상인의 등장, 서울과 경기 지방의 집중적 인구 증가와 도시 상업화) 속에서 급성장한 상업 세력의 위상을 반영하는 것이자 경제적 조치를 통해 정치적 세력 관계를 변화시키려는 국왕 세력의 정치적 목적이 개입돼 나타난 것이었다.

그런데 독과점 금지와 규제 혁파를 핵심 내용으로 하는 신해통공 조치는 그동안 상업 정책이라는 측면에서 이해되어 왔다. 하지만 이 글에서는 당시의 정치 세력 관계 및 정조의 정치적 구상과 관련해 신해통공의 정치성을 주목하여 살펴보았다. 이상의 내용에 의거해 정조의 개혁 정치가 오늘날의 개혁에 주는 함의를 간략히 정리하면 다음과 같다.

---

14 동대문 부근의 이현과 남대문 밖의 칠패(지금의 서울역 부근)는 어물의 유통 물량이 내외 어물전의 열 배에 달할 정도로 급속히 성장하였다.『각전기사』지, 건륭 11년(1781년) 4월. 당시 서울은 전국의 모든 물화가 집중되었다가 다시 각지로 분산되는 전국적 시장권의 중심이자 "남으로는 일본과 통하고, 북으로는 연경과 통하는"(이중환,『택리지』복거총론「생리」) 국제 교역의 도시였다. 고동환,『조선 후기 서울 상업 발달사 연구』(지식산업사, 1998), 73~77쪽.

첫째, 개혁의 비선과 그에 대한 국민적 공감대 형성이다. 정조는 삼대의 정치를 모델로 설정한 다음 요순과 같은 성왕을 적극적 개혁 정치가로 재해석하여 자신의 개혁 정치를 정당화했다. 특히 그는 임금과 백성 사이에서 국왕의 덕의를 왜곡하고 "중간에서 소멸시켜 버리는" "탐오하고 교활한 관리들"(정조실록 2/5/4)을 제거하려 했는데, 그가 중간 세력을 약화시키기 위해 취한 조치는 백성들과의 직접적 소통(通下情)이었다.

백성들과 소통하는 정치는 태조의 건원릉을 비롯해 역대의 여러 국왕, 왕비의 능을 두루 참배하는 기회를 통해 이루어졌는데, 그는 재위 24년간 70여 회나 경기도 일원에 산재한 왕릉을 찾아 나섰다. 정조 시대에 평민들의 상언과 격쟁이 획기적으로 증가한 것은 이 시기에 백성들이 국왕의 잦은 행차를 적극적으로 이용했기 때문이다. 이 과정에서 정조가 구상한 개혁의 비전이 많은 백성들 사이에 폭넓은 공감대를 형성한 것으로 판단된다.[15]

둘째, 신해통공 조치는 앞서 살펴보았듯이 개혁의 주체는 물론이고 개혁의 대상까지 함께 참여해 찬반 논쟁을 벌인 가운데 채택·추진되었다. 이해관계가 대립되는 서로 다른 정치 세력이 개혁안의

---

15   일반적으로 일반 민인들이 올리는 '상언'은 어가가 쉬는 곳에서 기다리고 있다가 개별적 또는 집단적으로 올리는 것을 말하고, '격쟁'은 행차 중에 징을 쳐 소원의 기회를 만드는 것을 일컬었다. 격쟁의 경우 국왕의 행차를 일단 방해하는 행위였기 때문에 그 호소를 받아들이기는 하되 약간의 벌을 주고 접수하는 형식을 취했다. 한상권, 『조선 후기 사회와 소원 제도』(일조각, 1996), 19~28쪽.

논의 과정에 참여해 격론을 벌였다는 것은 당시의 정치가 단순한 문제 해결 차원에서 이해되지 않고 당면한 문제의 해결과 함께 그 문제의 해결 방식 및 과정에 큰 의미를 두었음을 보여 준다.

대체로 조선조의 정치는 '의리'를 앞세우고 '명분'을 중시하는 것으로 알려져 있는데, 이는 대의를 중시하는 당시 정치의 성격을 말해 준다. 대의를 중시하는 정치적 전통은 전제 군주(tyranny)의 출현을 막으려는 왕정 체제(monarchy)의 특징 가운데 하나라고 할 수 있다. 이는 국왕의 언행 하나하나를 기록한 '실록의 전통'이나 명분과 잘잘못을 따지는 '공론의 정치'와도 맥을 같이한다. 물론 '좋음보다 옳음을 우선시'하는 조선조의 정치라고 해서 힘과 실리를 명분의 도구 차원에서 이해하는 것이 아니고 반대로 명분과 의리가 힘과 실리를 포장하는 장식품도 아님은 앞의 채제공과 김문순의 발언을 통해 확인했다. 요컨대 개혁이 성공하기 위해서는 훌륭한 개혁의 대의를 제시하는 것 못지않게 개혁 지지 세력을 규합하고 이들의 적극적 지지를 이끌어 낼 수 있는 통로가 필요한 것이다.

끝으로 정조의 개혁 정치에서 부족한 측면으로, 하급 관료(衙前)에 대한 인식이다. 정조 시대에 아전의 문제는 과거 부정, 조운선 침몰, 삼정(田賦, 軍政, 還穀)의 문란 등 거의 모든 이권과 연루되어 나타났다. 행정의 집행 과정에서 발생하는 이권에 항상 아전들이 개입되어 가히 "이익 있는 곳에는 반드시 아전이 있다."라고 말할 정도였다.[16]

---

16   지평 조덕윤은 "올봄 초시에서 걷은 답안지(試券)가 본래 3000여 장이 었는데 1000여 장이 아전(吏隷)의 무리에 의해 은닉되고 투절"되었음을

그럼에도 성조는 "만약 수령들이 그칠 줄 안다면 하찮고 간사한 아전들이야 그 사이에 낄 것이 있겠는가?"(정조실록 14/4/16)라며 아전 문제가 수령의 선정(善政)에 의해 좌우될 수 있다고 보았다. 그런데 정약용에 따르면 아전은 결코 수령 정치의 종속 변수로 볼 수 없을 만큼 강력한 정치 세력이었다. 아전은 재임 기간이 짧고 중앙 정치의 당쟁에 취약한 상층 관료와 달리 지역의 안정적 지배자로서 국왕과 백성 사이에서 국가 정책을 직접 집행하는 일차적 관리자였다.

　　말하자면 아전은 국왕의 경장 정책을 성공시키거나 좌절시킬 수 있는 구체적 방법을 아는 세력이었다. 예컨대 한나라의 왕망은 토지의 국유화와 노비 매매를 금지하는 경장 정책을 세워 "법령을 어기는 자는 죽이기까지" 하였다. 그러나 "아전이 이를 이용해 간사한 짓을 하니" "3년 만에 왕망은 백성의 괴로움을 알고 조서를 내려서 폐지"할 수밖에 없었다.[17] 말하자면 아전이 법 규정을 악용해 국가의 경장 정책을 좌절시켰다는 것이다.

지적하였고(정조실록 즉위년/6/20) 경상도 관찰사 조진택도 "후조창(경남 밀양 삼랑진의 조창)의 조운선이 침몰되었는데 (……) 아전과 뱃사공이 빌붙어 농간을" 부렸기 때문이라고 보고하였다.(정조실록 17/9/12) 아전은 조선 삼정 문란의 근원으로 지적된 호적 문제에도 개입돼 있었다. 지평 윤함은 "지금의 민폐에 세 가지 고르지 못한 것이 있으니 그것은 바로 군정(軍政)과 조적(糶糴, 춘궁기에 곡식을 대여했다가 추수기에 거두어들이는 제도)과 호역(戶役)으로, 이는 모두가 호적법이 문란한 데서 병폐를 가져온 것"이라고 지적하고, 호적을 다시 정리하여 아전 농간의 단서를 제거하자고 주장했다.(정조실록 22/1/11)

17　　정약용, 『경세유표』 6권 『지관수제』 「전제」 5.

한편 정약용은 아전을 잘 이용하면 국가 이익에 유용한 정책을 효과적으로 추진할 수 있다고 보았다. 목양(牧羊) 정책이 그 예가 될 수 있다. 정약용은 민생과 국가 재정에 매우 유익한 양(羊)이 우리나라에 없는 것은 아전의 '이해'와 관련 있기 때문이라고 보았다. "중국 사람이 '조선에는 양이 없다.' 하나 실은 양이 없는 것이 아니라 양을 치지 않는 것이다. (……) 양 한 마리가 불어나면 창고 담당 아전에게 1년 동안 해롭고, 두 마리가 불어나면 2년 동안 해가 되는데 양이 어찌 불어나겠는가. 이제 목축 맡을 관서를 다시 설치하고 목자(牧者) 수십 명을 증원한 다음 (……) 공이 있는 자는 무관 말직에 참여하도록 하면 10년이 못 되어 조선에는 양이 넘쳐날 것"이라는 것이 정약용의 통찰이었다.[18]

결론적으로 개혁을 성공시키기 위해서는 신상필벌(信賞必罰)을 통해 하급 관리(衙前)를 잘 이용해야 한다는 정약용의 지적은 주목할 가치가 있다.

군제 개혁: 문무 균형의 정치적 효과

"왕궁 호위가 어찌 이럴 수 있는가?" 1777년(정조 1년) 7월 국왕을 시해하려고 경희궁에 침입한 자객을 목격한 정조는 입을 다물지 못했다. 정조가 그날 밤 늦은 시각까지 책을 읽으면서 잠들지 않았기에

---

18   정약용, 『경세유표』 1권 「지관호조」 제2 「교관지속」.

망정이지 그러지 않았더라면 참으로 큰일이 날 뻔했다. 자객은 궁궐의 회랑 지붕을 타고 왕의 침소 바로 위까지 침투했다. 발자국 소리를 들은 왕이 내시들을 불러 급히 침소의 지붕 위를 조사하게 하자 자객은 기왓장을 내던지고 모래를 흩뿌리는 등 귀신 흉내를 내다 도망쳤다.(정조실록 1/7/29)

위험한 궁궐, 취약한 국왕 호위

더욱 놀라운 것은 위기를 느낀 왕이 경희궁을 떠나 창덕궁으로 이어했으나 불과 열흘 만에 그곳에 다시 자객이 침입한 사실이다. 1차 시해 시도에 실패한 후 더욱 강화된 경호를 뚫고 더 대담하게 궁궐에 침입한 것이다. 가까스로 체포한 자객을 국문한 결과 역모의 전모가 드러났다. 주동자는 정조가 즉위 초에 벌인 외척 제거 작업에 불만을 품은 홍상범이었다. 그는 정조를 죽이고 종친인 은전군을 새 왕으로 추대할 계획으로 궁궐 안의 내시, 궁녀는 물론이고 강용휘라는 국왕 호위 무사까지 연계해 '반정(反正)'을 기도했다고 실토했다. 왕을 지켜야 할 궐내의 호위무사와 내시가 50여 명의 외부 불순 세력과 결탁해 시해 역모에 가담했다는 사실이 밝혀지자 조정은 발칵 뒤집어졌다.

그런데 정조의 신변 불안은 사실 어제오늘의 일이 아니었다. 사도세자를 죽게 한 세력은 영조 말년에 세손인 정조를 제거하기 위해 내시와 종들을 주위에 배치해 놓고 "밤낮으로 엿보고 이리저리 음탐"했다. 이 때문에 정조는 "몇 달씩 옷을 벗지 못하고 잠을 자야" 할 정도로(정조실록 즉위년/6/23) 취약한 처지에서 지내야 했다. 정조의 말처럼 한밤중에 방문을 열고 나서면 밖에서 서성이는 자들이 시위하는 자인지 시해하러 온 자인지 구분이 가지 않을 정도로 심야의 왕궁은 늘 위험했다. 이런 상황에서 정조는 어떤 조치를 취했을까?

친위 부대 창설과 군 개혁 방식

첫째, 정조는 가장 믿을 만한 사람에게 궁성 호위를 전담하게 하면서 국왕 친위 부대를 만들었다. 그는 즉위한 직후 측근인 홍국영에게 수어사, 총융사에 이어 궁궐 호위를 주관하는 금위대장을 맡겼다. 아울러 홍국영이 지휘하는 금위군으로 하여금 병조와 두총부 등 여러 부서에 흩어져 있던 궁궐 호위 임무를 총괄하게 했다. 그리고 다른 군영들의 잘못을 수시로 적간(摘奸)할 권한까지 부여했다.[19]

그뿐 아니라 자신이 왕위에 오르는 데 도움을 준 노론의 김종수를 발탁해 병조 판서에 임명했다. 당시 좌의정 이은이 "군사 체계의 혼란"을 들어 이 조처를 비판하자 정조는 "이러한 때에 이 사람을 어찌 외번(外藩, 지방 관청)에 둘 수 있겠는가? 하물며 병조 판서는 중요한 소임이니 마땅히 국가 쪽의 사람(國邊之人)을 써야 한다."라며 김종수를 보호했다.(정조실록 1/8/16) 한마디로 믿을 만한 사람에게 권한을 주어 국왕 호위를 전담하게 했다.

이어서 정조는 국왕 친위 부대를 창설했다. 궁궐 호위 책임자의 교체나 금위군의 인원 증가와 같은 조처만으로는 국왕 호위 체계를 개선할 수 없으며, 결정적으로 훈련도감이나 금위영의 기세를 제압할 수 없다고 보았기 때문이다.

---

19   김준혁, 「조선 정조 대 장용영 연구」(중앙대학교 박사 학위 논문, 2007) 21쪽.

1777년 11월 정조는 창덕궁 선양문의 동쪽에 숙위소를 설치하고 도승지와 금위대장을 겸임하던 홍국영을 숙위대장으로 삼았다. 이 과정에서 정조는 군인들의 반발을 예방하는 일에 특히 유념했다. 수어청과 어영청의 통폐합 논의 때 지적된 것처럼 당시 군인들은 군개혁 과정에서 직장을 잃지 않을까 우려했다. 따라서 정조는 통폐합되는 군영들의 군인들을 다른 군영으로 인계하는 한편 기량이 뛰어난 자들을 뽑아 새로 창설된 친위 부대에 배속시켰다. 이렇게 시작된 국왕 호위 부대가 1785년(정조 9년)에 장용위로 바뀌고 다시 궁궐과 수원 화성에 각각 내외영을 둔 장용영이라는 막강한 친위 부대로 발전한 것은 잘 알려진 일이다.

무인 정조, 그의 무예와 병법 이해

둘째, 정조 자신이 직접 무예를 닦고 병법을 익혔다. 사극이나 영화에서도 소개되었지만 정조는 뛰어난 궁사(弓師)였다. 그는 창덕궁 후원에서 무사들의 활쏘기 시험을 치르는 한편 친히 나서서 활을 쏘기도 했다. 보통 5순(巡), 즉 50발의 화살을 쏘곤 했는데, 8순과 9순 그리고 어떨 때는 10순의 화살을 날리기도 했다.(정조실록 16/10/30) 어지간해서는 잘 당겨지지도 않는 국궁으로 100발의 화살을 쏘아 명중시키는 것은 보통의 실력으로는 불가능한 일이다.

몇 년 전 KBS의 「한국사 전(傳)」에서 고증한 것처럼 현재 국가 대표 궁수들 중에서도 50발을 쏘아 40발 이상 적중하기란 평생 한 번 있을까 말까 할 정도로 어려운 일이다. 정조의 말처럼 "천부적으로 활 잘 쏘는 집안 내력"이 아니면 힘든 일이었다. 그는 화살을 하나

하나 명중시킨 다음 "다 쏘는 것은 좋지 않다."라면서 나머지 한 발을 남기거나 다른 곳으로 날려 버리곤 했다. 그뿐 아니라 정조는 말타기를 좋아해 서울 근교를 행행(行幸)할 때나 생부 사도세자의 능이 있는 수원 화성에 갈 때는 황금 갑옷 차림으로 백마를 타고 직접 군대를 지휘하기도 했다.

정조는 병법에도 높은 식견을 가지고 있었다. 몇 년 전 우리나라의 국방부 장관이 "남북 교류의 시대가 도래하면서 곳곳에서 안보 의식이 해이해져 마치 '편한 군대'가 민주 군대인 것처럼 착각하고 있다."라고 지적했다. 그러나 모름지기 "군은 전투 전문가, 전문 싸움꾼으로서 오늘 밤 당장 전투가 개시되더라도 승리할 수 있는 부대가 되어야 한다."라는 전(前) 국방 장관의 말처럼 우리 군은 관리형 군대가 아닌 전투형 군대로 혁신되어야 마땅하다.[20]

정조도 이와 비슷한 맥락에서 당시 조선의 오랜 평화가 가져온 군대의 무기력화를 우려하면서 "군자는 싸움을 하지 않을지언정 싸우면 반드시 이긴다(君子有不戰 戰必勝)."(정조실록 2/6/4)라며 강한 군대의 중요성을 강조했다. 평소에 싸우면 적을 제압할 수 있는 힘을 기르되 가급적 싸움이 아니라 말로 상대방을 감복시킬 힘이 필요하다는 것이다.

정조는 군대의 전투력을 극대화하기 위해서는 군병과 무기 등 군대의 외형적 요소(形)와 장수의 작전 능력(神)을 잘 조화시켜야 한다고 보았다.

---

20   김민석·서승욱, 「이상희 국방, "군은 전문 싸움꾼 돼야 한다"」,《중앙일보》(2008년 4월 12일).

군대에는 외형(形)이 있고 정신(神)이 있다. 외형이란 무엇인가? 무기와 갑옷, 깃발, 북과 방울, 징 등이다. 정신이란 무엇인가? 경과 위(經緯), 임시 변동과 원칙(奇正), 허와 실(虛實), 변과 화(變化) 등을 말한다. 그런데 정신이 있으면 그 외형을 유감없이 다 다룰 수 있지만 외형만으로는 정신의 목적을 다 달성할 수 없다. 이 때문에 같은 저자의 책이라 할지라도 병법을 말하는 이들은 삼략(三略)을 제일로 치고 보루(壘圖) 같은 것은 지엽으로 알고 있다. 그러나 정신은 외형이 아니면 작용이 안 되고, 외형도 정신을 이용하지 않으면 쓸모가 없다. 외형과 정신은 불가분의 관계인 것이다.[21]

정조는 또한 "군대는 임기응변(奇變)이 중요한데 무슨 질서가 필요한가?"라는 주장에 대해 "이것은 모르고 하는 소리"라고 반론했다. "용병(用兵)을 잘하는 자일수록 변화무쌍하면서도 더욱더 질서를 잃지 않고, 질서를 잃지 않아야만 더욱 변화무쌍한 것"이라며 군대의 행렬과 좌작진퇴(坐作進退)와 같은 기초 훈련을 잘해야 한다고 말했다.

한마디로 정조는 문약한 왕이 아니었다. 그는 무예를 통해 심신을 단련하고 자기 몸을 보호할 뿐 아니라 직접 군대를 지휘하면서 익힌 병법을 현실 정치에 적용하려 한 무략(武略)의 군주였다.

---

21   정조, 『홍재전서』 9권 『서인(序引)』 2 「병학지남서」.

군령 지휘 체계의 통일

셋째, 병조 판서 중심으로 군령 지휘 체계를 통일시킨 일이다. 정조는 집권 초 군정의 가장 큰 문제점으로 "가병(家兵)의 폐단과 다문(多門)의 근심"을 꼽았다.(정조실록 2/6/13) 한국 현대사에서도 군대 안 사조직이 군령 체계를 장악해 대통령-국방 장관-참모 총장의 공식 라인을 마비시켜 하극상의 쿠데타를 일으킨 것에서 볼 수 있듯이(12·12 사태) 군령 체계가 일원화되지 않으면 자칫 심각한 사태를 초래할 수 있다. 정조 시대의 다섯 군영 역시 마찬가지였다. 각 군영은 특정 정파의 이해에 얽혀 있었고(오군영의 사병적 성격, 家兵), 군령 체계 역시 무질서했다.(多門)

다스림에 있어 옛날을 본받지 않으면 모두 구차스러워지는 법이다. 병사를 다스리고 예를 다스리는 것도 어찌 이와 다르겠는가. 대개 오위(五衛)의 법이 복구되지 않고 오영(五營)의 제도가 개혁되지 않는다면 비록 옛날 뜻을 따라 훌륭한 법규를 얻고자 해도 이미 그 근본을 바르게 할 수 없으니, 또한 말단을 다스리는 것이 될 뿐이다. 더구나 지금 우러러 누대에 걸쳐 내려온(列朝) 훌륭한 법을 이어 장차 열무(閱武)의 예를 행하려 하는데, 병조 판서를 대중군(大中軍)이라 하고 대중군 위에는 다시 대장군(大將軍)의 칭호가 없다. 또 오영의 대장을 각 영장(營將)이라 하는데 각 영장 외에 또 삼군(三軍)을 통제하는 사람이 없다. 어찌 당당한 천승(千乘)의 지존(至尊)으로 몸소 갑옷을 입고 직접 사열장을 돌며 주장(主將)의 일을 주관해야 한단 말인가. 그게 될 일이겠는가. 평소에는 병조 판서가 오영을 통솔하지 않다가 조련할 때가 되어 오영으로 하여금 병조 판서의 명에 복종하게 한다면 이 또한 너무도 적합지 않은 것이다.[22]

정조는 "우리나라는 문치(文治)로 나라를 세우고 무략(武略)도 또한 갖추었는데(文治立國 武略亦備)"(정조실록 2/6/4) 임진왜란 이후 여러 군영이 그때그때의 필요에 따라 신설되면서 군령 체계가 흐트러졌다고 말했다. 게다가 붕당과 군영이 유착하면서 각 군영의 대장들은 국왕 직속인 병조 판서의 명을 따르기보다 자신을 후원하는 붕당 영수의 지시를 더 중시했다. 예를 들면 오군영의 하나인 훈련도감의 경우 국왕이 친림하여 군사 훈련을 할 때만 병조 판서의 명령을 받들고, 평소에는 병조의 통제를 받지 않았다.

이에 정조는 "군대란 대소가 서로 연계되어 상하의 차서(次序)가 있지 않으면 안 된다."(정조실록 2/8/13)라면서 병조 판서의 권한을 대폭 강화했다. 종래 군영 대장이 행사하던 후임자 추천권을 없애고 병조 판서에게 인사권을 준 것이다. 그뿐 아니라 평시에도 병조로 하여금 오군영을 지휘하게 하여 국왕-병조 판서-군영 대장으로 일원화된 명령 체계를 수립했다. 예컨대 정조는 1778년(정조 2년)에 수어청과 총융청을 통합하는 문제를 논의하면서 "대저 천자(天子)는 육사(六師)를 거느리고 제후는 삼군(三軍)을 거느렸으나, 어느 경우든 대장(大將)은 하나뿐이었다."라면서 우리나라처럼 "명령이 여러 곳에서 나오면 폐단이 있다."라고 지적했다.(정조실록 2/2/5) 재위 중반 이후 정조의 군 개혁

22   정조, 『홍재전서』30권『교』1「대열(大閱)의 의절을 고쳐 정하라는 하교」.

은 그런 문제를 해결하려는 노력이었다.

이런 군 개혁은 상당한 효과를 본 듯하다. 1790년(정조 14년) 11월 한강에서 실시된 장용영과 훈련도감의 합동 군사 훈련을 마친 정조는 "우리나라도 또한 군사의 규율이 있다고 할 만하다."라며 연신 칭찬을 아끼지 않았다. 국왕의 지휘에 따라 모든 군대가 일사분란하게 움직였으며, 약속된 불화살이 오르자 군막은 말할 것도 없고 "강변의 마을 집까지 새까맣게 되어 한 점의 불빛도" 볼 수 없었다. 심야 군사 훈련을 위한 관민 협조가 완벽히 이뤄진 것이다. 특히 장용위가 국왕의 행차 이동 등 기동 훈련을 실시할 때는 "사람과 말이 나는 것 같아 신병(神兵)과 다름없다."라면서 모두들 감탄을 금치 못했다.

즉위 초 국왕의 신변조차 불안했던 상황을 생각해 보면 이런 변화는 실로 상전벽해(桑田碧海)와 같은 것이었다. 정조는 계속해서 "문무의 겸전"을 강조하면서 문신에게는 활쏘기를 연습시켰고(정조실록 7/8/12, 14/4/17), 무신에게도 책을 읽혔다. 수원 화성의 방화수류정에서 문신(閣臣)과 무신(將臣)을 서로 짝짓게 하여 활쏘기를 하게 한 것(정조실록 21/1/29)이 그 한 예이다.

그에 따르면 "문과 무는 부족한 것을 서로 보완하는 효과"가 있다. 따라서 "문약(文弱)에 흐르지 않게 하고 무력을 남용하는 데에 이르지 않게(文而不至於委靡 武而不至於窮黷)"(정조실록 7/6/26) 해야만 관대하면서도 질박한 인재가 많이 배출될 수 있다는 것이다. 여기에서 정조는 문약해지면 위미(委靡), 즉 잘못된 것을 떨쳐 일어날 수 있는 용기를 갖지 못하게 된다고 말했다. 끊고 맺는 결단력을 상실할 위험이 있다는 것이다. 다른 한편 무력을 남용하면 궁독(窮黷), 즉 군사를 위태롭게 하고 무예를 더럽히는 궁병독무(窮兵黷武)의 잘못을 범할 수 있다. 우유부단함과 무모함을 모두 피하기 위해서는 문과 무를 함께 익혀야 하며, 두려움이나 유혹에 직면했을 때 과감히 물리치는 무(武)의 힘을 기르되 "싸움을 없게 하기 위해(止戈) 싸움을 하는" 문(文)의 지혜도 발휘하는 군자의 도를 배워야 한다는 것이 정조의 생각이었다.

나에게 용순검이 있으니	我有龍脣劍
반짝이는 칼날 길이가 삼 척이로세	熒然三尺長
황금으로 갈고리를 만들고	黃金以爲鉤
녹련으로 칼끝을 만들었는데	綠蓮以爲鋩
괴이한 빛이 느닷없이 때때로 발하매	光怪閴時發
북두성과 견우성을 다투어 쳐다보도다[23]	斗牛爭頻昂
바다에서는 기다란 고래를 베고	駕海斬脩鯨
뭍에서는 큰 이리를 잡을 수 있네	憑陸殪封狼
북녘으로 풍진의 빛을 돌아보니	北顧風塵色
연산은 아득히 멀기만 한데	燕山杳蒼茫
장사가 한 번 탄식을 하니	壯士一歎息

---

23   오(吳)나라 때 북두성과 견우성 사이에 늘 보랏빛 기운이 감돌아 장화(張華)가 예장(豫章)의 점성가인 뇌환(雷煥)에게 물었더니 보검의 빛이라 하였다. 그 후 중국 강서성 풍성현의 옛 옥사(獄舍) 터의 땅속에서 춘추 시대에 만들어진 명검(名劍)인 용천검(龍泉劍)과 태아검(太阿劍)을 발굴했다는 고사가 있다. 『진서(晉書)』 36권 「장화 열전張華列傳」.

왕위에 오르기 전 정적들에게 포위된 상태에서 쓴 것이라 그런지 위협감마저 주는 시이다. "장사가 한 번 탄식을 하니 수놓은 칼집에 가을 서리가 어리누나"라는 구절에서는 세종 때의 김종서나 이순신 장군의 기상이 읽힌다.

결론적으로 정조는 생존까지 위협받는 위기 상황에 처해서 신체 수련을 통한 철저한 자기 관리와 깊이 있는 병법의 연구, 그에 기초한 지속적이고도 강력한 국방 개혁을 수행해 냈다. 바로 이것이 정조가 말하는 문치와 무략의 국가 경영의 요체였고, 다른 모든 개혁을 가능케 한 토대였다.

24　　　정조, 『홍재전서』 1권 『춘저록』 1 시 「보검행」.

디자인 경영의 의미

"세계 최초의 계획된 신도시",[1] 정조의 효심으로 세워진 "효원(孝園)의 도시"[2] 등 수원 화성을 표현하는 말은 다양하다. 흥미로운 것은 세계유산위원회 집행이사회의 수원 화성에 대한 평가이다.

1997년 유네스코 등재 조사단은 수원 화성 성곽 등이 복원한 지 불과 20년밖에 되지 않은 상태였지만 성곽의 건축물들이 "동일한 것 없이 제각기 다른 예술적 가치를 지니고 있다."라는 점에 주목하여 긍정적인 평가를 내렸다. 물론 완벽한 공사 보고서인 『화성성역의궤』가 있었기에 세계 문화유산으로 등재될 수 있었음은 잘 알려진

---

1   손정목, 『조선 시대 도시 사회 연구』(일지사, 1988).

2   김해영, 『철학자, 정조의 효치를 분석하다』(안티쿠스, 2012), 29쪽.

수원 화성.(ⓒ김봉렬)

사실이다.[3] 말하자면 수원 화성은 개혁의 성과라는 측면 외에 디자인 경영(design management)의 측면에서 재조명할 필요가 있다.

'디자인 경영'이란 용어는 영국 왕립예술협회에서 1965년에 '디자인 경영상(Presidential Awards for Design Management)'을 제정하면서 공식적으로 사용되었다. 이 용어는 마이클 파르(Michael Farr) 등 여러 학자들에 의해 다양하게 정의되었는데,[4] 종합하면 '여러 요소의 디자인을 유기적으로 연결 지어 경영으로까지 살려 내는 것'이라고 정의할 수 있다.[5]

3   한영우, 「화성성역의궤 해제」, 경기문화재단, 『화성성역의궤 국역증보판』 상(경기문화재단, 2005), 21쪽.

4   M. Farr, *Design Management*(London: Hodder and Stoughton, 1966).

5   정경원, 『디자인 경영』(안그라픽스, 2006), 28~41쪽, 59~76쪽.

이 정의는 두 가지 의미를 담고 있는데, 하나는 디자인 요소들 사이의 조화이다. 가령 런던 교통 시스템의 '하우스 스타일'에서 보듯이 탁월한 통일성(unity)은 디자인 경영의 생명이다. 즉 지하철의 차량, 버스, 플랫폼 의자, 조명 기구들을 모두 조화되도록 디자인하는 '하우스 스타일'은 공공 분야 디자인 경영의 성공 사례가 되고 있다.

디자인 경영의 또 다른 의미는 디자인 요소들끼리 조화를 이루는 것을 넘어서서 경영 성과를 거두는 것이다. 디자이너 개인에게는 작품의 미학적 수준이나 작품의 완성도가 중요할 수 있다. 하지만 산업 디자인에서는 그것만으로 부족하다. 소비자들의 욕구나 소비 트렌드의 변화까지 예측해야 하며, 잠재해 있는 수요자의 가치까지 창출해야 하는 것이 디자인 경영자의 책임이다.

여기에서 보듯이 디자인 경영의 핵심은 사람에 있다. '디자인 문제를 정의하는 사람', '가장 적합한 디자이너를 찾아내는 사람', '디자인 문제를 해결해 주는 사람', 즉 '디자인 리더십'을 갖춘 사람을 기르고 적재적소에 배치하는 리더의 존재가 디자인 경영의 요체인 것이다.

정조는 탁월한 디자인 경영자였다. 그는 사용자(백성)의 입장에서 제품을 정의하고("집집마다 부유하고 사람마다 화락하는 도시") 품질을 확끌어 올릴 수 있는 혁신의 안목과 능력을 갖춘 디자이너(채제공, 조심태 등)를 선별·배치해서 제대로 된 결론을 이끌어 낸 리더였다.

수원 화성이 성공적인 디자인 경영 사례라는 것은, 도성 외곽의 작은 읍치에 불과하던 수원부가 정조 시대 이후 화성 유수(留守)가 거주하고 장용외영이 상주하는 거점 도시로 성장한 사실에서 증명된

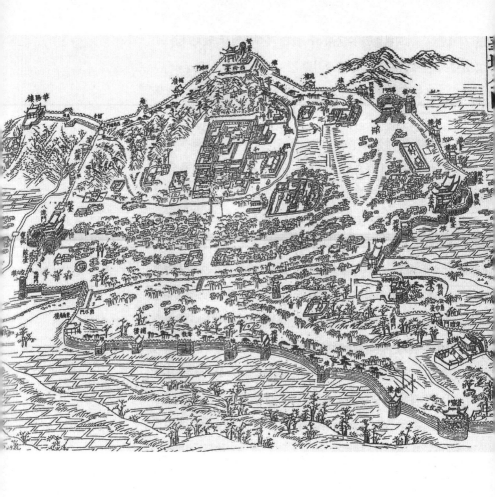

「화성 전도」. 위에서 내려다보는 부감법을 이용해 생생하게 그렸다.

디. 그러면 정조는 어떤 생각으로 수원 화성을 건설했을까? 그리고 건설 과정에서 장애물은 또 무엇이었을까?

우선 살필 것은 수원 화성 건설과 관련된 정조의 비전이다.('인화(人和)의 도시') 그는 화성 유수 조심태에게 수원 화성 건설에서 "제일 먼저 할 것은 집집마다 넉넉하고 사람마다 화락한" 도시로 만드는 것이라고 말했다.[6] 정조의 이런 생각은 『화성성역의궤』 첫 편(首)에 나오는 「화성 전도(華城全圖)」에서도 읽을 수 있다.

「화성 전도」를 그릴 때 정조는 위에서 내려다보는 부감법을 이용해 팔달산 턱밑의 화성 행궁이며 그 위 서장대의 위용, 행궁 아래 남북으로 길게 흐르는 수원천(柳川)의 모습을 손에 잡힐 듯 그려 냈다. 마치 드론으로 촬영한 듯 생생하게 화성의 아름다움을 담아 낸 이 그림은 자연과 인공이 어떻게 조화를 이룰 수 있는지를 단적으로 보여 준다.

「화성 전도」에서 가장 인상적인 것은 아래쪽에 곶(串)처럼 돌출되어 나온 동장대 부분이다. 왜 정조는 장안문에서 아래로 동장대까지 성곽을 직선으로 만들지 않았을까? 왜 장안문부터 위로 화서문까지 민가를 가로질러 곧장 성을 쌓지 않았을까? 정조의 말에 답이 있다. 수원 화성 설계 초기인 1794년(정조 18년) 1월 15일 팔달산 정상에 오른 정조는 성터의 형세를 두루 둘러보았다. 이때 나중에 들어서게 될 장안문에서 화서문까지 북쪽 마을의 민가를 헐어야 한다는 신료에게 그는 이렇게 말했다. "모두 헐어서 철거하다니. 그것이 과연

---

6   경기문화재단, 앞의 책, 174쪽.

인화(人和)를 귀히 여기는 뜻인가?" 정조는 이렇게도 말했다. "이곳의 시내가 마침 버드내(柳川)이니 마땅히 성 모양도 버들잎 같아야 하지 않겠느냐? 북쪽 마을의 인가가 여기저기 흩어져 있는 곳을 세 번 구부리고 또 세 번 꺾어서 성을 쌓으면 마침내 버드내의 뜻도 담을 수 있을 것이다."[7]

다음으로 눈여겨볼 것은 수원 화성 건설을 반대하거나 찬성하는 신하들의 논리와 정조의 대응이다. 정조가 직면한 제일 큰 어려움은 공사 도중 발생한 전국적인 가뭄과 노론 신하들의 반대였다. 축성 공사를 시작한 지 여섯 달이 지난 1794년 8월에 태풍이 불고 온 나라에 흉년이 들었다. 특히 충청도 지역을 휩쓴 태풍으로 116명이 익사하는 등 큰 인명 사고가 났다.(정조실록 18/10/11) 그러자 자연재해가 심각한 시기에 나라에서 공사를 일으켜 운반하고 쌓는 일을 행하는 것은 적절치 않다는 여론이 일었다.(정조실록 18/10/19)

축성 공사 반대 여론은 해가 바뀌면서 더욱 거세졌다. 노론의 권유는 "형벌을 받아 복주(伏誅)되는 것을 무릅쓰고" 국왕의 측근 신하(貴近)들이 사리사욕을 채우는 데만 급급하고 화성 축조 과정에서 공사비를 빼돌리고 있다고 비판했다.(정조실록 19/1/11)

1796년(정조 20년) 3월에 이명연 등이 경기, 충청 지방의 흉년을 이유로 화성 성역의 정지를 요구하고 나선 것이나 같은 해 7월 노론 벽파의 영수 김종수가 화성 성역을 비난하는 호남과 호서의 여론을 담아 장문의 편지로 보낸 것(정조실록 20/7/2) 역시 화성 성역을 반대한

---

7   같은 책, 194~195쪽.

움직임의 예이다. 이 편지에서 김종수는 화성 성역을 "진나라의 축성(築城), 한나라의 매관(賣官)"에 빗대어 비난했다. 이렇게 되자 정조는 신하들에게 화성 공사를 계속할지 여부를 묻지 않을 수 없었다.

당시 채제공을 비롯해 대부분의 대신들은 토목 공사를 계속해 구휼 효과를 기해야 한다고 주장했다. 그러나 정조는 뜻밖에도 "나는 성 쌓는 공사를 정지하는 것이 가뭄 구휼 행정의 가장 큰 급무라고 생각한다."(정조실록 18/10/19)라며 화성 공사의 중지를 선언했다. 정조는 겨울철에 공사를 강행하는 것이 무리일 뿐 아니라 특히 전국적인 구휼책과 대규모 공사의 병행은 재정적 파탄을 가져올 것이므로 "결국 행해질 수 없는 정사"에 불과하다고 보았다. 결과적으로 화성 공사는 이때 정지되었다가 이듬해에 재개되어 1796년(정조 20년) 9월 10일에 완성되었다.

정조가 이처럼 백성들의 마음을 얻는 것을 중시한 것은 성곽의 견고함은 결국 그 시설 안에 사는 사람들의 마음에 달려 있다고 보았기 때문이다. 흉년에 토목 공사를 일으키는 것은 구휼하는 효과가 있으니 오히려 장려해야 한다는 주장도 일리가 있었지만 더욱 중요한 것은 인화(人和)라는 게 정조의 생각이었다. 조정의 "조처가 온당하면 백성들의 기상이 편안해질 것"이며, 성이 튼튼하게 되느냐 그러지 않느냐 역시 "인심이 향하는 바(衆心所向)"에 달려 있다고 판단한 것이다.(정조실록 18/11/1)

그러면 애초에 10년을 예상했던 수원 화성 프로젝트를 33개월 만에(동·하절기의 중기 기간을 제외한 순 공사 기간은 27개월 25일이다.) 완성할 수 있었던 비결은 무엇일까?

첫째, 일을 맡은 신료들의 헌신적 노력과 왕의 위임이다. 채제공, 조심태 등 화성의 축성 책임자들은 다양한 아이디어를 내는가 하면 다른 사람들이 이주를 꺼리는 상황에서 자신의 가족을 먼저 이사시키는 등 모범을 보였다. 일이 끝날 때까지 그들에게 장기간 안정되게 책임을 맡긴 정조의 리더십도 큰 도움이 되었다.

둘째, 부역을 시키는 대신 임금을 지불하는 '성과급' 방식 역시 일의 효율을 높였다. 정조는 애초에 승려를 동원하거나 백성들에게 부역을 시켜 축성을 진행하자는 의견을 반대했다. "공사에 투입된 품값은 날품으로 하지 말고 짐 수로 주되 운반 거리의 멀고 가까운 데 따라 차등을 두게 하라. 그러면 힘센 사람은 100냥 돈을 넉넉히 벌 수 있을 것이고, 약한 사람이라도 저 먹을 벌이는 될 것"[8]이라는 게 왕의 지시였다. 한마디로 성과급이라는 당시로서 혁신적인 방식을 택한 것이 성공의 요인이었다.

셋째, 성곽의 설계와 공사를 동시에 진행하는 '공정 중첩 단축법(fast tracking)'이 공사 기간을 줄이는 데 기여했다. 화성 건설 담당자들은 성곽 공사를 동서남북 네 군데에서 동시에 착공하는 공법을 사용했는데, 이는 프로젝트 관리의 효율성을 극대화했다.[9] "모든 일은 규

---

8   같은 책, 177쪽.

9   Young Min Park, *Finding the Future of Project Management from Hwaseong Fortress*(Anchorage: University of Alaska Anchorage, 2008), p. 42. 성곽 공사 중 가장 어렵고 공기가 긴 이른바 애로 공정(critical path)을 줄이는데, 정조는 네 군데에서 동시에 진행하는 공정 중첩 단축법을 적용하였다. 이로써 공사 기간을 대폭 단축시킬 수 있었다.

모를 정하는 게 제일 먼저이고, 규모는 미리 경영하는 것이 중요하며, 그 경영하는 것은 적격자를 얻는 것만 한 일이 없다."[10]라는 왕의 생각이 반영된 공사 진행법이 효과적인 건설을 가능케 했다.

넷째, 공사 실명제를 도입해 우수한 품질을 확보한(quality assurance) 점이다. 화성 건설 책임자들은 공사 담당자의 실명을 각석에 새겨 책임의 소재를 분명히 했다. 예컨대 수원 화성의 남문인 팔달문에는 축성에 참여한 사람들의 이름이 새겨져 있다. 감동(監董, 공사 책임) 전(前) 목사 김낙순부터 석수(石手) 가선(嘉善) 김상득까지 85명이 참여했다는 글씨가 그것이다. 이는 공사 실명 책임제의 대표적 사례이다.[11]

실제로 당시 성곽을 쌓는 전 과정을 빠짐없이 기록한 『화성성역 의궤』를 보면 "작은 끌톱장이 김삽사리(金揷士伊)", "목수 박뭉투리(朴無應土里)" 등 숱한 평민들의 이름을 만날 수 있다. 팔달문의 공사 책임자 감동 김낙순에 대해서는 "병진년(1796년, 정조 20년) 3월에 길주 목사에서 이곳으로 옮겨 와 9월까지 감동으로 175일 실제 일함"이라

---

10   경기문화재단, 앞의 책, 191쪽.

11   정조의 공사 실명제는 삼국 시대와 세종 시대 등 국가 경영이 탄탄하던 시대에 공통적으로 나타나는 디자인 경영의 전통이다. 503년에 세워졌다고 추정되는 신라의 영일냉수리 비석(迎日冷水里碑)에는 "절거리(節居利)"라는 인물의 재산 소유와 사후의 재산 상속 문제가 기록되어 있는데, 의사 결정에 참여한 사람들의 이름까지 나열되어 있다. 전미희, 「냉수비·봉평비에 보이는 신라 6부의 성격」, 《한국고대사연구》 17(2000), 58쪽. 그뿐 아니라 550년경에 만들어진 단양 신라적성비(丹陽新羅赤城碑)에는 나라를 위해 죽은 사람들에 대한 포상 내역과 공훈자들의 이름이 새겨져 있다.

팔달문 화강암 벽에 새겨진 공사 참가자 이름.(ⓒ김경원)

고 기록되어 있다.[12]

정조는 "옛날 사람들은 작은 다리 하나를 건립했어도 오히려 돌에 새겨서 그 일을 기록하게 했다. 하물며 이번 성역은 일이 크고 소중함이 자별하니 공적을 기록하는 처사가 있어야 하겠다."라며 평민의 이름까지 성벽이나 『화성성역의궤』에 적어 놓았다.[13] 이름을 기록해 주는 이런 리더십이야말로 애초에 10년으로 계획된 성역을 33개

---

12   같은 책, 18쪽.

13   경기문화재단, 앞의 책, 200쪽.

월 반에 소기 달성할 수 있는 비결의 하나였다.

그뿐 아니라 정조는『화성성역의궤』에 업무에 따른 하루 품삯, 사용한 종이의 수, 심지어 가마솥 보수 비용으로 16냥 2전 6푼이 들어간 것까지 기록하게 했다. 사업 전체가 투명하고 체계적이었음을 엿볼 수 있는 대목이다.[14]

아름다운 것의 힘

정조는 매우 섬세한 감성을 가진 인문학적 리더였으며, 디자인에 대해서도 놀라운 통찰력을 가졌다. 그의 이러한 감성과 통찰이 수원 화성 건설에 잘 반영되었다. 수원 화성을 건설하는 과정에서 발휘된 정조의 인문 경영 리더십은 두 측면에서 살펴볼 수 있다. 그 첫째는 주략(籌略)-예경(豫經)-득인(得人)을 아우르는 종합 경영이다.

정조는 일의 성패가 다음 세 가지를 어떻게 하느냐에 달려 있다고 보았다. (1) 규모 정하기, (2) 미리 경영해 보기, (3) 적합한 인재를 구해 맡기는 과정이 그것이다. 여기에서 보듯이 어떤 일을 할 때 처음으로 해야 할 것은 규모 정하기(先定規模), 즉 주략(籌略)이라 불린 청사진을 잘 그리는 일이다. 왕명으로 엄치욱에게「화성 전도」를 그리

---

14   최근의 연구에 따르면 수원 화성 건설은 오늘날 프로젝트 관리의 표준 기법 44개 프로세스 중 25개(57퍼센트)를 충족시킨다. Young Min Park, ibid., p. 52. 이지은,「역사문화환경 보전 사업에 대한 프로젝트 관리 적용 평가 연구」(경원대학교 석사 학위 논문, 2012), 62쪽.

게 하고, 김홍도 등에게 한강 배다리 설계도 등을 그려 오게 한 것은 규모에 해당하는 기본 설계를 잘 짜기 위해서였다.

그다음으로 미리 경영해 보는 것(預爲經紀)이 중요하다. 핵심이 되는 요소들을 미리 검토하는 일인데, 정조는 이를 위해 "비록 작은 일일지라도 반드시 갑을 토론(甲乙之論)을 거치라."라고 말했다. 인력을 어떻게 동원하고 예산은 무엇으로 뒷받침할지를 미리 충분히 찬반 토론을 해서 문제가 될 만한 것을 충분히 짚고 넘어가라는 것이다. 그렇게 해서 "규모를 하나로 정한 다음에는 헛된 주장(浮議)에 흔들림이 없으면 비로소 일을 이룰 수 있다."라는 게 정조의 신념이었다.[15]

맨 마지막은 그 일에 적합한 인재를 얻어서(得其人) 맡기는 것이다. 그 사람이 그 일에 적합한지 그렇지 않은지를 가리는 기준은 어려운 상황에 처했을 때 어떻게 행동하느냐였다. 그에 따르면 물을 볼 때는 찰랑이는 부분을 잘 살펴야 하는데, 잔잔한 곳이 아니라 찰랑거리고 여울지는 곳을 봐야 시내의 깊이를 알 수 있다. 마찬가지로 곤경에 처했을 때라 할지라도 국가 사업에 헌신할 수 있는 사람이면 믿고 맡길 만하다는 게 정조의 생각이었다.(정조실록 즉위년/10/13) 아울러 그는 상벌을 분명히 해서 채제공이나 조심태처럼 성과를 낸 인재에게는 상을 주어 장기 근속하게 하였고[16] 의사소통 왜곡자,[17] 공문

---

15   경기문화재단, 앞의 책, 193쪽.

16   "총리대신 채제공 외", 같은 책, 259쪽. "감동당상 조심태 외", 같은 책, 170쪽.

17   같은 책, 164쪽.

아름다운 것이 강하다. 방화수류정.(ⓒ김봉렬)

'견고박소' 철학을 상징하는 석축과 여장.(ⓒ이인미)

서 왜곡자,[18] 의궤청 기록 누락자[19] 등에게는 벌을 내렸다.

그 둘째는 견고박소(堅固朴素)의 미학 경영이다. 잘 알려진 것처럼 정조는 성이 튼튼하면 됐지 왜 이렇게 아름답게 쌓느냐는 반대자들에게 "겉모양만 아름답게 꾸미고 견고하게 쌓을 방도를 생각하지 않으면 옳지 않지만, 겉모양을 아름답게 하는 것도 적을 방어하는 데에 도움이 된다(徒爲觀瞻之美 而不念堅緻之方 固不可 而觀瞻之美 亦有助於禦敵)."라고 말했다.(정조실록 17/12/8)

"웅장하고 화려해야 위엄이 있다(非壯麗 無以重威)."라는 말은 수원 화성 건설의 핵심 철학이다. 정조와 채제공 등은 수원 화성을 쌓을 때 '꼭 필요한 것만 잘' 만들게 했다. 성은 유사시 목숨을 걸고 싸우기 위한 군사용 건축이기 때문이다. 이 목적을 잘 달성하기 위해 불필요한 장식을 모두 제거하고 꼭 필요한 것만 설치했다.[20] 수원 유수를 지낸 이만수가 언급했듯이 정조는 "용마루, 기둥, 섬돌, 지도리 등을 견고하면서도 단순하게(堅固朴素) 만드는 것을 우선"으로 했다.(순조실록 1/2/10) 생존에 장애가 될 모든 가식이나 과다함을 제거하여 질박(質朴)한 아름다움만 남긴 것이다.

'견고박소(堅固朴素)'는 흥미롭게도 스티브 잡스와 함께 오랫동안 애플의 광고와 마케팅을 이끈 켄 시걸(Ken Segall)의 책 제목(『미친 듯이 심플』)과 일맥상통한다. 조직이든 제품 디자인이든 복잡하게 만들려는

---

18   같은 책, 207쪽.

19   같은 책, 221쪽.

20   김봉렬, 『김봉렬의 한국 건축 이야기 1: 시대를 담는 그릇』(돌베개, 2006), 364~365쪽.

인간의 본능에 맞서 단순화에 사력을 다했기 때문에 애플이 살아남았다는 게 그의 주장이다. 단순하기(朴素) 때문에 친근하고, 친근하기 때문에 시간의 도전을 이겨 내며(堅固) 오래도록 사랑받을 수 있다는 점, 그래서 꼭 필요한 것만 잘 만들어야 한다는 지극히 평범한 진리를 수원 화성은 잘 보여 준다.

왕과 범 그리고

8

옛날에 우임금은 수레에서 내려
죄인을 보고 흐느꼈다.
저들도 사람인데 어찌 천성적으로
선을 좋아하는 마음이 없겠는가.
다만 평소 교화시킴이 없었고
잘 인도하지 못하였기 때문이다.[1]

정조 시대의 법과 정치

흔히 '법은 사회의 거울'이라고 한다. 재판에 대한 기록만큼 그 시대의 실제 모습을 적나라하게 보여 주는 자료도 없다. 실록은 왕과 신하들이 정치 이념을 놓고 논쟁하고 국정 운영 방향에 대해 토론하는 모습을 잘 기록해 놓은 동시에 최고 재판관인 국왕의 판결도 충실히 담고 있다.

역사 기록을 중시한 정조는 재판에 관한 기록을 유독 충실하게 남겼다. 정조는 백성들이 억울하게 죽는 일을 없애기 위해 영조 때 만들어진 『증수 무원록(增修無冤錄)』을 다시 고증하여 바로잡고 한글

---

1   昔大禹下車泣辜 彼亦人耳. 豈無秉彝好善之心 而祇緣敎之無素 導之
     無方. 정조, 『홍재전서』 169 『일득록』 9 「정사」.

로 토를 달게 했다. 1792년(정조 16년)에 간행된 『증수무원록 언해(增修無冤錄諺解)』라는 검험법서(檢驗法書)가 그것이다. 그리고 재판에 대한 가장 빛나는 기록인 『심리록(審理錄)』 역시 정조가 남긴 위대한 성과이다.

『심리록』은 정조가 세손으로 대리청정을 시작한 1775년(영조 51년) 12월부터 1800년(정조 24년) 6월 사망할 때까지 사형(死刑) 대상 범죄 1112건에 대해 왕이 손수 내린 판결을 모은 일종의 형사 판례집이다. 이 책에는 각 사건들이 (1) 범죄 발생 군현의 이름(서울은 부명(部名))과 범죄인 성명, (2) 사건 개요, (3) 관찰사와 형조의 조사 보고인 도계(道啓)와 조계(曹啓), (4) 국왕 정조의 판부(判付) 순으로 기록되어 있다. 이 중에서 '사건 개요'에는 범죄 사건이 일어난 원인과 피해자, 사망 일자, 사건이 관청에 접수된 시기(成獄年月), 부검에 의한 상처와 사망의 직접적 원인(實因) 등이 기록되어 있다.[2]

무엇보다 관심을 끄는 것은 이들 사건에 대한 국왕의 판결문인

---

2   『심리록』의 특징과 편찬 과정에 대해서는 다음의 연구에 자세하다. 권연웅, 「심리록의 기초적 검토: 정조 대의 사회 판결」, 이기백선생고희기념 한국사학논총간행위원회 엮음, 『한국사학논총: 이기백 선생 고희 기념』 하(일조각, 1994). 박병호, 「국역 심리록 해제」, 정조, 박찬수 · 김기빈 옮김, 『국역 심리록』 1(민족문화추진회, 1998). 정순옥, 「정조의 법의식: 『심리록』 판부를 중심으로」, 《역사학 연구》 21(2003), 33~60쪽. 심재우, 「심리록 연구: 정조 대 사형 범죄 처벌과 사회 통제의 변화」(서울대학교 박사 학위 논문, 2005). 심재우, 「18세기 후반 범죄의 통계적 분석: 『심리록』을 중심으로」, 《법사학연구》 32(2005), 171~204쪽. 여기에서는 주로 심재우의 연구를 참고하였다.

'판부'이다. 여기에는 정조가 심리를 진행하는 과정에서 재조사를 명령하거나 심리를 완료하여 형량을 선고하는 내용이 들어 있다.

법과 정치에 대한 정조의 생각을 이해하기 위해서는 『심리록』과 더불어 『정조실록』과 『홍재전서』, 『일성록』에 나타난 왕의 재판 관련 언행도 함께 읽을 필요가 있다. 『심리록』의 대상이 주로 인명 범죄와 경제 범죄 등이다 보니 역모와 같은 정치적 범죄는 누락되거나 가볍게 취급되었고 법과 정치의 관계에 대한 보다 자세한 설명이 생략된 경우가 있기 때문이다. 예컨대 법과 교회에 대한 정조의 천학이 잘 반영돼 있는 『흠휼전칙(欽恤典則)』의 내용은 『심리록』이 아니라 『정조실록』을 통해서만 알 수 있다.[3]

『심리록』에 나타난 정조의 관형주의

심리(審理)는 사죄(死罪) 사건, 즉 살인 사건이 발생한 경우에 죽은 자나 살아 있는 범인에게 억울한 일이 없게 하기 위해 명확히 진실을 밝히는 절차를 뜻하는 고유 용어이다. 이는 또한 사죄삼복(死罪三覆)의 구체적 절차이기도 하다.[4]

사죄삼복법은 알려진 것처럼 고려 문종 원년(1047년)에 제도화되

---

3   『정조실록』에는 재판 및 법 운영과 관련된 기사가 150건가량 수록되어 있다. 여기에는 정치범의 처벌, 법의 제정 및 운영에 관한 논의, 역모 사건 등이 포괄되어 있다. 그 외에 정조 시대의 재판에 관한 자료로는 『흠흠심서』(정약용)와 『추관지』, 『의금부등록』, 『추안급국안』, 『포도청등록』 등이 있다.

4   박병호, 앞의 글, 2쪽.

고 그 후 조선 시대에도 태종 시대, 특히 세종 시대에 제계화된 후 시행되었다. 검험(檢驗) 제도 역시 세종 말년에 『무원록(無冤錄)』이 간행되면서 기준이 마련되었다. 그런데 사죄삼복법과 검험 제도가 본궤도에 올라 제대로 시행된 것은 정조 시대부터이다. 정조는 특히 흠휼 사상이 투철하여 한 사람이라도 억울한 자가 없도록 하기 위해 각도에서 올라온 사죄(死罪) 옥안을 일일이 검토하였다. 그가 옥안(獄案)을 검토할 때면 옆에서 보좌하는 신하들이 날이 저물도록 번갈아 가며 판부(判付)나 전교(傳敎) 등을 받아 적었다고 한다.[5]

정조는 1778년(정조 2년) 1월에 "형벌이란 형벌 자체가 없어지게 되기를 기약하며 만든 것"이라면서 『흠휼전칙』을 제정해 반포했다. 흠(欽)은 삼가고 두려워한다는 것이고 휼(恤)은 불쌍히 여긴다는 것이니, 힘없고 무지한 백성들이 억울하게 재판에 연루되거나 감옥에 갇히는 것을 두려워하고 불쌍히 여긴다는 뜻이다. 백성들은 비록 어리석어 보이나 그 안에 하늘을 담고 있다는 것이 정조의 생각이었다. 따라서 그들을 억울하고 고통스럽게 만드는 것은 곧 하늘을 노하게 만드는 일이고, 그렇게 되면 가뭄이나 홍수가 들어 왕의 정치가 어려워진다고 생각했다.

요사이 듣건대 서울에서나 지방에서나 옥사(獄事)를 결단하는 마당에 거개 법제대로 준수(遵守)하지 않는 한탄이 많다고 한다. 자신들의 사정 때문에 법을 낮췄다 높였다 하여, 수령(官長)들의 노기(怒

---

5   같은 곳.

氣)를 꾸미는 도구가 됨을 면하지 못하게 되었으니 참으로 한심하다. 아! 법은 천하에 공평한 것이다. 비록 임금이 권병(權柄)을 쥐고 있다 하더라도 감히 그 사이에 조금도 치우친 사정을 끼울 수 없는 것인데, 하물며 임금의 명을 받드는 관리(命吏)이겠느냐? 이 뜻을 서울과 지방에 다 같이 알리라(知委). 그리하여 죄수를 돌보고 옥사를 결단할 적에 나의 간곡한 당부를 깊이 유념하여 삼가 준행하도록 하라. 내가 듣건대 교화는 가까운 데서부터 나가고 정치는 안에서부터 시작되는 것(化自近出 政由內始)이라고 했다. 서울 안의 옥사가 그처럼 난잡하다면 지방 고을들이야 어찌 논할 게 있겠는가?

정조실록 2/1/12

"교화는 가까운 데서부터 나가고 정치는 안에서부터 시작되는 것(化自近出 政由內始)"이라는 말은 유교 정치의 중요한 특징이다. 교화, 즉 좋은 쪽으로의 변화는 자기 자신으로부터 시작된다는 자기 리더십이 유학 사상의 요체이기 때문이다. 자기는 바뀌지 않고 다른 사람들에게 변하라고 하면 절대 이뤄질 수 없다. 서양의 정치는 주로 인간에 대한 불신을 전제로 하고, 제도를 통해 문제를 해결하려는 데 초점이 맞춰져 있다. 이에 비해 동양에서는 자기 관리와 인격에 의한 교화를 중시했음을 정조의 말을 통해서 확인할 수 있다.

『심리록』을 처음 보았을 때의 느낌은 한마디로 '일목요연한 사건 보고서'라는 것이었다. 범죄 사건 발생 지역과 피의자 및 피해자의 이름, 사망 원인과 왕의 판결 등을 큰 글자와 작은 글자로 구분해 놓아 쉽게 읽을 수 있었다. 지역과 사람 이름, 왕의 판결 등은 큰 글자로 쓰였다. 특이한 것은 왕의 첫 반응부터 최종 판결까지 왕의 말이 조목조목 빠짐없이 기록되어 있다는 점이다.

도대체 무엇을 위해 그 많은 사죄 사건에 대한 왕의 판부를 일일이 기록했을까? 이에 대한 궁금증은 『홍재전서』를 보면서 풀렸다. "무릇 임금의 말 하나하나 행동 하나하나는 모두 후세에서 보고 배우는 것이다(夫人主之一言一動 莫不爲後世監法)."라는 것이 정조의 생각이었다. 따라서 경연에서 왕의 말과 언관들의 반응, "형옥의 판결"과 같이 "응당 행해지는 일(應行之事)"이라도 그 과정을 자세히 기록해 두어야 했다. "나라에서 좌사(左史)와 우사(右史)를 설치한 것은 좌사로 하여금 행동을 기록하도록 하고 우사로 하여금 말을 기록하도록 한 것이니 (왕의 일이라면) 한마디 말, 한 가지 행동이라도 혹 빠뜨리는 것이 없어야" 한다는 것이었다. 정조는 그 까닭이 "사실에 의거해 있는 그대로 기록해(據實直書)" 놓아 후세인들의 성찰(省)에 보탬(補)이 되게 하는 데 있다고 말했다.[6] 한마디로 형옥의 판결을 빠짐없이 정리한 『심리록』은 후세의 왕과 관료들로 하여금 현명한 판결을 내리도록 하기 위해 제작된 책이었다.

그러면 『심리록』에는 어떤 내용이 있을까? 첫째, 『심리록』을 읽으면서 흥미로웠던 것은 범죄 사건과 관련된 숱한 평민 또는 천민들의 이름이었다. 왕과 사대부의 언행을 주로 기록한 『정조실록』이나 『홍재전서』와 달리 『심리록』에는 박차돌(朴次乭), 서돌남(徐乭男), 박똥개(朴昆介), 최아기(崔阿只), 박얼박(朴乻朴) 등과 같은 이름이 등장한다. 두 글

---

6   정조, 『홍재전서』 166 『일득록』 6 「정사」.

자 이름 외에 세 글자나 네 글자의 이름도 여럿 나왔다. 정큰아기(鄭大隱阿只), 김작은남이(金者斤男伊), 양두은노미(梁豆隱老味), 박조그만이(朴足古亡伊), 김큰발강(金大隱發江), 김작은발강(金者隱發江) 등이 그 예이다. 심지어 이벌어지(李伐於之)나 김가마귀(金可麻貴)와 같이 동물 이름을 쓰는 경우도 있었다.

둘째, 평민과 천민들의 생활 속에서 일어난 범죄인 만큼 대부분의 살인 사건이 '술김에', '장난삼아', '홧김에' 발생하곤 했다. 예컨대 1775년(영조 51년) 12월에 서울 중부에서 노비 금이는 "전날 먹은 술이 깨기도 전에" 임상휘에게 술을 달라고 했으나 주지 않자 발로 차서 그날로 죽게 했다.[7] 1777년(정조 1년) 5월에 함경도의 영흥에서 김종대는 한증막(汗蒸幕)에서 여럿이 한담하다가 "용맹을 과시하여 장난삼아(戲)" 옆에 있는 주영기에게 발길질을 한 번 했는데, 16일 만에 죽고 말았다.[8]

같은 해 1월에 경기도 양지의 이용재는 자기 집에서 부리는 김여인이 "악독한 성미를 부리는 데 분(憤)이 나서 담뱃대(煙竹)로" 정수리를 때려 그날로 숨지게 했다. 이 사건에 대해 형조 판서는 "독한 손찌검"으로 사망시킨 것을 엄하게 처벌해야 한다는 의견을 제시했다. 하지만 정조는 "여러 초사를 상호 참조하여 반복해서 추구해" 본 결과 김여인이 자신의 고용주인 이용재를 "구박하며 야단칠 때에 그(이용

---

7 정조, 선종순 외 옮김, 『국역 심리록』 1~5(민족문화추진회, 1998~2006). 『국역 심리록』 1, 13쪽.

8 같은 책, 52쪽.

재)가 쥐고 있던 담뱃대로 자신도 모르는 사이 무심결에 들어 쳤다."
라고 보았다. 고의적인 살인이 아니라고 판단한 것이다. 특히 그녀가
"맞아서 상처에서 피가 흐르는데도 자력으로 관문(官門)에 내왕할 수
있었다는 사실"로 볼 때 담뱃대에 의한 상처 외에 "피 흐르는 구멍
으로 바람이 들어갔을 가능성"이 있다면서 이용재를 방송(放送)하라
고 판부했다.[9]

정조는 이처럼 고의성이 없고 우발적인 살인 사건에 대해서는
감형 판결을 내리곤 했다. 1780년(정조 4년) 11월에 자신의 아내를 희
롱한 데 "화가 불같이 타올라 한밤중인 것도 망각하고 (아내를 희롱한
김정호가 사는 집의) 창문을 발로 차 부수고는 곧장 기세를 부린" 경기
도 양주의 이귀복에게 형을 감해 정배(定配)로 처벌한 것이 그 예이
다.[10] 1775년 5월에 전라도 광주에서 발생한 최구첨의 옥사에 대한
판결도 마찬가지이다. 최구첨은 동리의 이임(里任, 호적 등 공공 사무를 맡
아 보던 사람)이었는데, 종 독동이 환곡을 나누어 주면서 두량(斗量)을
고르게 하지 못하고 말이 공손하지 않은 데 화가 나서 옆에 있던 곡
식 무게를 헤아리는 그릇을 들어 쳐 치사케 했다. 이 사건에 대해 형
조 판서는 최구첨의 범죄가 중해 사형을 면키 어렵다고 말했다. 하지
만 정조의 생각은 달랐다. 그는 "분노가 갑자기 일어나 생각이 앞뒤
를 가리지 못하고 매를 찾을 겨를도 없이 그릇을 들어 그 자리에서"
쳐 죽인 그에게 사형은 너무 가혹한 것이라고 보았다. 애당초 반드시

---

9   같은 책, 94~95쪽.

10   『국역 심리록』 2, 70~72쪽.

죽이려 한 것이 아니고 한번 경계를 보이고자 한 것이 잘못되어 사망에 이르렀고, 특히 사건 발생 후 최구첨이 여러 방법으로 독동을 구료한 것을 볼 때 사형 대신 먼 변방으로 정배하는 벌을 내리는 것이 적합하다고 판부했다.[11]

셋째, 논에 물을 대거나 싸움을 말리다가 '욱해서' 사람을 죽인 경우도 여럿이다. 1779년(정조 3년) 6월에 전주의 신덕문은 조카사위 이수만과 물대기를 다투다가 들고 있던 작대기로 세 번 내리쳐 8일 만에 죽게 만들었다. 진라도 관찰사는 신덕문이 비록 홧김에 조카사위를 쳤으나 곧 쌀을 주고 개를 잡아 구료하는 등 "돌이켜서 가련히 여기는 본심을" 보였다고 보고했다. 하지만 형조에서는 "우연에서 비롯된 일"이라도 "팔뚝만 한 나무가 부러질" 정도로 세게 사람을 쳐 죽였는데도 그를 가볍게 처벌한다면 "엄격하고 신중해야 하는 도리에 어긋난다."라는 의견을 제시했다.

이에 대해 정조는 팔뚝만 한 나무가 부러졌다는 것이야말로 오히려 신덕문을 살릴 수 있는 증거라고 반박했다. 정조는 "팔뚝만 한 나무는 실로 큰 것인데 (……) 이 나무로 내려친다면 머리는 쉽게 부서지고 나무는 부러지기 어려울 것이다. 그런데 지금 그 나무가 부러졌으니 이것은 어찌 지게를 때릴 때에 나무와 나무가 부딪쳐서 부러지게 된 증거가 아니겠는가."라면서 "신덕문이 이수만을 때린 것은 본의가 오로지 지게에 있었음을 알 수 있다."라고 판단했다. 지게를 치려는 것이 잘못하여 사람 머리에 맞았다고 본 것이다.(사형이 아니라

---

11   『국역 심리록』 1, 113~115쪽.

변방 정배로 판부.)[12]

남의 싸움에 끼어들어 사람을 죽이거나 죽는 경우도 여럿 있는데, 경기도 안산 이구리금의 옥사,[13] 전라도 곡성 이만이의 옥사,[14] 장흥 신여척의 옥사,[15] 경상도 영산 하윤재의 옥사,[16] 황해도 윤재형의 옥사[17] 등이 그 예이다. 이 중에서 신여척의 경우는 『정조실록』에도 오른 유명한 사건으로(정조실록 14/8/10) 판결에 대한 정조의 생각을 읽을 수 있다.

1789년(정조 13년) 7월에 전라도 장흥의 신여척은 이웃집 형제가 보리 두 되를 가지고 싸우는 것을 보다가 분노하여 때리고 발로 차 그중 한 명을 이튿날 죽게 했다. 이에 대한 정조의 다음과 같은 판결은 인상적이다.

항간에 이런 말이 있다. 종로 거리 연초 가게에서 짤막한 야사를 듣다가 영웅이 뜻을 이루지 못한 대목에 이르러 눈을 부릅뜨고 입에 거품을 내면서 풀 베던 낫을 들고 앞에서 책 읽는 사람을 쳐 그 자리에서 죽게 하였다고 한다. 이따금 이처럼 맹랑한 죽음도 있으니 참으로 가소로운 일이다. 주도퇴(朱桃椎, 당나라 때의 은사(隱士))와

---

12   같은 책, 249~251쪽.
13   같은 책, 91쪽.
14   같은 책, 299쪽.
15   『국역 심리록』 4, 134~135쪽.
16   『국역 심리록』 2, 22~23쪽.
17   같은 책, 26~28쪽.

양각애(羊角哀, 춘추 시대 초나라의 열사(烈士)) 같은 자들이 고금을 통하여 몇 사람이나 되겠는가. 신여척은 바로 주도퇴와 양각애 같은 무리이다. 형제끼리 싸우는 옆집 놈들을 목격하고 불덩이 같은 의분이 끓어올라 지난날 은혜를 입은 일도 없고 오늘날 원한이 있는 것도 아니건만 별안간 벌컥 화가 나서 싸우는 와중에 뛰어들어 상투꼭지를 거머쥐고 발로 차면서 이르기를 "동기간에 싸우는 것은 윤리의 변괴이다. 너의 집을 헐고 우리 마을에서 쫓아내겠다."라고 하였다. 곁에서 보던 사람이 "네가 무슨 상관이냐."라고 책망하자 그는 곧 말하기를 "나는 옳은 말로 말리는데 그가 도리어 성냈고 그가 발로 차기에 나도 발로 찼다."라고 하였다. 아, 신여척은 죽음도 두려워하지 않았다. 법을 맡은 관리도 아니건만 우애 없는 자의 죄를 다스렸다는 것이 신여척을 두고 이른 말이 아니겠는가. 수많은 사형수를 처리하였으나 그중 기개가 있고 녹록하지 않은 자를 신여척에게서 보았다. 신여척이란 이름이 과연 헛되이 얻은 것이 아니다. 그를 방면하라.

정조실록 14/8/10

이처럼 『심리록』에는 성미 급한 정조 시대 사람들이 '분노를 참지 못해' 저지른 살인 사건이 수두룩하다. 종로 담배 가게 앞에서 "입에 거품을 물고" 풀 베던 낫으로 야사꾼을 비명횡사시킨 사람의 이야기나 발끈하여 남의 싸움에 끼어들어 상투 잡고 맞싸우는 신여척의 모습은 오늘날에도 가끔 발견하는 한국인의 불같은 성미와도 무관치 않아 보인다. 또한 뒤에서 보듯이 정조는 신여척의 경우처럼 사람을 죽였다는 범죄 사실 자체보다는 그가 보인 "의분"과 "기개"를 더 중시하곤 했다.

『심리록』에 수록된 살인 무기[18]

종류	내용	회수	비율(%)
예리한 쇠 연상	갈, 낫, 노끼, 쪽십세	12	6
둔탁한 물건	몽둥이, 절굿공이, 담뱃대, 다듬이 목침, 밥상, 돌	33	16
손	주먹, 목 조르기	67	33
발	차고, 밟고, 무릎으로 으깨기	77	37
기타	독약, 익사, 불, 물어뜯기, 주리 틀기	17	8
합계		206	100

넷째, 사용된 살인 무기 역시 우발적 범죄 동기와 무관하지 않다. 『심리록』에 나타난 치명적인 무기는 칼도 아니고 낫이나 몽둥이도 아니었다. 그것은 바로 발이었다. 표에서 보듯이 『국역 심리록』 1권에서 사망을 초래한(實囚) 무기 206건 중 77건(37퍼센트)이 발이었다.

여기에서 보듯이 정조 시대 대부분의 살인 사건은 어찌 보면 가장 효과적이라 할 수 있는 칼이나 낫 또는 독약과 같은 수단에 의해 일어나지 않았다. 대신 손이나 발처럼 몸의 일부를 사용하거나 옆에

---

18   『국역 심리록』 1에 실린 살인 사건의 실제 원인이 된 '무기'를 합산한 후 유형별로 나누어 표를 만들었다. 앞으로 전체를 분석해 보아야겠지만 지금까지 정리한 자료를 볼 때 사용된 무기의 추세에는 큰 변화가 없을 것으로 판단된다.

있던 담뱃대나 목침 또는 밥상을 들어 사람을 쳐 죽였다. 특히 술에 취한 채 앞뒤 가리지 않고 발로 걷어찬 것이 신낭(腎囊) 같은 급소 부위에 맞아 죽는 경우가 허다했다. 또한 이런 경우는 대부분 사건 발생 후 크게 후회하면서 치료해 주거나 개인적으로 화해하려고 애쓰는 모습을 볼 수 있다. 한마디로 우발적인 살인이 많았으며, 그 대상도 배우자이거나 가까운 이웃 내지 친척이 대다수였다.

다섯째, 범죄의 유형별, 지역별 특징이다. 『심리록』에는 살옥(殺獄)이라 불린, 가장 큰 비중을 차지한 인명 피해 외에도 이른바 비살옥(非殺獄)에 대한 판결도 실려 있다. 인명 피해는 전체 1112건의 범죄 사건 중 1004건으로 90.3퍼센트에 이르며, 비살옥 범죄는 총 108건으로 전체의 9.7퍼센트에 불과하다.[19] 비살옥 범죄는 좀 더 구체적으로 (1) 국왕의 권위, 관권에 대한 도전 행위에 해당하는 관권 침해 범죄와 (2) 사유 재산의 침해와 경제적 문제를 둘러싼 일탈 행위인 경제 범죄 (3) 그 밖에 사회 윤리와 사회 질서 위반 행위인 사회 풍속 범죄로 나눌 수 있는데, 이 중에서 경제 범죄가 74건(6.7퍼센트)으로 제일 많았다.[20]

그러면 이렇게 많은 사죄 사건을 정조는 어떻게 처리했을까? 그리고 어떤 기준을 가지고 어떻게 최종 형량을 매겼을까?

---

19   심재우, 『조선 후기 국가 권력과 범죄 통제: 심리록 연구』(태학사, 2009), 118쪽.

20   같은 책, 117, 123쪽.

재판 사례 1: 황해도 조재항 옥사

정조 시대의 심리 과정을 구체적으로 이해하기 위해 실제 사례를 살펴보자. 1780년(정조 4년) 황해도 배천의 조재항은 아내인 윤 여인을 죽인 혐의로 고발당했다. 고발자는 윤 여인의 인척인 이가원과 조환이었다. 이들은 사건 발생 한 달 후에 다른 고을에 있는 종을 시켜 "조재항이 한 그릇의 밥 때문에 제 아내인 윤 여인을 발로 차고 때려 그날로 죽게 했다."라고 고발했다.[21] 고발장을 접수한 배천 군수 권중립은 검험관(檢驗官)으로서 아전들을 대동해 사건 현장으로 출동했다. 그는 고발자 및 사망자의 가족(屍親), 관련자와 목격자(干證), 피의자인 조재항 등을 만나 진술을 받았다.(初招)[22]

그런데 사망 사건이 한여름(6월)에 일어난 데다 한 달 전에 이미 시신을 매장한 터였다. 이웃 고을 수령인 연안 부사 이우배가 시체를 다시 파내 복검(覆檢)을 시행했다. 검험할 때 이우배는 『무원록』에 따라 시신을 손가락으로 눌러 색깔의 변화 여부를 기록했다. '물을 사용하는 법'에 따라 "물을 부었으나 피부가 뼈에서 떨어지지 않음"을

---

21   『국역 심리록』 1, 188~195쪽.

22   정조 8년의 『경사검험신정절목』과 『증수 무원록』을 보면 검험관은 서울의 경우 오부의 당부관(當部官)이 초검관이 되고, 한성부 낭관이 복검관이 된다. 그리고 지방인 경우 시신이 놓인 장소의 관할 수령이 초검관, 인근 고을의 수령이 복검관이 된다. 검험관이 대동하는 아전들은 오작인(仵作人), 행인(行人), 의생(醫生), 율생(律生) 등 이른바 응참각인(應參各人)을 말하는데, 시체의 옷을 벗기고, 검시 수종을 들고, 주위를 지키는 역할을 한다. 검시 과정은 김호, 『원통함을 없게 하라: 조선의 법의학과 무원록의 세계』(프로네시스, 2006), 28~164쪽에 자세하다.

확인했다. 그래서 피의자인 조재항이 피살자인 윤 여인을 발로 차서 죽음에 이르게 했다고 결론 내렸다.

황해도 관찰사 조상진은 이 사건을 접한 후 차사원(差使員)을 정해 그 고을의 수령과 함께 관련자들을 추문(推問, 심문)했다. 『무원록』대로 하려면 그는 배천 군수 등이 작성한 옥안(獄案)을 차사(差使) 두 사람으로 하여금 다시 심리하게 한(考覆) 후 친히 심문해야 했다. 그런 다음 왕에게 보고서(啓聞)를 작성해 올려야 했다.[23] 그런데도 그는 "일찍이 한 번도 직접 조사하지 않고 수령에게 맡겨" 작성한 보고서를 관찰사 보고서(道啓)라고 하여 그대로 올렸다. 심지어 그는 왕의 '재조사' 지시에도 불구하고 "허둥지둥 수령에게 물어 그 전의 보고서(啓本)를 똑같이 베껴 아뢰고, 근사하지도 않은 말로 미봉하기를 마지않아서 옥사가 장기화"되도록 만들었다.(그 잘못으로 그는 파직되었다.)

황해도 관찰사의 1차 보고서를 접한 정조는 "실로 의심스러운 단서가 많아 갑자기 판결하기 어렵다."라고 말했다. 즉 "옥사의 체모(體貌)는 비록 실인(實因, 증거)을 위주로 하지만, 반드시 사증(詞證, 증언)이 구비되기를 기다려" 성립되는 것인데, 조재항의 처 윤 여인의 등에 생긴 상처는 1차 보고서와 달리 발로 찬 상처라고 분명히 말할 수 없는 측면이 있다는 것이었다. 정조에 따르면 상처라면 피멍(血㾦)이 없을 수 없으며, 발로 찼다면 (그 형태가) 둥그렇게 되어야 하는데 그렇게 되지 않았다. 복검관 이우배가 손가락으로 시신의 상처 부위를 눌렀을 때 "백색이 변하여 청색으로 되었지만 원래 자주색이 없

---

23   『경국대전』 5권 『형전』 「추단(推斷)」.

었으니 피멍이 아니라고 할 수 있다." 또한 상저가 "잎사귀 모양으로 둥근 게 아니다." 그렇다면 "피멍도 없고 둥글지도 않은 상처인데 무엇을 근거로 해서 옥사를 성립시켰는가?"라는 게 정조의 반박이었다.

정조는 옥사를 성립시킨 두 번째 요소인 사증(詞證), 즉 주위 사람들의 증언도 의심스럽다고 보았다. 우선 병을 앓지도 않던 윤 여인이 하룻밤 사이에 죽은 것은 의심을 가질 만하지만 윤 여인의 5촌뻘인 이가원과 외삼촌 조환이 애당초 의심을 가지고 시신의 팔다리와 목을 두루 살펴보았으면서도 정작 등의 상처를 보지 않은 점이 이상하다고 했다.(이가원은 복검관 이우배가 와서 시신을 땅에서 파냈을 때에야 등의 상처를 처음 언급했다.) 다음으로 이가원 등은 남편 조재항이 발로 차서 죽였다는 말이 동네에 파다하게 해서 관가에 고발했다고 했는데, 곧장 고발하지 않고 조재항에게 "장사를 후히 지내라."라고 하는 등 머뭇거리다가 한 달이 넘은 뒤에, 그것도 다른 고을의 종을 불러다가 대신 고발하게 한 이유가 의심스럽다고 했다.

정조는 이처럼 "인정이나 사리를" 통해 볼 때 의심스러운 구석이 많은 사건을 제대로 조사하지 않고 옥사를 성립시킨 배천 군수와 연안 부사를 엄중히 추고하라고 명령하고, 재조사를 지시했다.(1780년 12월) "다시 조사관을 별도로 차정하여 여러 방면으로 엄중히 조사하라."라는 지시를 받은 황해도 관찰사와 형조 판서는 다시 여덟 달 동안 조사를 진행했다. 그런데 황해도 관찰사 조상진은 앞에서 언급한 것처럼 무죄를 전제로 사건을 다시 조사하지 않고 1차 조사 때의 보고서에 따라 "증상이 발로 차서 죽인 게 확실"하다면서 조재항을 사형에 처해야 한다고 보고했다. 그런데 형조에서 조사하니 이 옥사와 관련해 이상한 점이 발견되었다. 그것은 누군가가 농요(農謠)를 만들어 부르게 한 사실이다. 즉 사람들이 들판이나 길에서 윤 여인의 죽음과 관련해 노래를 불렀는데, 그들은 감영과 고을을 염탐하는 사람들이 물어보면 슬퍼하면서 "윤 여인의 원한이 노래로까지 불린다."라고 말하고 있다는 것이다. 따라서 이 노래의 출처인 배 여인을 심문하고, 피의자 조재항의 문초는 우선 정지해야 한다는 게 형조의 계사(曹啓)였다.(1781년 8월)

그러는 와중에 조재항의 동생 조재정이 격쟁(擊錚)을 해 형의 억울함을 호소했다. 호소 내용은 따로 나와 있지 않아서 알 수 없으나 자기 형수가 우연한 사고로 사망했으며 형이 죽이지 않았다고 호소한 것으로 추정된다. 이 격쟁으로 조재항의 옥사는 조정에서 다시 거론되었다. 정조는 마침 형조 판서에 임명된 조준을 불러 그가 이제 해당 사건의 책임자가 되었고, 그 전에 황해도 감사까지 지냈으니 이 옥사를 그에게 맡기겠다고 말했다.(1782년 7월)

이 일을 위임받은 형조 판서 조준은 그 후 새로 부임한 관찰사 심염조와 함께 치밀하게 네 번째로 사건을 조사했다. 그들의 조사가 얼마나 정밀했던지 정조는 "지금 경사(京司, 형조)가 옥사를 평의한 의견은 삼매(三昧)의 경지에 들었고 도백(관찰사)이 조사하여 아뢴 내용도 다시 진일보했다."라고 칭찬했다.[24]

---

24   이 사건을 맡은 황해도 관찰사 심염조는 1783년 2월 10일에 현지에 도착한 이후 성심껏 일을 수행하다가 열 달 만에 임소(任所)에서 순직하였

그러면 네 번째 조사에서 새로 밝혀진 내용은 무엇일까? 형조 판서의 보고에 따르면 이가원은 조환을 종용해 "농요를 거짓으로 만들고 우물가에서" 부르게 만들었으며, 조재항의 종 복덕에게 "부엌에서 발로 찼다."라는 증언을 하도록 부탁했다. 따라서 그는 조재항에 대한 심문을 정지하고, 이가원을 엄중하게 조사해야 한다는 의견을 내놨다. 이에 대해 정조는 이가원의 여러 의심스러운 정황을 간파해 실상을 논열한 형조 판서를 칭찬하며, 그의 의견대로 이가원을 황해도 감영에 가두고 결말을 기다리게 하라고 지시했다.(1782년 7월)

그다음 해 6월에 황해도와 형조에서 올린 보고서를 보면, 이가원이 없는 사실을 꾸며 옥사를 성립시켰으며, 조환은 이가원의 사주를 받아 거짓 공초를 했음이 드러났다. 이가원은 윤 여인의 사망 소식을 듣자마자 갑자기 달려와 "여기에서 원한을 풀 수 있다."라는 생각으로 "시체를 상하로 살펴보고 의심나는 상처를 억지로 찾으려 했으나 잡아낼 만한 의문점이 없자" "후히 장사 지내라."라며 돈을 받아내려 했다. 하지만 돈은 나오지 않고 장례까지 이미 치르게 되자 다방면으로 남의 마음을 헤아리고 오래도록 심혈을 소모하여 스스로 두세 곡의 농요(農謠)를 지어내 우선 온 마을의 들밥 내가는 부인들에게 퍼뜨렸다. 그리고 노쇠하여 누워 있는 조환을 일깨워 다른 고을에 사는 종 이봉(二奉)을 급히 불러 40일 뒤에야 관에 고발했다. 그가

다. 정조는 그의 죽음을 슬퍼하며 부의금을 배로 지급하고, 담당 관찰사에게 그의 "노친(老親)을 존문(存問, 찾아가 인사함.)하라."라고 지시했다. 정조실록 7/11/22.

그때까지 고발하지 않고 있던 이유는 6월 중에 검험을 하면 살이 썩어 문드러져 분간하기 어려워서 거짓 상처를 확보할 수 있다는 데 있었다. 또한 이른바 증인이랍시고 아무것도 모르는 어린 계집종 복덕을 끌어댄 것은 '종이 주인을 증언하지 못하게' 한 법(수령고소금지법)을 악용해 마땅히 물어야 할 길을 끊어 버리기 위해서였다.

정조는 이 보고서들을 읽은 다음 이로써 "이가원의 간사한 정상이 남김없이 탄로 났고 조재항의 억울한 정상은 거의 풀어지게 되었다. 죄 있는 자는 도망갈 수 없고 죄 없는 자는 모두 면하게 되었으니, 천리(天理)가 크게 밝아 속일 수 없게 되었다."라고 감탄했다. 정조는 "대체로 옥사를 판결하는 규범이란 인간의 상정(常情)을 벗어나는 것이 아니"라면서 윤 여인이 죽었을 때 이웃에 사는 여동생과 같은 마을에 사는 내숙(內叔, 아버지 쪽 친척)은 일언반구의 의심도 가진 적이 없는데, 이가원이란 자가 졸지에 일어나 시종일관 으르렁댄 것 자체가 이상했다고 말했다.

정조가 보기에 "가장 극악한 것은 바로 농요(農謠) 사건"이었다. 그는 이가원은 "많은 사람들을 미혹시킬 방도를 미리 계획해, 노래를 만들어 몰래 촌부(村婦)에게 가르쳤다. 한 사람이 부르면 열 사람이 화답하여 들판에서도 부르고 혹은 길에서도 유행시켜 감영과 고을의 염탐하는 사람들이나 길 가는 길손들로 하여금 물어보고는 슬퍼하고 사실인 양 인정하게" 했다며 그러나 "하층민의 음악도 원래는 심오한 천지조화로부터 나온 것이니 시골 백성들의 노래 곡조도 흥(興)과 같고 비(比)와 같아서 왕왕 이해할 듯하면서도 이해하기 어려운 점이 있는 것이다(下里腔調 原從天機中出來 山花野曲 如興如比 往往有似解

而難解者)."라고 말했다.[25]

그런데 이 옥사의 노래는 다른 사람들이 모를까 봐 전전긍긍하면서 그 내용을 분명하게 드러낸 점에서 위작(僞作)임을 판별할 수 있었으니, 그야말로 교묘하게 꾸미려다가 도리어 치졸하게 된 꼴이라고 지적했다. 따라서 정조는 최종적으로 이가원을 죽을 때까지 먼 변방에 정배시키고 조환 역시 정배형에 처하며 살옥 죄인으로 몰린 조재항은 방면하라고 판부했다.(1783년 6월)

이 사건에서 보듯이 정조는 거의 완전 범죄에 가까운 무고(誣告) 사건을 의심스러운 단서에 대한 철저한 재조사와 유능한 관리의 파견, 날카로운 추론으로 변별해 냈다. 그렇게 해서 자칫 억울하게 죽을 뻔한 남편 조재항의 누명을 벗겨 주었을 뿐 아니라 이미 죽은 뒤에 무덤까지 파헤치고 부검을 당하는 등 온갖 수모를 겪은 윤 여인의 원통함도 풀어 주었다. 그런데 이 옥사를 진행하면서 정조가 한 말 가운데 인상적인 것들이 있다. "실로 의심스러운 단서가 많아 갑자기 판결하기가 어렵다." "대체로 옥사의 체모는 비록 실인을 위주로 하지만, 반드시 사증(詞證)이 구비되기를 기다려 성립된다." "무릇 이러한 여러 조목들은 모두 인정이나 사리를 벗어난 것인데도 전후의 검험관이 한 사람도 철저히 살피거나 자세히 심문하지 않았으니 옥안의 체모를 크게 상실했다." 이가원의 증언들이 "과연 말이 되는가?" "대체로 규(常情)을 벗어나는 게 아니다(大抵折獄之規 不出常情之外)."

---

25   홍(興)은 먼저 다른 사물을 말하여 읊을 가사를 일으키는 것이고, 비(比)는 다른 사물과 비유하여 말하는 것이다.

라는 말 등이다. 이러한 말들은 그가 얼마나 치밀하게 사건을 조사했고, 엄밀한 추론과 명석한 판단을 위해 온 마음을 기울였는지 알 수 있게 한다. 특히 그는 범인 이가원이 "차마 할 수 없는, 남을 해칠 마음을 가졌음"을 개탄하면서 그의 마음 쏨쏨이를 미워했다. 이는 정조의 법철학, 즉 재판관이 먼저 차마하지 못하는 어진(仁) 마음을 가져야 하며, 나아가 백성들로 하여금 그런 마음을 갖도록 바르게(義) 판결해야 한다는 생각을 보여 준다.

그러면 정조가 판결에서 중시한 것은 무엇이고, 그것은 오늘날의 법 관념과 어떻게 같고 다를까?

판결의 기준: 처벌 자체보다 사회적 영향을 중시

『심리록』에 나타난 정조의 판결을 보면 그가 범죄 사실에 대한 처벌 자체보다 그 처벌이 미칠 사회·윤리적 영향을 중시했음을 알 수 있다. 1791년(정조 15년) 9월에 충청도의 김계손 형제의 경우가 그 예다. 이들 형제는 몇 년간 아버지의 원수를 갚기 위해 칼을 품고 다니다가 끝내 복수했는데, 정조는 그들을 무죄로 판부했을뿐더러 칭찬하기까지 했다.(정조실록 15/9/20)[26]

1787년(정조 11년) 경기도 포천의 이광진 형제가 아버지에게 무례한 짓을 하고 집으로 찾아와 칼과 불로 위협한 머슴을 합세하여 때려죽인 것을 무죄로 풀어 준 것도 같은 맥락이다.[27] 특히 정조는 이

---

26   『국역 심리록』 4, 192~193쪽.
27   『국역 심리록』 3, 241~243쪽.

광진 형제가 서로 자신이 주범이라고 고집하며 효제(孝悌)하는 태도를 높이 샀다. 정조는 "국왕 된 자의 정치란 마땅히 풍속을 돈독하게 하고 격려하는 것으로 급선무를 삼아야 하므로 간혹 법을 굽혀야 할 때가 있는 것(王者之政 當以鼓礪爲先 而律或有時乎撓屈)"이라면서 두 형제를 무죄 석방했다.[28]

이처럼 개인의 복수를 무죄로 하거나 오히려 장려하여 사회 풍속을 진작시킨 사례는 여럿 있다. 가장 대표적인 예가 전라도 강진현의 은애(銀愛) 옥사이다. 『정조실록』에도 올라 있고(정조실록 14/8/10) 나중에 이덕무에게 전(傳)[29]을 지어 『내각일력(內閣日曆)』에 실으라고 지시할 정도로 유명한 이 사건의 개요는 다음과 같다.

1789년(정조 13년) 윤5월에 강진현의 김은애는 이웃집 최정련이라는 남자가 결혼 전부터 자기와 간통했다는 소문을 퍼뜨렸으며, 심지어 혼인한 다음에도 그 추악한 소문을 내고 다니는 안 여인의 집을 찾아가 식칼로 찔러 죽였다. 그녀는 이어서 최정련의 집으로 가다가 그의 어머니의 간곡한 만류로 그만두고 관청에 자수했다.[30]

이 사건을 전라도 관찰사로부터 보고받은 정조는 "급히 처리해서는 안 된다."라며 잠시 대기시켰다.(1789년 8월) 같은 달에 다시 전라도 관찰사가 "사람을 죽인 자는 목숨으로 갚는다."라는 약법삼장(約法三章)에 따라 김은애의 처형을 주장하자 정조는 그 사달이 일어난 정

---

28   같은 곳.

29   이덕무, 『청장관전서』 20권 『아송유고』 12 응지각체 「은애전」.

30   『국역 심리록』 4, 138~140쪽.

황과 본심 중 무엇을 더 중시해야 하는지에 대해 당시 좌의정이던 채제공에게 물어보게 했다.

채제공은 정조의 뜻과 달리 남을 무고한 안 여인의 죄보다 독한 마음으로 살인죄를 범한 김은애의 죄가 더 무겁다면서 사형 의견을 내놓았다. 김은애는 비록 원한이 있더라도 이장(里長)에게 고발하거나 관청에 호소하여 안 여인의 무고죄를 다스리게 했어야 한다는 말도 했다. 그러자 정조는 다음과 같은 판부를 내렸다.

세상에서 살이 에이고 뼈에 사무치는 원한치고 정조를 지키는 여자가 음란하다는 무고를 당하는 것보다 더한 일은 없다. 잠시라도 이런 누명을 쓴다면 곧 천길만길 깊은 구덩이와 참호에 빠진 것과 다름없다. 구덩이는 부여잡고 오를 수도 있고 참호는 뛰어서 빠져나올 수도 있지만 이 누명은 해명하려 한들 어떻게 해명할 것이며 씻으려 한들 어떻게 씻을 수 있겠는가. 그러므로 원한이 절박하고 통분이 사무칠 때 스스로 구렁텅이에서 목매어 죽음으로써 자신의 진실을 드러내는 자가 간혹 있었다.

은애란 자는 18세를 넘지 않은 여자이다. 그는 정조를 지키는 결백한 몸으로 갑자기 음탕하다는 더러운 모욕을 당했다. 안 여인이라는 여자는 처녀를 겁탈했다는 헛된 말을 지어내 수다스럽게 추잡한 입을 놀렸다. 설사 시집을 가기 전이라 하더라도 오히려 목숨을 걸고 진위를 밝혀 깨끗한 몸이 되기를 원할 것인데, 더구나 새 인연으로 혼례를 치르자마자 악독한 음해가 다시 물여우처럼 독기를 뿜어냈다. 한마디 말이 입에서 튀어나오자 수많은 주둥이가 마

구 짖어 대어 사방에서 들려오는 소리가 모두 자기를 비방하는 말
이었다. 그리하여 원통함과 울분이 북받쳐 한 번 죽는 것으로 결판
을 내려고 한 것이다.

그러나 그저 죽기만 해서는 헛된 용맹이 될 뿐 알아주는 사람이 없
을 것이 염려되었다. 그러므로 식칼을 들고 원수의 집으로 달려가
통쾌하게 말하고 통쾌하게 꾸짖은 다음 끝내 대낮에 추잡한 일개
여자를 찔러 죽임으로써 마을 사람들로 하여금 자신에게는 하자
가 없고 원수는 갚아야 한다는 것을 환히 알게 하였다. 그녀는 평
범한 부녀자가 살인죄를 범하고 도리어 이리저리 변명하여 요행으
로 한 가닥 목숨을 부지하길 애걸하는 유를 본받지 않았다. 이는
실로 피 끓는 남자라도 결단하기 어려운 일이고, 또 편협한 성질을
가진 연약한 여자가 그 억울함을 숨기고 스스로 구렁텅이에서 목
매어 죽는 것에 비할 바가 아니다. 만약 이 일이 전국 시대에 있었
더라면 그 생사를 초월하여 기개와 지조를 숭상한 것이 섭정(聶政,
전국 시대 한(韓)나라의 협객)의 누이와 사실은 달라도 명칭은 같은 것
으로서 태사공(太史公, 사마천) 또한 이것을 취하여 유협전(遊俠傳)에
썼을 것이다.

수십 년 전에 해서(海西, 황해도) 지방에 이와 같은 옥사가 있었는데,
감사가 용서해 주기를 청하므로 조정에서도 이를 칭찬하여 알리고 즉
시 놓아 주었다. 그 여자가 출옥하자 중매쟁이가 구름처럼 모여들어
천금을 내놓고 그 여자를 데려가려 했다. 결국 향반(鄕班)의 며느리가
되었는데, 지금까지 미담으로 전해지고 있다. 지금 은애는 이 일을 이
미 시집간 후에 결단했으니 더욱 뛰어난 소행이 아니겠는가. 은애를

특별히 석방하라.

정조실록 14/8/10

여기에서 보듯이 정조는 원통한 일을 당해 자결하는 것보다 복수를 하면서 일의 잘잘못을 통쾌하게 밝히는 것이 훨씬 낫다고 은애의 "기개와 지조"를 칭찬했다. 이어서 그는 "일전에 장흥 사람 신여척을 살려 준 것도 윤리와 기절을 소중히 여기는 뜻에서 나온 것이고 이번에 은애를 특별히 방면하는 것 역시 이와 같은 경우"라고 말했다. 그는 앞에서 살펴본 신여척 옥사와 김은애 옥사의 내용을 정리해 내려보내 "도내에 반포하여 모르는 사람이 없게 하라."라고 하교했다. "사람으로서 윤리와 기절이 없는 자는 짐승과 다름이 없는데 이것이 풍속과 교화에 일조가 될 것"이라는 게 정조의 생각이었다.

그런데 정조는 얼마 있다가 다시 형조에 하교했다. "지난번 호남 지방의 죄수 중 은애는 그 처사와 기백이 뛰어났기 때문에 특별히 방면하라는 하명이 있었다. 그런데 그처럼 강하고 사나운 성질로 그와 같이 분풀이를 하였으니 처음에 손을 대려다가 뜻을 이루지 못한 최정련이 다시 은애의 독수에 걸려들 우려가 없을지 어떻게 알겠는가. 그렇게 된다면 은애를 살리려다가 도리어 최정련을 죽이게 되는 것이니, 사람의 목숨을 소중히 여기는 뜻이 어디에 있겠는가. 어젯밤에 마침 심사하여 내린 판결문을 뒤적이다가 이런 전교를 내리게 되었는데 이는 사실 공연한 생각일 수 있다. 공연한 생각일 수 있지만 사람의 목숨에 관계되니 담당 부서로 하여금 사실을 낱낱이 들어 밝혀 해당 도에 공문을 띄워 그로 하여금 지방관을 엄히 신칙하여 다

시는 최정련에게 손대지 못하게 할 것으로 다짐을 받아 감영에 보고
하도록 하라.”(정조실록 14/8/10) 비록 안 여인을 죽인 것은 무죄로 판부
했지만, 은애가 출옥하여 최정련을 죽이는 비극을 사전에 방지하라
는 세심한 지시를 내린 것이다.

정조의 재판 원칙: 인의로운 판결

이상에서 살펴본 바와 같이 정조는 살인 사건이 발생하면 치밀
한 현장 조사와 거듭된 증언 청취를 통해 억울한 죽음을 최소화하는
데 주력했다. 그는 형량을 매기면서 일차적으로 법조문을 중시해 자
의적인 판결이 되지 않도록 하되 범죄가 발생한 정황 및 피의자의 본
심(고의, 우발)을 살펴 되도록 관대한 형량을 매기곤 했다. 범죄 사실을
밝혀내는 것 못지않게 그 범죄 사실이 사회에 미칠 영향을 중시했다.

1781년(정조 5년) 12월 평안도 중화의 김처원 옥사를 판부하면서
내린 말, 즉 “실정을 알아내지 못했을 때는 오직 실형(失刑)이 될까 염
려스러웠고, 이미 실정을 알아낸 다음에는 도리어 윤리를 해칠까 두
렵다.”라고 말한 것도 그런 생각을 보여 준다.[31] 따라서 그는 사회 윤
리를 진작시키는 데 도움이 되는 사례들은 감형 내지 무죄 석방을
하는가 하면 그 사실을 온 나라에 알리도록 적극 권장하곤 했다. 신
여척의 경우나 김은애 사건, 허 여인의 사례와 같은 많은 정려(旌閭)
조치가 그 예이다.

그런데 이 모든 것을 아우르는 것이 있다면 바로 ‘차마 하지 못

---

31   『국역 심리록』 2, 129쪽.

하는 마음'이다. 이는 판결 내리는 자가 반드시 판결받는 자의 입장에 서서 헤아린 후에 최종 판단을 내려야 한다는 마음 자세로 정조가 재판 판부에서 일관되게 보인 태도이다. 정조는 신료들에게 신중한 심리를 당부하면서 "만일 살려야 할 자를 죽인다면 잘못 판결한 후회를 돌이킬 수 없고, 만일 죽여야 할 자를 살려 준다면 죽은 자의 원통함을 위로할 수 없다."라고 말했다. 그는 "이것은 어진 사람이 불쌍히 여기는(仁人之矜惻) 바이며, 왕정(王政)에서 죄인의 심리를 자세하고 신중히 처리해야 하는 이유"라고 했다.[32]

그는 또한 1777년(정조 1년) 5월에 시신을 파내 검진하는 방법을 밝히면서 "선왕(先王)은 사람에게 차마 포악하게 하지 못하는 마음을 지니고 사람에게 차마 혹독하게 하지 않는 정치를 행했다."라는『맹자』의 대목을 지적했다.(정조실록 1/5/10) 여기에서 중요한 것은 '차마 하지 못하는 마음'이다. 전라도 남원의 최해가 아직 어린 나이로 살인죄를 저질렀을 때 정조는 미성년자인 그가 장난으로 시작한 일로 "끝내 감옥에서 여위어 죽게 할 수 없다."라면서 사형을 감해 주었다.

흉년이 들었을 때 "가장 말할 데 없고 가장 가긍(可矜)한 사람은 어린아이들"이라면서 왕명으로 그들을 구휼하기 위한 각종 법제를 정비하게 한 것이나(정조실록 7/11/5) 세종이 인명 사건 검시 서적인『무원록』을 주석·인쇄하여 전국에 반포하도록 한 것을 본떠『증수 무원록 언해』를 간행해 배포하도록 한 것 역시 '차마 하지 못하는 마음'에서 나온 조치였다. 1778년(정조 2년) 1월에『흠휼전칙』을 반포한 것도

---

32   『국역 심리록』1, 278쪽.

마찬가지였다. 정조는 힘없고 무지한 백성들이 억울하게 재판에 연루되거나 감옥에 갇히는 것을 두려워했다. 그는 형옥을 맡은 관리에게 불쌍히 여기는 마음으로 그 책임을 다하라고 강조했다. "요사이 듣건대 서울이나 지방에서나 옥사를 결단하는 마당에 거개 법제대로 준수하지 않는 한탄이 많다고 한다."라면서 형구의 격식 등 재판에 관련된 세부 사항을 법제화하기도 했다.(정조실록 2/1/12) 관리들이 마음대로 법을 낮추었다 높였다 하지 못하도록 한 것이다.

그는 또한 옛적 성왕들이 "한더위에는 옥리(獄吏)들에게 조서를 내려, 5일 만에 한 번씩 점검해 보되 감옥 내부(獄戶)를 청소하고 쇠고랑(枑械)을 세척하며, 가난한 자에게는 먹을 것을 주고 아픈 자에게는 약을 주어 소소한 죄인은 즉시 결단하여 내보내게 했음"을 상기시켰다. 특히 "목에 칼(枷)을 쓰고 발에 축(杻)이 채워져 있어 참으로 이른바 봉두 귀형(蓬頭鬼形)이 되어 조수(鳥獸)나 다름이 없는 사람"의 가련한 처지를 풀어 주어야 한다고 말했다.

다른 한편 그는 마땅히 벌을 받을 자인데도 형벌을 가하지 않는 것은 범죄의 단서를 열어 주는 것이라면서 신중하되 신속히 심리를 진행하라고 지시하곤 했다. 정조는 세종의 말을 본떠서 "형벌이란 형벌이 없어지게 되기를 기하는 것(刑期無刑)"이라고 누차 강조했다.(정조실록 2/1/12)[33] 정확하고도 신속한 재판 진행이 범죄 발생을 억제하는 데 크게 기여한다고 본 것이다.

결론적으로 정조와 세종은 죄인을 형벌로 다스리는 것은 사회

---

33   같은 책, 198쪽.

질서를 유지하고 정의를 구현하기 위해 불가피한 일이지만 법을 맡은 관리가 형벌을 남용하여 인격과 생명을 침해하는 것은 불가하다고 지적하곤 했다. 의(義)를 세우는 것도 중요하지만 '차마 하지 못하는' 인(仁)의 마음이 빠진 정의(正義)는 곤란하다는 것이었다. 그냥 정의로운 나라가 아니라 '인의(仁義)로운 나라'를 만들고자 한 것을 수많은 재판 기록에서 확인할 수 있다. 정조가 "왕법(王法)이 지극히 엄하여 그에 상당하는 법률로 결단하지 않을 수 없더라도 성인의 측은히 여기고 불쌍히 여기는 마음을" 가지고 재판 판결을 내려야 한다고 당부한 것이다. "한겨울이나 무더운 여름철만 되면 반드시 죄인을 돌보아 주라는 명을 내리고 추우면 솜옷을 만들어 주고 더우면 그 감옥을 청소해 주고 그 묶은 포승을 씻어 주었던" 것은 바로 정조의 준거 군주 세종이 실천한 인의의 정치였다. 그리고 그 마음이야말로 옛날에 우임금이 "수레에서 내려 죄인을 보고 흐느꼈던 뜻"이었다.[34]

서학의 도전, 정조의 대응

국왕 정조가 직면했던 또 다른 도전은 서학[35]이었다. 청나라를

---

34   정조, 『홍재전서』 169 『일득록』 9 「정사」.

35   『정조실록』에서 서학은 '서학(西學)'(정조실록 12/8/3), '천주학(天主學)'
      (정조실록 15/10/20), '천주교(天主敎)'(정조실록 15/11/7, 16/2/28), '사학
      (邪學)'(정조실록 15/10/23) 등 다양하게 일컬어졌다. 여기에서는 서양의
      종교, 학문, 기술 등의 의미를 포괄하는 뜻으로 당시 가장 많이 사용된

통해 유입된 서학은 초기에 소수 지식인들 사이에서 새로운 학설과 기이한 문명에 대한 호기심 차원에서 받아들여졌다. 하지만 정조 시대에 이르러 일반 백성은 물론이고 다수의 지식인 계층에게까지 천주학이 유포되었다. "이전에는 나라의 금법이 무서워 골방에서 모이던 자들이 지금은 환한 대낮에 멋대로 돌아다니며 공공연히 전파한다."(정조실록 15/10/23)라는 지적이 이를 보여 준다.

당시 홍낙안 등 급진적인 서학 비판자(攻西派)들은 국가에서 "단지 그 교리만 공격하고 사람을 공격하지 않아서 서학이 급속하게 확산되고 있다."라면서, 서학을 이단의 문제가 아니라 황건적이나 백련교도처럼 역적의 문제로 간주하고 강경하게 대응해야 한다고 주장했다.(정조실록 15/10/23) 학문 차원(정통/이단)이 아니라 법과 정치 차원(충/역)에서 다루어야 하는 상황이 된 것이다.

정조는 초기에 "이단을 공격하면 해로울 뿐(攻乎異端斯害也)"[36]이라는 공자의 말을 인용하면서 "사람은 사람답게 만들고 그 책은 불태우라(人其人火其書)."라고 학문 차원에서 온건히 접근했다. 그가 이처럼 온건하게 대응한 이유로는 (1) 서학에 대한 왕 자신의 호기심과 다양한 학문이 수용되는 사회적 분위기, (2) 서학 문제를 빌미로 당시 좌의정이던 채제공을 끌어내리려는 정적의 공격 차단 등을 들 수 있다.

그럼에도 서학 문제는 정조 재위 중반기에 학문 차원을 넘어 법

'서학'이라는 용어를 주로 사용한다.

36   『논어』「위정」16.

적·정치적 사건으로 비화되었다. 이 문제가 같은 당파(남인) 내부의
갈등으로 표출되었을 뿐만 아니라 반대 당파(노론)의 정치 공세로까
지 격화되었기 때문이다.[37]

정조 시대 서학 논쟁과 정조의 대응 방식

정조 시대의 서학 논쟁은 1785년(정조 9년) 추조적발사건(秋曹摘發
事件, 명례방사건),[38] 1787년(정조 11년) 반회사건, 1791년(정조 15년) 진산사
건(珍山事件, 신해박해) 등을 통해 제기되었다. 이 가운데 반회사건은 기
호 남인 내부의 분열에 따른 공서파와 친서파의 대립이 노정된 사건
으로, 정조의 대응 방식의 특징을 잘 보여 준다.

---

37   서학 논쟁은 다른 한편으로 새로운 정신세계를 접한 조선 사람들로 하
      여금 계층의 고하를 떠나 기존 유학의 한계를 되돌아볼 수 있는 기회였
      다. 금장태 교수의 지적처럼 당시 유교 지식인들 사이에서 "유교의 상
      제(上帝) 내지 천명(天命) 개념에 대한 강한 자각"이 일었으며 "영혼과
      사후 세계의 문제"에 대한 궁극적 물음을 품게 만들었다. 금장태, 「조
      선 후기 유학 · 서학 간의 교리 논쟁과 사상적 성격」,《교회사연구》2집
      (1979), 136쪽. 만약 정조가 이 문제를 옳고 그름(정학/이단) 차원으로
      접근하지 않고, 천당 · 지옥설 등 서학의 여러 차원을 좀 더 진지하고 개
      방적이며 지속적으로 다루었다면 어땠을까?
38   명례방에 있던 중인 김범우의 집에서 이승훈 등이 천주교의 교리를 강
      론하는 것을 형조 관원(秋曹)들이 우연히 목격 · 적발한 사건이다.(당
      시 형조는 문양해, 양형 등의 역모 사건을 비밀리에 추적하고 있었다. 정조실록
      9/3/23) 이 사건을 계기로 서학이 '사학(邪學)으로 규정'되었고(장령 유하
      원의 상소, 정조실록 9/4/9) 이를 성토하는 "통문과 상소가 잇달아" 나돌게
      되었다.

반회(泮會)사건이란 이승훈, 정약용 등이 과거 공부를 빙자해 성균관 근처 마을 반촌에서 서학서를 공부하다 같은 남인인 유생 이기경에게 발각·폭로된 사건이다. 당시 이기경은 이승훈, 정약용과의 개인적 감정과 천주교의 제사 폐지 문제에 대한 충격 등으로 이 사실을 고변하였다.(정조실록 15/11/5)[39]

그러나 반회사건은 서학 문제가 정치적 이슈로 부각되는 것을 반대하는 정조의 의지에 따라 연경으로부터의 책자 유입을 금지하고 천주교 관련 서적과 물품을 소각하는 수준에서 매듭지어졌다. 당시 정조는 천주교 문제의 심각성을 인식하였으나 이 문제가 노론과 남인 사이의 당쟁으로 격화되는 것을 막기 위해 노론 계열의 문체를 공격하는 '정미년 문체 사건'을 일으켰다.[40]

---

39   이기경과 정약용의 개인적 관계는 미묘하다. 이기경은 이승훈에 대해 노골적인 적대감을 드러냈으나 정약용에 대해서는 호오(好惡)의 감정을 함께 가졌던 것으로 보인다. 이기경의 반회사건 고변 이후 성영우 등이 찾아와 "이기경이 시기하는 마음 때문에 이런 말을 전파했다."라는 정약용의 말을 전하자 "내 마음은 그를 사랑하는데, 그는 그렇게 말하는가?"라고 술회했다.(정조실록 15/11/13) 이기경에 대한 정약용의 감정도 양면적이다. 이기경이 채제공을 비판한 일로 경원으로 유배 갔을 때 정약용은 "이기경의 집에 찾아가 그의 어린 자식들을 어루만져 주었고 그의 어머니 소대상(小大祥) 제사 때는 1000전(錢)의 돈으로 도와주었을 뿐 아니라 1795년 대사면 때 왕에게 특별히 말하여 서방되게 하였다."라고 기술했다. 정약용, 박석무 옮김, 「자찬묘지명」, 『다산산문선』(창비, 2013), 29쪽.

40   4장을 참고하라.

서학이 정치적 이슈로 본격 거론된 것은 채제공이 우의정으로 발탁된(정조실록 12/2/8) 1788년(정조 12년) 이후부터이다. 사간원 정언 이경명은 서학이 "점점 성하여 서울에서부터 먼 시골에 이르기까지 돌려 가며 서로 속이고 유혹하여 어리석은 농부와 무지한 촌부(村夫)까지도 그 책을 언문으로 베껴 신명(神明)처럼 받들면서 죽는다 해도 후회하지 않는 상황임"을 지적한 후 서학과 같은 "요망한 학설로 인한 종당의 화가 어느 지경에 이를지 모를 것이라고 경고했다.(정조실록 12/8/2)

정조는 서학 문제가 사간원 언관에 의해 제기됨에 따라 다음 날 대신과 비변사의 유사 당상을 불러 서학의 내용과 폐단에 대해 물었다. 이 자리에서 좌의정 이성원은 "그 학설의 내용은 모르나 거듭 엄금"하라고 요청했다. 이에 대해 우의정 채제공은 서학의 천당·지옥설 등 그 내용을 자세히 소개하는 한편 온건하게 대응하라고 건의했다. "이른바 서학의 학설이 성행하고 있으므로 신이 『천주실의』라는 책을 구해 보았더니, 바로 이마두(마테오 리치)가 애초에 문답한 것으로, 인륜을 손상하고 파괴하는 설이 아님이 없어 양묵(揚墨, 주(周)나라 말기에 극단적 이기설(利己說)을 주장한 양주(揚朱)와 극단적 겸애설(兼愛說)을 주장한 묵적(墨翟))이 도리를 어지럽히는 것보다 자못 심하였습니다. 그런데 거기에 천당과 지옥에 관한 설이 있기 때문에 지각없는 촌백성들이 쉽게 현혹됩니다. 그러나 그것을 금지하는 방도 또한 어렵"(정조실록 12/8/3)다는 것이 채제공의 말이었다. 채제공은 이어서 말했다.

그 가운데 좋은 것도 간혹 있으니 이를테면 하느님(上帝)이 굽어살피시어 사람들의 좌우에 오르내리신다는 설이 바로 그것입니다. 다만 그 인류을 무시하고 상도(常道)를 배반하는 것 가운데 큰 것으로는, 저들이 높이는 대상이 하나는 하느님(玉皇), 하나는 조물주(造化翁)이고, 제 아비는 세 번째로 여기니 이는 아비를 무시하는 것입니다. 또 저들 나라 풍속은 남녀의 정욕이 없는 자를 정신이 응집된 사람이라 하여 그를 나라의 군주로 삼는다 하니 이는 임금을 무시하는 것입니다. 그 학설이 행해지면 그 폐해가 어떠하겠습니까. 그 말에 있어서는 비록 불교를 배척한다고 하지만 대개 불교의 일면 소견을 훔쳐다가 자신들의 교리로 삼았으니 이는 불교 중의 별파(別派)입니다.

정조실록 12/8/3

서학이 "임금과 아비를 무시(無君無父)"한다는 점에서 심각한 폐해를 가져올 것이라고 인식하는 한편 서학을 불교의 한 지파로 본 것이다. 채제공은 기본적으로 유교의 용어로 서학을 이해하는 보유론(補儒論)의 입장에서 서학을 설명했다. 예컨대 "하느님이 언제 어디서든 굽어살피신다는 설"이나 "하느님이 내려와서 예수가 된 것"을 "중국에 요순이 있는 것과 같다."라고 비유하였다. 유교의 이상 사회와 천주교의 천국을 같은 차원에서 설명한 것이다. 그러나 그는 "소경을 눈 뜨게 하고 절름발이를 잘 걷게 하였다." 같은 서학의 구절은 "허무맹랑한 말"로 보았다.(정조실록 12/8/3)

이에 대해 정조는 "내 생각에 우리 도(吾道)와 정학(正學)을 크게 천명한다면 이런 사설(邪說)은 일어났다가도 저절로 없어질 것(自起自

滅)으로 본다. 그러니 그것을 믿는 자들을 정상적인 사람으로 전환시키고 그 책을 불살라 버린다면(人其人火其書) 금지할 수 있을 것"이라고 말했다. 따라서 "조정에서는 이 일에 많은 힘을 쓸 필요가 없다."(정조실록 12/8/3)라는 결론을 내렸다.

이 같은 정조의 결론은 규장각이나 초계문신제를 통해 노론계의 속학이나 남인계의 서학을 모두 바로잡을 수 있다는 소신의 표현이었다. 또한 서학 사건을 기회로 정학을 바로 세우겠다는 강한 정책 의지의 표명이었다. 정조는 "대저 좌도(左道, 이단)를 가지고 사람들의 귀를 현혹시키는 것"은 서학뿐 아니라 육학(陸學), 왕학(王學), 불도(佛道), 노도(老道)의 종류가 있었지만, 중국의 경우 금령을 내린 적이 없음에도 유학의 도(右道)는 흔들린 적이 없었다고 말했다. 그에 따르면 근래에 나타난 서학의 폐해는 "그 근본을 따져 보면 오로지 유생들이 글을 읽지 않은 데서 말미암은 일"이며 "문체가 난잡"하기 때문이었다. "근일에 경학이 비로 쓴 듯이 없어져서 선비라는 자들이 장구(章句)에 좋은 글귀를 따다가 과거 볼 계획이나 하는 데 지나지 않고" "문체(文體)가 날로 더욱 난잡해지고 또 소설을 탐독하는 폐단이 있는데 이 점이 바로 서학에 빠져드는 원인"(정조실록 12/8/3)이라는 것이다.

정조의 이 같은 낙관론과 채제공의 미온적인 대응으로 서학 문제는 한동안 잠잠했다. 그런데 1791년(정조 15년) 전혀 예상치 못한 진산사건에 의해 서학 문제는 중대한 정치적 이슈로 부각되었다. 진산 사건은 정치적 수단으로서 학문과 종교 문제를 거론할 때 그것을 제기하거나 대응하는 방식과 당시 사람들의 서양학에 대한 인식의 변화(천주학에서 천주교로), 정조의 정치 운영 방식을 잘 보여 주는 사건이었다.

진산사건은 외면적으로 전라도 진산에 사는 천주교도 윤지충이 모친상을 당하여 천주교에서 금하는 일이라 하여 "제사를 폐지"하고 "위패를 불태우고 조문을 거절"하고 같은 동리에 사는 그의 외종형 권상연도 같은 행동을 취함으로써 야기된 사건이다.(정조실록 15/10/23) 그러나 진산사건의 이면에는 공론 정치를 이용해 채제공 독상(獨床, 3정승 중 한 명만 재직함.) 체제를 무너뜨리려는 남인 내 소외 세력의 정치적 음모가 깔려 있었다. 또한 진산사건은 '이승훈 사건'과 함께 정조의 통치 방식과 공론 정치에 대한 이해를 잘 보여 주는 계기가 되었다.

진산사건 발생 직후 사헌부의 보고에 대해 정조는 "하필 위에서 번거롭게 처리할 것이 있겠는가. 도백(道伯, 정조의 측근인 정민시가 전라도 관찰사였다.)에게 넘겨 그 죄에 따라 법대로 엄히 처벌"하라고 지시했다.(정조실록 15/10/16) 정조는 특히 "태학에 통문이 돌고" 있다는 사헌부 보고에 주목해 서학 자체보다 "가증스러운 말쟁이들"의 처벌을 더 강조하였다.(정조실록 15/10/16) 정조가 가증스러운 말쟁이로 지목한 사람은 남인 계열의 홍낙안, 성영우 등이었다. 특히 홍낙안은 채제공에게 장문의 편지를 보낸 후 이를 공개해 서학 문제의 공론화와 정치 쟁점화를 도모했다.

홍낙안은 편지에서 "오늘날 도성의 경우부터 우선 말하면 친구들 중 사대부와 선비들은 대부분 거기(서학)에 물들었"으며 서학의 핵심은 천당·지옥설에 있다고 지적했다. 그는 또한 "단지 그 교리만 공격하고 사람을 공격하지 않기 때문에 지금은 손을 쓰려고 해도 해진 대바구니로 소금을 긁어 담는 것과 다름이 없게 되었다."라며 보다 강경한 대응을 주장했다. 또 "혹 말하기를 '스스로 자기 몸을 망쳐 그의 집안에 변괴를 저지른 한두 명의 유생 문제를 어찌 조정에까지 올릴 게 있겠는가?'라고 하는데, 이런 말을 하는 자들은 윤지충과 거의 같은 자들"이라고 했다. 따라서 "마땅히 큰 길거리에 목을 매달아 놓고 적의 무리를 호령하듯 하며 그 집터를 파서 못을 만들고 그 고을을 혁파하기를 마치 역적을 다스리는 법처럼 한 뒤에야 이단을 믿는 자들이 조금이나마 목을 움츠릴 줄 알게 될 것"이라는 것이 홍낙안의 주장이었다.(정조실록 15/10/23)

홍낙안의 편지를 요약하면 이렇다. (1) 서학의 내용이 "허무맹랑"하기 때문에 사대부를 물들일 수 없으리라는 채제공이나 비변사의 주장과 달리 서학이 이미 지식인 계층에 널리 전파되었고, (2) 황건적과 백련교처럼 많은 사람을 불러 모아 흉계를 꾸밀 위험이 있다. 따라서 (3) 그 교리는 물론이고 그것을 믿는 사람들까지도 조정 차원에서 역적을 다스리는 죄로 처벌해야 한다.

정조는 이와 같은 홍낙안 장서 사건에 대해 극히 비판적으로 대응했다. 즉 "소문을 하나하나 다 믿을 수 없을 뿐 아니라 용서할 수 없는 죄든 아니든 간에 설혹 그 소문이 사실이라 하더라도 상도를 어기고 법을 범한 시골의 하찮은 한두 명의 무리를 처리하는 데는 한 명의 도신(道臣)이면 충분하다."(정조실록 15/10/23) 정조가 이렇게 대응한 이유는 거기에 정치적 '음모'와 '함정'이 숨겨져 있다고 보았기 때문이다. "홍낙안의 긴 글은 과연 무슨 의도에서 나온 것인가. 말로 경(채제공)에게 얘기해서 안 될 것이 무엇이 있다고 굳이 긴 글을 보냈단 말인가. 우리나라는 모두가 사적인 싸움에 용감한 것으로 볼 때 홍낙안의 글은 반드시 까닭이 있을 것이다. 대간의 상소에 대해 내린 비답 속에 함정(機關)이란 문구를 쓴 데는 그만한 이유가 있었다."라는 말이 그것이다. 정조는 이어서 채제공으로 하여금 이 문제를 전담하게 하면서 "서로 치고 흔들어 대는 일이 일어나지 않도록 하라."라고 당부했다.(정조실록 15/10/25)

정조는 당시 남인계 홍낙안, 목만중, 이기경 등이 노론 벽파를 등에 업고 사학 배척을 빙자해 같은 남인 세력, 특히 채제공을 공격하려 한다고 판단했다. 따라서 홍낙안 등 이른바 공서파에 대해서 극히 비판적인 태도를 보였다.

> 정학(正學)을 부지하고 사학(邪學)을 배척하는 것이 바로 나의 본래 뜻이다. (......) 홍낙안의 일은 참으로 하나의 변괴이다. (......) 그의 용심(用心)이 오로지 좌의정(채제공)에 있었음은 불을 보듯 훤하다. (......) 홍낙안을 한 번 처리하는 것은 내 뜻을 이미 정하였으나 아직까지 다 드러나지 않았으므로 우선 기다리고 있다. 홍낙안과 같은 자가 끝내 형벌을 받지 않는다면 어찌 위복(威福)의 권한이 위에 있다고 할 수 있겠는가.
>
> 정조실록 16/2/14

"우선 기다리고 있다."라는 말에서 볼 수 있듯이 정조는 앞에서 살펴본 사도세자 사건 처리와 비슷한 방식으로 이 사건에 접근했다. 정적들의 음모가 겉으로 드러날 때까지 기다렸다가 일시에 역공격을 감행하려 한다. 그 역공격의 기회는 1792년(정조 16년)의 공서파 권위의 이승훈 비판에서 포착되었다.

이승훈과 사적인 원한 관계에 있었던 평택의 유생 권위는 이승훈이 서학에 물들어 평택 고을에 사는 3년 동안 공자의 사당에 참배하지 않았다는 내용의 통문(通文, 여럿이 돌려보는 글)을 성균관(太學)에 돌렸다. 그러자 성균관에서는 이승훈의 이름을 청금록(靑衿錄, 성균관 유생 명부)에서 지웠고, 이승훈의 아우 이치훈이 왕의 수레(大駕) 앞에서 상언(上言)하며 자기 형이 무함받은 일을 풀어 달라고 청했다. 당시 권위의 이승훈 공격의 이면에는 김문순 등 노론의 암묵적 동의와 지원이 있었는데, 이들은 이승훈을 공격함으로써 같은 남인의 영수인 채제공의 사임을 노린 것으로 보인다. 말하자면 이들은 진산사건에 대한 국왕의 대응 방식에 비추어 이 문제 역시 정식 정치 문제로 부상하기보다 이승훈의 처벌 또는 같은 남인의 영수인 채제공의 사임 정도에서 마무리되리라 예측한 것이다.

그러나 정조는 권위 등의 예측을 뒤엎고 다음과 같은 전교를 내려 이승훈 사건을 세밀히 조사하라고 명했다. "본 사건은 관계된 바가 지극히 중하니, 잠시라도 방치해 둘 수가 없다. 이승훈이 향교에 배알했는지에 대해서는 반드시 고을의 유생이나 향교의 생도나 하인이나 백성들 중 그 실제의 상황을 듣고 본 자가 있을 것이니, 이 한 조목을 마땅히 먼저 조사하라. 그리고 향교를 개수(修改)할 때 고을의 전례가 예부터 예(禮)를 거행했는지 거행하지 않았는지의 여부를 또 마땅히 소급하여 상세히 조사하라. 그러면 고을의 선비나 향교 선비의 공론이 즉시 하나로 귀결될 것이다. 그리고 권위가 한 짓이 과연 상언(上言)한 내용과 같은지, 승보시(陞補試)에 뽑히지 않자 억지를 부리는 무리에 섞여 들어가 마치 사적인 감정을 멋대로 부리는 자와 같았는지의 곡절을 낱낱이 조사한 뒤라야 이승훈의 죄를" 판단할 수 있다면서 전 교리 김희채를 평택의 안핵어사(按覈御史)로 임명하였다.(정조실록 16/2/28) 전교의 자세한 지시에서 나타나듯이 정조는 이승훈 사건의 전후 맥락을 이미 파악하고 김문순 등이 이 문제를 유야무야하려 한다는 사실도 간파했던 것으로 보인다. 따라서 노론 세력이 주도하는 형조 대신 안핵어사를, 그것도 이승훈의 종제부인 김희채[41]를 특별히 임명함으로써 사건을 객관적으로 밝혀낼 수 있게 하였다.

보름 후 평택 안핵어사 김희채가 복명(復命)하여 조사해 보고했다. 요약하면 다음과 같다. '이승훈 공자 사당 참배 거부 사건'은 왜곡된 것으로 ① 평택 지역 신유(新儒)들의 집단적 원한과 ② 권위의 개인적 유감, ③ 글자를 변환한 아전의 농간 때문에 발생했다.

① 평택은 신유향(新儒鄕)과 구유향(舊儒鄕)이 서로 다투어 원수 사이가 되어 있었습니다. 이승훈이 부임한 뒤에 신유(新儒)로서 왕래하는 자를 하나도 영접하지 않고 이치에 닿지 않게 송사하는 것도 간혹 금지한 것이 많았습니다. 이로 말미암아 신유들이 원한을 품게 되었는데, ② 그중 권위는 자취가 본래 동에 번쩍 서에 번쩍 하고 수완 또한 몹시 음흉한 자입니다. 그는 송익로와 똑같은 자로서

---

41   김희채는 초계문신 출신(정조실록 5/2/17)으로 같은 남인인 이승훈의 사촌 여동생의 남편이었다.

세상의 지목을 받은 지 오래되었습니다. 제방(堤防)의 세금을 함부로 받아들여 쇠잔한 백성들을 침해하다가 전 관리(이승훈)의 배척을 받기도 했습니다. 그는 또한 소요를 일으켜 자리를 다투고 향교를 혼란스럽게 하려 하였으나 또다시 전 관리 때문에 꾀를 이루지 못했습니다. 이에 백방으로 독기(毒氣)를 품고 반드시 유감을 풀려고 하였습니다. 이승훈이 죄를 당한 뒤에 그의 동류들과 함께 황당한 말을 지어내어 시골에서는 홍병원이, 서울에서는 조상본이 기꺼이 동조하여 이르는 곳마다 거짓말을 퍼뜨렸습니다. 그 주범과 종범을 논한다면 권위가 바로 괴수이고 홍병원, 조상본, 정언택은 추종자들입니다. (……) ③ 고을 아전 이정길의 편지 내용 중 '절하지 않았다(不拜禮)'라는 세 자가 변환되어 모함을 꾸민 화근이 되었습니다.

정조실록 16/3/14(일련번호는 인용자)

정조는 안핵어사의 보고를 받은 직후 서학 사건을 빌미로 채제공을 공격하려던 노론의 형조 판서 김문순, 형조 참판 심환지, 형조 참의 이면응을 금갑도(金甲島)에 귀양 보내고 주위에 가시울타리를 치게 하였다.(정조실록 16/3/15) 정조에 따르면 "권위와 같이 (……) 이익만을 노리고 교제한 비루하고 종잡을 수 없는 (……) 금일 신하 된 자는 마땅히 가차 없이 엄하게 토죄해야 한다. 그런데도 김문순은 자신이 형조 판서가 되어 지난날의 연교(筵敎, 경연에서의 하교)를 듣고도 심상한 일로 보고 공자의 사당에 관계된 일이라 핑계하였으며, 지금 이 회계(回啓, 임금의 하문(下問)에 대해 심의하여 상주한 것) 중에도 아예 일언반구도 언급하지 않았으니, 어찌 통탄스럽고 놀라운 일이 아니겠는가.

(……) 태아(太阿, 임금을 상징하는 칼)가 내 손에 있으니, 내가 마땅히 이 무리들에게 한번 시험해 보겠다."라면서 "편당(偏黨)의 습관"을 버리지 못하는 노론의 "세 당상관(김문순, 심환지, 이면응)"을 처벌하였다.(정조실록 16/3/15)

이상의 서학 사건과 관련하여 정조의 정치 운영 방식의 특징과 문제점을 살펴보면 다음과 같다. 첫째, 정조 시대의 서학 논쟁은 처음에 사적인 편지나 학문적 문답의 형태로 시작해 점차 통문(通文), 상소문으로 전개되었으며, 이에 대한 왕의 비답과 전교, 윤음의 형태로 발전되었다.[42] 이는 서학에 대한 공서파와 친서파의 분열과 대립이 학문이나 정치 이념의 차이보다는 남인 내부의 정치적 소외 세력의 불만과 "친구들 사이의" 개인적 감정에서 비롯되었음을 보여 준다. 즉 이승훈, 이가환, 정약종, 권철신 등 300여 명의 신도와 청나라의 신부(周文謨, 1795년 입국, 1801년 순교)를 처형하고 정약전, 정약용 형제를 유배시킨 '신유박해(辛酉迫害, 1801년)'는 이기경, 홍낙안, 목만중 등 몇몇 남인 소외 세력의 "사적인 싸움"에서 시작되었으며, 노론 벽파 세력이 이를 정치적으로 이용하면서 비극적 결말에 이르렀다.

여기에서 주목할 것은 공서파와 친서파의 대표자인 이기경과 이승훈 등은 원래 서학에 대해 입장이 크게 다르지 않았다는 점이다. 이기경은 자신이 "이승훈, 홍낙안과 함께 공부한 절친한 친구"로서 "서양서(西洋書)라는 것을 이승훈과 함께 보고 그 책에 간혹 좋은 곳

---

42   김홍우, 「정조조의 천주학 비판」, 김영국 외, 『한국 정치 사상』(박영사, 1991), 65쪽.

과 이치에 어긋나는 부분을 논척(論斥)"(정조실록 15/11/5)하곤 하였는데,
이승훈과 정약용 등이 자신을 따돌렸다고 주장했다. 이 같은 상황에
서 이기경은 "동료들 가운데에서 가장 먼저 사설(邪說)을 물리쳐야 한
다는 말을 힘써 제기하였는데, 이 때문에 이승훈, 정약용 등이 자신
에게 깊은 유감을 품고 반드시 보복하려 하였다."(정조실록 15/11/13)라
는 것이다. 특히 이기경은 채제공이 자신의 말을 왜곡하여 전달한 사
실과 이승훈이 "사실을 농락하여 뒤집은 점"을 강력하게 비판했다.(정
조실록 15/11/13) 이에 대해 정조는 서학 사건이 발생했을 때 홍낙안,
이기경 등을 노론 세력과 분리시켜 공서파의 힘을 약화시키는 한편
서학 문제를 이용해 노론 세력을 역공격하는 정치적 노련함을 보였
다.[43]

둘째, 정조는 서학 문제가 당쟁으로 비화되는 것을 막기 위해 서
학 사건이 발생할 때마다 문체론을 거론하며 노론의 공격을 차단하
려 했다. 그는 "이단을 공격하면 해로울 뿐"(정조실록 15/10/23)이라는 공
자의 말을 인용하며 시종 온건한 태도를 보였다. "서양학을 금지하려

---

43   정조는 먼저 "홍낙안 등이 장서(長書)를 올리고 통문으로 돌리고 상소
      를 한 이면에는 반드시 다른 속셈이 있을 것인데 승지 홍인호가 필시 참
      여했을 것이라고 하여 연석에서 엄히 문책"했다. 홍인호의 '자백'과 '다
      짐'을 받아 낸 다음에 그는 "특별히 지나간 일로 덮어 둔다."(정조실록
      15/11/14)라며 홍낙안의 지친인 홍인호를 공서파로부터 분리시켰다. 정
      조는 또한 정창순을 선제공격하여 홍낙안 등으로부터 분리시켰는데, 정
      창순은 왕의 위협적 행동에 직면해 홍낙안과의 대화 내용을 자백하면서
      홍낙안을 비판했다.(정조실록 16/2/17)

면 먼저 패관잡기부터 금지해야 하고 패관잡기를 금지하려면 먼저 명말청초의 문집들부터 금지시켜야 한다."(정조실록 15/10/24)라며 노론 계열의 약점을 매번 거론하곤 했다. "정학을 부지(扶支)하고 사학을 배척하는 것이 바로 나의 본래 뜻"이라면서(정조실록 16/2/14) 정조는 "모름지기 사기(士氣)를 배양하여 폐습을 변화시킬 방도를 생각하라."(정조실록 12/8/3)라고 위정척사(衛正斥邪)론을 주장했다. 특히 그는 '척사'보다는 '위정'에 강조점을 두었는데, 사학 문제를 조정 차원에서 '척사' 하는 방향으로 몰아가면 자칫 당쟁으로 비화돼 "진실이 호도될 격정"이 있음을 우려했기 때문이다.(정조실록 15/10/23) 따라서 도백(감사)이 개별적으로 다루되 응징보다는 '개과천선'할 수 있게 하는 한편 "정학을 존숭하려면 마땅히 선현을 존숭해야 한다."라며 이언적, 이황, 이순신 등 조선의 선현을 존숭하는 일련의 조치를 취했다.(정조실록 16/3/2, 10/8/9)

셋째, 정조는 서학 논쟁이 정치적 의도로 제기되었음을 주목하고 '이열치열의 방식'으로 이를 해결하려 하였다. 앞서 살펴본 것처럼 이열치열의 방식이란 '한 당파에서 반역자가 나오면 그를 반대 당파의 반역자와 대비시켜 다스리고, 한 당파에서 충신이 나오면 반드시 반대 당파의 충신과 대비시켜 표창하는 통치 방식'이다. 정조는 서학 논쟁에서도 남인의 문제점(서학)을 노론의 문제점(속학)으로 상쇄하는 한편 남인의 장점(육경고문(六經古文) 전통)과 노론의 장점(주자학 전통)을 대응시켰다. 서학 논쟁이 제기될 때마다 그는 정학을 바로 세우는 것의 중요성을 말하면서 노론의 문제를 거론하곤 했다. 가령 정조는 남인의 정치적 열세 속에서 노론에 의해 서학 문제가 당쟁으로 비화될 경우

(탕평 정책에 의해) 어렵게 등용한 소수의 남인 계열 인재들이 축출될 수 있다고 판단하고 이를 예방하려 했다.[44]

넷째, 정조는 서학 논쟁에 모종의 정치적 음모가 숨어 있다고 보고 이 문제의 공론화를 의도적으로 외면·저지했다. 이는 그가 공론 정치에 상당한 두려움을 가졌음을 보여 준다. 홍낙안 장서 사건에서 보듯이 정조는 공론이라는 채널을 이용해 사적인 감정을 푸는 것을 극도로 경계했다. 또한 서학 논쟁의 이면에 남인을 정계에서 축출하려는 노론의 음모가 있다고 판단했다. 실제로 서학 논쟁은 당쟁으로 비화될 소지를 다분히 가지고 있었다. 그러나 이러한 위험에도 불구하고 당시 서학 문제를 좀 더 적극적으로 다루었더라면 어땠을까 하는 아쉬움이 남는다. 만약 정조가 왕위에 있을 때 좀 더 적극적으로 서학 문제를 다뤘더라면 서학에 대한 박해나 국가적 폐쇄주의로 치달은 후세의 잘못을 피할 수도 있지 않았을까?

정조는 그렇게 하지 않았다. 반대로 서학 문제를 공론 차원에서 진지하게 개진할 수 있는 소중한 기회를 급히 차단하고 순전히 정치 기술적 차원에서 대응했다. 당쟁에 대해 일종의 '정신적 외상'을 가지고 있었던 것으로 보이는 정조는 어떤 문제가 공론화되는 것을 몹시 두려워하고 덮어 버리려고만 했다. 결과적으로 정조의 재위 중 억제돼 있던 서학 문제는 신유박해 등 대규모 희생을 거친 후에야 수용되었다.

---

44   반회사건이 일어난 정미년(1787년)에 정조는 문체 문제를 거론했다. 진
      산사건에 이어 이승훈 사건이 발생한 임자년(1792년)에도 문체반정이
      일어났다.

중국과의 관계: 재조지은과 예교수번 사이

　조선의 대외 정책은 '사대교린(事大交隣)'이라는 말로 압축된다. 『맹자』에 어원이 있는 사대교린의 관념은 국가의 대소 차이를 인정하고 서로 분수를 지켜야 한다는 유교적 질서관에서 비롯된 것으로서, 끝없는 패권 다툼의 악순환을 피하려는 신중함(prudence)과 자기 제한(self-restraining)의 절제 의식이 깔려 있다.

　잘 알려진 것처럼 조선의 사대 외교의 유일한 대상은 '중국'이었다. "소(小)로써 대(大)를 섬김은 보국(保國)의 도로서, 우리나라는 삼국 통일 이후 대(大)를 섬기기를 부지런히 힘써 왔다."라는 『태조실록』의 기록에서 보듯이(태조실록 총서) 중국에 대한 사대의 역사는 오래되었으며, 조선 왕조 내내 지켜져 왔다.

　그러나 중화의 주인이며 임진왜란 때 '재조지은(再造之恩)'을 준

명나라가 만주의 오랑캐인 청나라에 패퇴하고, 청나라가 중원의 실질적인 주인으로 들어서면서 조선의 대외 관계는 '이중적인' 것으로 변해 갔다. 한편으로 조선의 국왕과 신료들은 '보은(報恩)'의 대상이자 중화 문명의 상징인 주(周)를 계승한 '이상 속의 중국'인 명나라에 대한 의리를 저버릴 수 없었다.(대명 의리론) 다른 한편으로 조선은 '현실의 중국'이자 앞선 문물과 '힘'으로 실질적인 영향을 미치는 청나라를 배우고(북학) 그들과의 긴밀한 관계를 유지해야 했다. 동아시아의 패권국인 청나라와의 사대 외교를 통해서 대내외적인 안보를 보장받아야 했기 때문이다.(대청 사대 외교론)[1]

상호 모순되어 보이는 이 같은 외교 원칙은 18세기 이후 유연해진 청나라의 대(對) 조선 정책 때문에 지속될 수 있었다. 즉 청나라 조정은 명나라의 '연호'를 사용하는 것까지 금지하던 병자호란 직후의 엄격한 태도에서 벗어나 조선의 대보단(大報壇) 제사와 『존주휘편(尊周彙編)』, 『황단배향제신목록(皇壇配享諸臣目錄)』 편찬과 같은 '대명 의리론'의 정리 작업에 대해 눈감아 주곤 했다. 이미 문화 국가로 탈바

---

1   역사학계에서는 정조 시대에 등장한 대명 의리론을 "조선 문화에 대한 자신감의 표현", 즉 중화 문화의 정통성을 온전히 계승한 조선의 자부심 표현이라고 파악한다. 정옥자, 『조선 후기 조선중화사상연구』(일지사, 1998), 15쪽. 김문식, 「18세기 후반 서울 학인의 청학(淸學) 인식과 청 문물 도입론」,《규장각》17권(1994), 3~11쪽. 하지만 이 시기의 조선 지식인들이 청나라의 정치적 · 군사적인 힘과 함께 문화의 발달을 충분히 확인했다는 점을 고려해 볼 때 대명 의리론은 '문화적 자신감'이라는 측면보다는 오히려 정권의 정당성 강화와 같은 정치 적 관점에서 이해할 필요가 있다.

꿈한 청나라가 그 자신감에 기반해 조선의 숭명론을 관용하는 태도를 보인 것이다.[2] "저들이 우리를 대하는 것이 이미 후하다(彼待我厚)."라는[3] 정조의 지적은 그러한 정황을 보여 준다. 가령 청나라 건륭제가 동유(東遊)를 위해 심양에 도착했을 때 정조는 안부차 가는 사신에게 이와 같은 청나라의 "관후함"을 지적하면서, 우리 측도 예의를 다해야 한다고 말했다.[4]

국왕 정조가 청나라 황제에게 올리는 조공물을 직접 살피는 등 예를 극진히 하는 것에서 볼 수 있듯이 조선 조정은 조공·책봉 같은 제후국으로서의 전통적인 예는 물론이고, 사신의 파견 등에서도 사대 외교를 극진히 했다. 이는 청나라가 강희(康熙, 1662~1722)·옹정(擁正, 1723~1735)·건륭(乾隆, 1735~1796) 시대를 거치면서 정치·군사·문화적으로 '중국'이 되었다는 인식과 국가 사절(赴燕使行)로 북경을 다녀온 조선조 지식인들의 청나라에 대한 인식 변화에 따른 것이었다. 즉 "중국의 오랑캐를 물리칠 겨를이 없음과 오히려 동국(東國, 조선)의 오랑캐됨"[5] 그리고 "복수설치(復讐雪恥)를 위해서라도 중국을 배워야 한다."라는 '북학'의 논의와 "청나라를 칭찬하는 말"(정조실록 22/8/8)이 언관의 상소에 올라오는 현실, 청나라를 직접 다녀온 홍양호 등의 선진

---

2   정옥자, 앞의 책, 120쪽.

3   정조, 『홍재전서』 5권 『시』 1, 「이복원을 심양에 보내면서」.

4   같은 책. 건륭제 역시 정조의 이러한 태도에 대해 "조선은 본래부터 제후(諸侯)의 법도에 특별히 부지런했다.(恪勤)"라고 칭찬한다. 정조실록 2/3/3.

5   박제가, 『정유집』, 「북학의」 외편.

문물에 대한 보고 같은 것이다.

정조 초반에 중국에 다녀온 홍양호는 "산천과 성읍은 모두가 요임금과 우임금 때의 고적(古跡)이었지만, 의관과 문물은 다시 옛날의 것이 아니었다."라고 말했다. 그에 따르면 그가 "귀로 들어 왔던 것을 직접 눈으로 보니 놀랍게도 믿을 만한 것"이 있었는데 "이용(利用)과 후생(厚生)의 기구에서도 모두 법도"가 있었다.(정조실록 7/7/18)

말하자면 18세기 후반에 이르러서 '북벌(北伐)' 대신 '북학(北學)' 관념이 대두하고, 국왕·신료들에 의해 청나라 문화의 선진성이 인식되면서 정조 시대에 이르면 중국 문물을 적극 수용하려는 분위기가 팽배했다.[6] 이러한 북학의 분위기는 19세기에 들어서도 계속되었는데, 김조순을 비롯한 이상황·홍석주 등 세도정치기의 고위 관료들의 연경사행 경험과도 깊은 관련이 있을 것으로 보인다.

실제로 세도정치기의 대중국 관계는 기본적으로 정조 시대의 그것을 계승하고 있었다. '대청 외교'를 병행하면서도 동시에 '대명 의리'를 고수하는 이중적인 태도와 "예의 바른 번국(禮敎綏藩)"[7]으로서 중국과의 사대 외교를 매우 중시한다는 점 그리고 조선에 대한 중국 황제의 각별한 대우와 긴밀한 관계 지속 등이 그것이다.

그러나 다른 한편 서교(西敎)는 물론 서학(西學)까지도 전면적으로 부정하는 쇄국 정책의 강행 속에 발생한 주문모(周文謨) 처형 사건

---

6   김문식, 『조선 후기 지식인의 대외 인식』(새문사, 2009), 21쪽.
7   청나라 역사책에는 '복교수번(福敎綏藩)'으로 기록되어 있다. 국사편찬위원회 편집부 옮김, 『중국정사 조선전』 4(국사편찬위원회, 2004), 376쪽.

과 "그 수를 셀 수 없이 많은" 이양선의 출몰과 "위협" 등을 해결하기 위해 조선 조정은 청나라에 더 철저히 사대를 했다. 이 과정에서 대명 의리론은 점차 약화되고 대청 사대 외교론이 강화되었다. 숭명론을 비판하고 청나라에 대한 '중화적 사대'를 주장하는 현상도 나타났다. 이 같은 긴밀한 조·청 외교 관계의 결과, 조선 조정은 주문모 처형 사건이 발생했을 때 당초의 우려와 달리 특별한 갈등 없이 지나갈 수 있었다.[8]

특기할 사항은 정조 시대는 물론이고 세도정치기에도 조선 조정에서 중국과 서양 세력의 움직임을 상세히 파악하고 있었다는 점이다. 『조선왕조실록』에 기록된 사신들의 보고 내용이 그것을 보여 준다. 그럼에도 시대 변화에 주도적으로 대응하지 못한 것은 요컨대 정보 부족 때문이 아니었다. 시대의 '망원경'을 준비하고 실행하는 리더

---

8   순조 정권 초년의 신유사옥(1801년) 과정에서 주문모 신부 처형 사건은 조·청 관계를 악화시킬 수도 있는 사건이었다. 아무리 천주교 관련 '범법자'라 할지라도 중국 조정의 허락 없이 중국인을 처형한 것은 자칫 청나라 조정으로부터 중대한 문책을 받을 수도 있는 일이었기 때문이다. 순조 정권은 당시 이 문제를 적극적으로 중국 조정에 보고함으로써 위기를 극복할 수 있었다. 즉 정순왕후 등은 중국이 "대국의 사람을 주륙(誅戮)"한 것으로 "트집 잡을 경우" 양국 사이에 "갈등이 야기"될 수 있다고 보고(순조실록 1/10/27) 이 문제를 은폐해 왔던 종래의 태도를 바꾸어 외교 채널을 통해 정식으로 보고했다. 그 결과 중국의 예부(禮部)로부터 "주가(周哥, 주문모)는 결코 대국(大國)의 사람이 아니다."라는 대답을 들었다. 그뿐만 아니라 이런 일에 대해서 적절히 "진주(陳奏)한 것은 진실로 체모를 얻었다."라는 치하를 받기까지 했다.(순조실록 2/4/10)

십의 부재에 그 원인이 있었다.

조·일 관계의 작은 변화: '고삐'에서 '수호' 대상으로

정조 시대의 조일 관계는 '휴지기'였다. 특별한 외교적 사건도 없고, 통신사의 방문과 같은 교류도 없었다. 조정에서는 국가 간 예법을 모르는 데미도주를 한심하다고 비웃는가 하면(성조실록 2/10/5), 표류되어 간 조선인을 쇄환하는 데 비용이 많이 들어간다고 불만을 토로했다.(정조실록 20/11/1) 양국이 그야말로 활발한 교류의 필요성을 느끼지 못한 채로 전통적인 외교 관계를 유지하는 상태였다.

전통적으로 조선은 대일 외교를 '교린 정책'의 일환으로 간주했다. 15세기 들어 명나라가 동아시아의 패권국으로 자리 잡으면서 조선은 일본을 '교린 대상국'으로 간주하게 된 것이다.[9] 1471년(성종 2년)에 신숙주가 편찬한 『해동제국기』의 '조빙응접기(朝聘應接記)'에 따르면 일본 국왕 사신 이외의 모든 통교자들은 사송선(使送船)의 형식을 갖추어야 했다. 조선 정부는 기미론(羈縻論, 주변국에 대해 적정 거리를 두는 정책)에 입각해 일본과의 외교 의례 및 조공 무역의 관계를 유지해 왔던 것이다. '소와 말의 고삐(羈縻)', 즉 '단절하지는 않고 견제·조정할 따름'이라는 말에서 알 수 있듯이 조선은 소극적이고 피동적인 입장에서 일본과의 접촉을 최소화하려 했다.[10]

---

9   하우봉, 「일본과의 관계」, 《한국사》 22(1995), 386쪽.

조선 정부는 일본·류큐뿐 아니라, 여진·남만(동남아 국가들)도 교린의 대상으로서 기미 정책으로 다루었는데, 이 중에서 특히 중요한 것은 대일 관계 및 그와 연관된 쓰시마섬과의 관계이다. 일본의 무로마치(室町) 막부에 대해서 조선 정부는 '적국 항례(敵國抗禮)' 내지 '적례 관계 교린(敵禮關係交隣)'의 대상으로 간주했다. 즉 조선에게 일본은 '서로 필적할 만한 나라로서 상호 대등한 자격으로 교류해야 하는' 같은 제후국의 하나였던 것이다.[11]

이 같은 조선의 대일 관계는 임진왜란 등 대규모 대일전을 치르면서 다소의 변화가 있었지만 기본 구조는 지속되었다. 다만 1607년(선조 40년)의 강화(講和) 이후 수립된 조·일 국교는 조선이 한 단계 높은 위치에서 진행되었다. 차왜(差倭, 일본 사신)의 한양 입경은 허락되지 않았고 동래의 왜관에서 실무를 보고 돌아가게 한 것이 그 예이다. 이후 일본은 조선의 예조 참판이나 참의에게 일본 국왕의 칙서를 보내와 사신 파견을 요청하곤 했는데, 조선은 이에 대응해 통신사(通信使)를 파견했다. 1607년부터 1811년까지 일본은 60여 차례 차왜를 보냈으나, 조선은 12회에 걸쳐 통신사를 파견하여 약 250년간의 평화를 지속했다.

통신사는 일본의 막부 정권이 바뀔 때 그 권위를 국제적으로 보장받기를 원하는 일본 측의 요청을 받아들여 축하 사절의 이름으로 파견되었다. 대략 400~500명의 통신사 일행을 맞이하는 데 1400여

---

10   같은 글, 389~390쪽.
11   같은 글, 388쪽.

척의 배와 1만여 명의 인원이 일본 측에서 동원되고 접대비로 한 주(州)의 1년 경비를 쓸 정도로 성대했다.[12] 영조 시대의 경우 1748년과 1764년에 두 차례의 통신사가 파견되었는데, 홍계희와 조엄이 각각 475명과 472명의 사행원을 이끌고 축하 사절의 임무를 수행하고 왔다.

정조 시대 이후 헌종 시대까지의 조·일 관계 역시 기본 구도에 있어서 그 전과 차이가 없었다. 다만 양국의 경제적 어려움으로 인해, 많은 비용이 소요되는 통신사의 파견은 최소화되었다. 또한 빈번한 이양선의 출몰과 서양 제국의 교역 요구에 대처하기 위해 조선이 과거의 기미 정책을 유지하면서도 '정보의 공유'를 제의한 점에서 약간의 변화를 읽을 수 있다.

특히 일본의 경우 1853년(철종 4년) 6월 페리 제독의 내항 이후 그다음 해 3월에 '미일 화친 조약'(가나가와 조약)을 체결하는 등 개항 정책을 추진했는데, 그 배경에는 사회 지도층의 정확한 현실 인식과 "강렬하고도 과장된 위기감"이 있었다.[13] 당시 에도 막부는 나가사키에 체류하는 네덜란드 상관장(商館長)이 매년 보내는 풍설서(風說書, 정보 보고서)를 통해 서양 정보를 큰 시차 없이 속속 입수할 수 있었다.[14]

이러한 풍부한 정보를 토대로 막부 지도자들과 지식인들은 서양 열강의 세계 진출을 사실 이상으로 공격적으로 묘사했다. 정조 초반인 1780년대 일본 북쪽의 에조치(蝦夷地, 지금의 사할린과 홋카이도 일대)에

---

12   한영우, 『다시 읽는 우리 역사』(경세원, 1997), 318~319쪽.

13   박훈, 『메이지 유신은 어떻게 가능했는가』(민음사, 2014), 7쪽.

14   청나라의 경우도 남부에는 서양 정보가 풍부했지만, 위정자들이 그것을 제대로 흡수하지 못했다. 같은 책, 68~69쪽.

러시아인들이 출몰했을 때의 반응이 그 예이다. 이때 일본 지도층 인사들은 러시아가 금방 쳐들어올 것처럼 위기감을 증폭시키면서 국방 강화와 내정 개혁을 주장했다. 이러한 개혁론은 적극적인 개국론으로 이어져 해외 유학생 파견(1862년)과 대규모 해외 사절단의 미국, 유럽, 러시아 등지의 방문이라는 조치로 나타났다.

어쨌든 전통적인 조·일 관계는 중대한 변화를 앞두고 있었다. 그럼에도 정조와 그 이후 여러 왕들은 태풍 전야의 고요 속에서 자족적(自足的)인 현상 유지 정책만 지속시켰다. 정조 시대보다 오히려 교섭이 많았던 순조와 헌종 시대의 조일 양국 관계의 특징을 살펴보면 다음과 같다.

첫째, 조선 조정은 전통적인 기미 정책 외에도 만성적인 경제난으로 인해 순조 시대에 들어 더욱 소극적으로 대일 관계를 이끌어 나갔다. 또한 47년 동안 일본 막부와의 직접적 교섭(통신사)이 단절된 상태에서 일본이나 조선의 역관들이 농간을 부린 사건 등으로 인해 조선 조정의 일본 외교관(差倭)에 대한 불신이 컸다. 예컨대 1809년에 좌의정 김재찬은 "통신사의 사행(使行)이 있은 지가 이미 50년 가까이 되었으므로 제반 조약이 대개 해이되고 폐지(弛廢)된 것이 많다."(순조실록 9/5/12)라면서 바로잡을 것을 요청했다. 매년 왜인에게 지급하는 공작미(公作米)의 대가(代價)는 물론이고, 재판왜(裁判倭)가 5년마다 나아와 100여 일을 체류하면서 소요되는 비용조차도 어려운 재정 여건에서 부담스럽다는 것이었다.

둘째, 순조 11년의 통신사 파견은 여러 가지 우여곡절 끝에 이루어졌다. 조선 시대를 통틀어서 열두 번째이자 마지막이기도 했던

1811년의 통신사 파견은 사실상 1789년 차왜의 조선 도래와 요청으로 시작되었다. 파견 연기와 협상 재개 등 여러 가지 우여곡절 끝에 1811년 3월 29일부터 같은 해 6월 25일까지 약 3개월간 정사 김이교 (이조 참의), 부사 이면구(홍문관 전한) 등 328명의 통신사 일행이 쓰시마 섬을 방문하고 돌아왔다.[15]

셋째, 이양선 출몰과 관련된 정보를 조선·일본 양국이 공유하고 공동 대응하자는 조선의 제의이다. 즉 영국의 배가 호남(湖南) 흥양(興陽)과 제주의 바다 가운데에 출몰하고 왕래하면서 녹명지(錄名紙)를 붙이고 지도를 그려 가자(헌종실록 11/6/29) 조선 조정은 중국 예부에 이 사실을 보고하는 한편 동래 왜관에도 서계를 보내고 토오부(東武) 막부에 전보하도록 하면서 "변방(邊防)을 엄히 막아 내자."라고 제안했다. 즉 조선 조정은 일본이 우리와 "강화(講和)한 이래 무릇 변정(邊情)에 관계되는 것이 있으면 서로 통보하고 종적을 헤아릴 수 없는 이양선일 경우 더욱더 엄히 막아" 대응하기로 하지 않았느냐고도 말했다. 이 제의는 일본의 대응이 없어서 더 이상 진전되지는 못했지

---

15   통신사행의 일정은 다음과 같다. ① 1811년 3월 29일 쓰시마부중(大馬府中)에 도착, ② 5월 22일 쓰시마번주저(大馬藩主邸)에서 조선 국왕서·별폭의 전달, ③ 5월 26일 통신사 일행에 대한 향응 접대, ④ 5월 28일 예조와 통신사의 선물 증정, ⑤ 6월 1일 통신사의 최초 심방, ⑥ 6월 9일 통신사에 대한 일본 측 선물 증정, ⑦ 6월 11일 통신사의 두 번째 방문, ⑧ 6월 12일 통신사의 선물 증정, ⑨ 6월 15일 일본 장군의 회답 서신 전달(返澣引渡), ⑩ 6월 25일 통신사 일행 쓰시마섬 출발, ⑪ 7월 27일 한양 도착, 국왕 복명.(일본 사신의 막부에 대한 복명은 8월 15일.)

만, 이 같은 조선의 제의는 과거의 소극적이고 피동적인 태도에서 벗어난 것으로서, 조선 정부가 위기의식을 느낀 결과라고 할 수 있다.(헌종실록 11/9/15 癸酉)

이 외에도 왜인의 왜관 역관 살해 사건(순조실록 29/3/18), 범금(犯禁)한 왜관 차왜의 처벌 문제(순조실록 24/4/27) 그리고 배를 훔쳐 타고 일부러 퓨류한 제주 백성의 처리 문제(헌종실록 4/7/21) 등 다양한 외교 문제 등이 있었으나, 세도정치기의 조·일 관계는 기미 정책의 틀을 벗어나지 않는 수준에서 지속되었다. 그리고 그 틀은 1875년의 운양호 사건에 이르러서 깨졌다.

서양 제국에 대한 쇄국 정책

정조 사후 세도정치기 조선 조정의 서구에 대한 정책은 한마디로 '경직된 쇄국'이라 할 수 있다. 17세기 초 이래로 중국을 경유해 조선에 소개된 서학(西學)은 정조 시대까지(적어도 신해사옥(1791년) 이전까지는) 서책과 기물(器物) 등을 통해서 비교적 자유롭게 유입되었다. 과학·기술적(器的) 측면과 철학·종교적(理的) 측면으로 구분해 살펴볼 수 있는 서학은 각각 노론의 북학파와 남인의 일부 지식인들을 중심으로 큰 영향을 미친 것으로 평가된다.[16]

조선의 지식인들이 서학 문물에 대해 비교적 개방적 태도를 취

---

16   이원순, 『조선 서학사 연구』(일지사, 1986), 3장.

하게 된 배경에는 북경에 파견되는 외교사행(赴京使行員)을 통해 중국의 문물을 적극적으로 수입해 온 관행과 조선 지식인들의 왕성한 학문적 호기심 그리고 마테오 리치 등 예수회 전교 신부들에 의한 서양 서적의 한역(漢譯) 작업 등이 있었다. 즉 정약용이 당시 한역 서학서 읽기가 "유행(風氣)"했다고 지적한 것처럼(정조실록 21/6/21) 조선 후기 서학에 대한 관심은 높았고, 조정에서도 어느 시기까지는 서학의 수용을 막지 않았다.

그런데 이처럼 조선 사회가 서학에 대해 상대적으로 개방적인 태도를 가졌던 것은 앞에서 지적한 '북학의 분위기'와 서양의 과학 기술의 성과에 대한 높은 호기심 때문이었다. 즉 정약용이 「자명소(自明疏)」에서 말한 것처럼 당시 조선 지식인들은 "천문(天文)·역상(曆象) 분야, 농정(農政)·수리(水利)에 관한 기구, 측량하고 실험하는 방법 등에 대해"(정조실록 21/6/21) 높은 관심을 가지고 있었다. 이러한 개방적 태도는 신료들의 경우에만 해당되는 것이 아니었다. 앞에서 살펴본 것처럼 국왕 정조도 서양 과학 기술의 긍정적인 측면을 인정했고, 서학 이외의 서교(西敎)에 대해서도 온건한 태도를 지니고 있었다.

그러나 1800년에 정조가 갑자기 사망하자 그동안 채제공 등 남인의 중용으로 "판국이 크게 바뀌었다."(정조실록 14/2/26)라고 보고 큰 위기의식에 사로잡혔던 노론 벽파는 대대적인 천주교 박해를 감행했다. 이승훈·이가환·정약종 등 300여 명의 신도와 청나라 신부(周文謨, 1795년 입국)가 처형된 신유사옥과 파리 외방전도협회 소속 세 명의 신부(모방·샤스탕·앙베르, 1836년 입국)와 100여 명의 신도들이 처형된 기해사옥 등이 그 대표적인 예이다. 특히 후자는 프랑스와의 외교 문제로 비화되어 병인양요(1866년)의 원인이 되기도 했다. 말하자면 세도정치기의 '경직된 쇄국 정책'은 정조 시대까지의 '온건한 쇄국주의'에 대한 부정이며, 그 이면에는 권력 쟁탈이라는 정치적인 동기가 깔려 있었다.

말하자면 세도정치기 위정자들은 천주교도 탄압을 통해서 일종의 공안정국(公安政局)을 조성했다. 이를 통해서 사회적 불만을 억제하고 비판 세력을 제거하기도 했다. 그러나 서교를 배격하는 동시에 서학까지 전면 부인한 결과 거의 200여 년간 지속되어 오던 서양에 대한 정보와 지식의 전달 통로도 차단되고 말았다. 이는 19세기 중엽부터 본격화되는 서세동점의 도전에 직면했을 때, 그동안 네덜란드 등을 통해 얻은 정보에 따라 너무 늦지 않은 시기에 '개항'을 하고 서구의 앞선 문물을 수용할 수 있었던 일본의 경우와 대조된다.

물론 일본의 경우도 한때 외국 선박을 격퇴하여 물리치고(1825년 2월) 해방 강화(海防强化)의 영(令)을 내리기도 했다.(1846년 8월) 그러나에도 막부는 내부의 격렬한 논쟁과 네덜란드 등을 통한 정보와 조언에 따라 미국과 화친 조약을 체결했다.(1854년 3월) 이후 일본은 '미일 수호 통상 조약'을 체결한(1858년 6월) 다음 가나가와·나가사키·하코다테를 개항하여 러시아·프랑스·네덜란드·영국·미국에 무역을 허가하는 등 개항 정책으로 전환했다.

앞서 살펴본 것처럼 세도정치기의 조선 조정이 가장 의지했던 것은 청나라였다. 조선 조정은 영국의 통교(通交) 요청에 대해서 "번방의 사체(事體)로는 다른 나라와 사사로이 교린할 수 없다."라면서 청나라의 승낙을 먼저 얻을 것을 요구했다. 당시 청나라는 내우외환의 혼란 속에서 자국의 안보와 주권조차 겨우 지탱하고 있었다. 청나라는 백련교도의 난(1796~1803년)과 태평천국의 난(1850~1864년) 같은 대규모 반란 사건으로 인해 내적으로 혼란한 상황이었다. 그뿐 아니라 아편 전쟁(1840~1842년)과 애로호 사건(1856~1858년) 등 연이은 서양 제국과의 전란 속에 놓여 있었다. 말하자면 청나라로서는 조선의 대외 관계를 책임질 만한 여건도 능력도 안 되었던 것이다.

주목할 만한 사실은 당시 조선 조정이 이웃 청나라의 서양 열강에 의한 수난 과정을 파악하고 있었다는 점이나. 아선 선생이 말말하기 전인 1840년 3월에 청나라에서 돌아온 서장관 이정리 등은 중국의 천주교 배척 및 아편 무역을 둘러싼 청나라와 영국의 갈등을 보고했다.(헌종실록 6/3/25) 또한 1842년 4월에 돌아온 동지사행 한필리 등은 영국군의 광저우·홍콩 지방 점거와 광저우·저장·푸젠성으로의 분쟁이 파급된 일을 보고했으며,[17] 같은 해 12월에는 남경 조약에 의해 아편 전쟁이 종식되고 청나라가 개항한 사실 그리고 홍콩을 영국에 할양하게 된 사실 등도 사행원들을 통해서 전달되었다.[18] 이 외에도 러시아인이 북경 시내에서 난동을 부린 사실,[19] 텐진이 함락되어 함풍제가 러허로 피난했다는 소식[20] 등도 조선에 알려져 조야(朝野)에 충격을 주었다. 그러나 이 같은 청나라의 수난 소식을 듣고, 동래 왜관을 통해 일본의 개항 소식을 전해 들었음에도 조선 정부는

---

17   『일성록』 헌종 8년 4월 9일자.
18   『일성록』 헌종 8년 12월 4일자.
19   『일성록』 철종 10년 3월 20일자.
20   『일성록』 철종 11년 1월 18일자.

어떤 대책도 마련하지 못하고 있었다. 이미 서양에 대한 정보 및 연결 통로가 차단되었고, 자국의 국방력을 비축한 것도 아니며, 오로지 청나라의 보호막에 의지하고 있었기 때문이다.

이런 상태의 조선에도 영국과 프랑스 등 서양 열강의 개항 요청과 도전이 다가왔다. 가장 대표적인 도전의 예는 기해사옥에 대한 책임을 묻기 위해서 온 프랑스 군함의 위협 시위였다. 1846년 5월에 프랑스의 해군 소장 세실(Cecil, 瑟西爾)이 "기해년(1839년, 헌종 5년)에 불랑서인(佛朗西人) 안묵이(安默爾, 앙베르)·사사당(沙斯當, 샤스탕)·모인(慕印, 모방) 세 분이 죄 없이 살해된 것"을 "구문(究問)"하기 위해 870명을 태운 전선(戰船)을 이끌고 충청도 근처의 섬에 도착했다. 세실 소장은 서신을 통해서 "귀 고려의 율법(律法)은 외국인이 입경(入境)하는 것을 금지하는데, 그 세 분이 입경했으므로 살해했다고 한다." 그런데 "귀 고려의 지경에 함부로 들어가는 한인(漢人)·만주인·일본인에 대해서는 데려다 보호했다가 풀어 보내어 지경을 나가게" 하면서 "어찌하여 그 세 분은 한인·만주인·일본인을 대우하듯이 마찬가지로 대우하지 않았는지를" 물어 왔다. 그리고 편지의 말미에 "그 백성에게 죄가 없는데도 남이 가혹하게 해친 경우에는 우리 불랑서 황제를 크게 욕보인 것이어서 원한을 초래하게 될 것"인바 내년에 특별히 프랑스의 전선이 왔을 때 답변을 하라고 하면서 떠나갔다.(헌종실록 12/7/3)

이 시기에 영국과 프랑스 등은 "이양선"을 보내 빈번히 교역과 선교의 자유를 요구했는데, "경상·전라·황해·강원·함경 다섯 도의 대양(大洋) 가운데에 출몰"하여 "혹 뭍에 내려 물을 긷기도 하고 고래를 잡아 양식으로 삼기도 하는데, 거의 그 수를 셀 수 없이 많았다."(헌종실록

14/12/29) 하지만 서양 여러 나라 중 (다시 오겠다던 프랑스 세실 함대를 포함해서) 조선과의 수교를 강력히 원하는 국가는 없었다. 이는 조선의 이용 가치가 인근의 중국이나 일본만큼 커 보이지 않았기 때문이다. 조선 조정의 쇄국적인 태도 역시 조기 개항과 그에 따른 서구 문명에 대한 능동적 대응을 지체시킨 요인이었다.

요약과 평가

이상에서 살펴본 정조 시대 이후 조선의 대외 관계의 특징은 다음과 같이 요약할 수 있다.

첫째, 중국과의 관계에서 조선 조정은 철저한 '사대 외교' 노선을 고수했다. 조공·책봉 같은 전통적 외교 관계의 지속은 물론이고, 자칫 중국과의 마찰을 빚을 수도 있는 문제(주문모 처형 사건) 등도 빠짐없이 보고했으며, 이양선의 출현 및 그들의 요구 사항(교역이나 선교)에 대해서도 충실히 보고했다. 이 때문에 중국 황제로부터 "조선은 바깥의 번방에 있으면서 부지런히 제후의 도리를 삼가 다한다."[21]라는 칭찬을 듣는가 하면, "예교수번(禮敎綏藩, 예교를 잘 아는 편안한 번국)"(순조실록 5/9/10)이라는 친필 휘호를 받기도 했다.

그러나 다른 한편 정조를 비롯한 조선의 국왕과 신료들은 매년 황단에 제사 지내는 것을 빠뜨리지 않았으며(정조실록 3/3/19, 4/7/21, 순

---

21   『통문관지』 3집 11권, 순조 5년(22).

조실록 3/7/20), 임진왜란 때 명나라가 재조해 준 은혜를 회상하면서(순조실록 32/2/6) 이여송의 봉사손(奉祀孫)을 녹용(錄用)하는(순조실록 1/3/2, 철종실록 4/4/21) 등 숭명론을 고취시켜 나갔다. 즉 청나라의 앞선 문물과 정치·군사적인 힘을 믿고 그것에 의지하면서도 명나라의 정통성(中華) 존중이라는 종래의 국시(國是)를 포기하지 않았던 것이다.(북학시대의 숭명론) 이러한 이중적 태도로 인해 순조 초반부까지만 해도 조선은 '이념적 사대'가 아닌 '전략적 사대'를 지속시킬 수 있었다. 그러나 홍경래의 난 등으로 국내 정치적 취약점이 노정되고, 청나라의 지원과 협조가 절실해진 순조 중반부 이후부터는 대청 사대 외교론이 대세를 이룬다. 특히 서세동점이 본격화되는 헌종 시대에 들어 조선은 더 철저히 청나라에 의존하는 입장을 취했다.

둘째, 일본과의 관계에서 정조는 표류민 송환 등에 한정하여 전통적인 기미론에 입각한 소극적 외교 관계를 유지했다. 하지만 헌종 시대 이후 이양선이 자주 출현하자 정보를 공유함으로써 "변방의 걱정을 함께"(헌종실록 11/9/15) 나누고 공동으로 대응하려는 작은 변화를 보였다. 순조 정권은 1764년(영조 40년) 이후 중단된 통신사행을 47년 만에 재개했지만(1811년) 그것은 쓰시마섬 도주의 강력한 요청에 의해서 이루어진 것이었다. 그 규모 면에서나 사행 장소 등에서 과거보다 현저히 축소된 채로 통신사행이 진행되었는데, 그 이유는 이 시기의 조선이나 일본 막부가 모두 만성적인 경제 불황과 재정 곤란 그리고 내부 정정(政情)으로 불안한 상태였기 때문이다.[22] 양국은 적극적으로

---

22   미야케 히데토시, 조학윤 옮김, 『근세 일본과 조선통신사』(경인문화사,

개선하기는커녕 종래의 교역과 통교도 축소하려는 입장이었다.(순조실
록 9/5/12)

그럼에도 양국은 계속되는 표류민 송환 문제, 국가 애경사에 대
한 사신 파견 그리고 관왜(館倭) 등지에서 간헐적으로 발생하는 외교
관들 사이의 마찰 등을 해소하기 위해서 외교 채널을 열어 두지 않
을 수 없었다. 이러한 관계는 1876년 강화도 조약에 이르기까지 지속
되었다.(중국에 대한 편향 외교)

셋째, 서양 여러 나라들의 관심은 정조 시대 전반까지 매우 높았
다. 중국을 통해서 서양의 역법 등 정밀한 학문과 과학 기술을 받아
들이려는 조선 지식인들의 호기심이 컸기 때문이다. 하지만 1790년
대에 들어오면서 조선 지식인들의 서양의 종교와 과학 문물에 대한
관심은 급격히 낮아졌다. 1791년의 진산사건으로 천주교가 충효라는
조선 왕조의 근간을 부정하는 것으로 드러났고, 천주교도에 대한 정
치적 공세가 강화되었다. 1795년의 주문모 신부 체포 사건은 서학을
금기시하는 분위기를 더욱 조장했다.[23]

순조 초년의 신유사옥, 특히 1801년 황사영 백서 사건은 서학에
대한 혐오를 극대화시켰으며, 정부로 하여금 천주교도를 탄압하게
만들었다. 즉 "서양의 큰 선박을 맞이해 와서 나라 안에 그 교(敎)를
선양"하려는 천주교도들의 계획이 편지와 공초를 통해 드러나자 세
도 정권은 위기감을 느끼고 더욱 철저한 금압 정책을 폈다. 이승훈·

1994), 97~102쪽.

23   김문식, 『조선 후기 지식인의 대외 인식』(새문사, 2009), 45쪽.

이가환·정약종 등 300여 명의 신도와 청나라 신부(周文謨, 1795년 입국)가 처형된 신유사옥과 파리 외방전도협회 소속의 세 신부(모방·샤스탕·앙베르, 1836년 입국)와 100여 명의 신도들이 처형된 기해사옥 등이 그 대표적인 예이다. 특히 후자는 프랑스와의 외교 문제로 비화되어 병인양요의 원인이 되기도 했다.

다른 한편 조선 조정은 영국·프랑스 등의 이양선을 통해서 서양 제국의 '강함'을 인지하기 시작했다.(현종실록 12/7/25) 하지만 그들과의 직접적인 대화나 교역의 창구를 열기보다는 중국과의 사대 외교를 강화함으로써 그들과의 만남을 회피하고 고립을 유지하려고 했다. 요컨대 정조 사후의 가혹한 정치적 탄압 속에서 천주교는 물론 서양의 과학 기술까지 전면 봉쇄·금압함으로써 서학은 강화도 조약(1876년) 이후 서구 국가와 대외 관계를 맺는 데 어떠한 실질적인 정보와 도움도 주지 못했다.

결론적으로 세도정치기의 조선 왕조는 정조 시대까지 계속되어 온 유연한 쇄국주의 정책을 버리고, 국내 정치적 목적을 위해 경직된 쇄국주의를 채택했으며, 그 결과 일시적인 국내적 평온을 이룰 수 있었다. 그러나 철종 말년의 민란(民亂)의 도미노 현상에서 보듯이 국내적 평온마저도 무너지고, 조선 왕조는 붕괴의 길로 치닫게 된다. 일본과 서양 제국에 의한 강제적 개항과 '병합' 이전에 이미 내부적으로 '쇄국의 효과'가 나타났던 것이다.

에필로그

　"물결이 아니라 나루가 있는 곳을 보라." 정조가 신하들에게 당부한 이 말은 나 자신을 포함하여 지금의 우리에게도 절실한 격언이다. 물거품처럼 물결만 뒤쫓다 보면 나루터가 어디에 있는지 모르게 될 터이니 시야를 높게 해서 다 함께 잘살 수 있는 방법을 찾고 거기에 힘을 모아야 한다고 정조는 수없이 강조했다. "나랏일에 대해서는 토란을 씹고 대추를 삼킨 것처럼 묵묵무언"이다가도 누군가의 약점이 드러나기라도 하면 "대뜸 남의 뺨을 쳐 대는" 정치가들이나 언론들의 졸렬한 행태 역시 옛날이야기가 아니다.

　나는 이런 행태가 역사를 잘못 배운 데서 나온다고 본다. 그들은 대체로 역사를 참여와 경험의 영역으로 보지 않는다. 가고자 하는 목표, 즉 나무를 보지 않고 배를 저어 가면서 생긴 물결에만 집중한다. 그들의 관심은 현재 일어나는 부정적 현상의 과거 원인에 쏠려 있다. 사회현상학의 용어를 빌리면 그들의 사고 체계는 '때문에(because of)' 동기로 가득 차 있다. 그래서 역사적 사건이나 인물의 흠을 발견하면 대뜸 남의 뺨을 쳐 대는 것으로 이름을 낚으려 한다.

여기에 식민사관이라는 '역사의 산성비'까지 뒤집어쓴 사람이라면 상황은 더욱 악화된다. "우리는 이래서 안 돼."라며 자포자기에 빠지거나 남들을 경멸하기 시작한다. 자학사관을 가진 사람들의 가장 큰 문제점은 우리 문제의 해법을 외부에서 찾는다는 점이다. 그 외부는 외세일 수도 있고, 역사 밖의 어떤 것(가령 종교)일 수도 있다.

이와 반대로 역사의 나무에 주목하는 사람은 문제 해결의 실마리를 내부에서 찾는다. '동양 역사학의 아버지' 사마천은 공자나 주공처럼 역사 속 인물들이 꿈꾸고 이루었던 성대한 시대를 기록하고 전하는 것을 자신의 책무로 여겼다. 왜냐하면 그 안에 "난세를 다스려 올바른 세상으로 되돌리는(撥亂世反之正)" 해법이 있다고 보았기 때문이다.

나라 다스리는 자는 『춘추』, 즉 역사를 몰라서는 안 된다. (역사를 모르면) 앞에 참소하는 자가 있어도 알지 못하고, 뒤에 역적이 있어도 알지 못한다. 신하 된 자도 『춘추』를 알아야 한다. (역사를 알지 못하면) 일상적인 일을 처리함에 있어서 바른 방법을 모르고, 위기 상황에 처했을 때 임기응변으로 대처할 줄 모르기 때문이다.[1]

---

1   사마천, 정범진 외 옮김, 「태사공 자서」, 『사기 열전』 하(까치, 1995), 1213쪽.

한마디로 올바른 '판단 기준'도 역사에서 찾을 수 있고, 문제를 풀어 갈 '해법'도 역사에서 발견할 수 있다는 게 사마천의 믿음이었다.

정조가 서학 등 외래 풍조의 도전에 대응하기 위해 정도전과 이순신 등 우리 역사 인물들을 부각시킨 것은 그런 맥락에서 이해할 수 있다. 사마천이나 정조는 '조상 탓'을 하지 않았다. 역사 속 인물들의 시행착오를 발견하더라도 그것을 비난하기보다는 그렇게 된 원인과 해법을 찾아내는 데 집중했다.

그들의 사고 체계의 중심에는 '위하여(in order to)' 동기가 자리 잡고 있었다. '위하여' 동기를 가진 사람들은 주인의 눈으로 역사를 바라본다. 역사 창고에서 꺼내 쓸 지혜의 연장 찾기에 바쁘다. 그들은 종들과 달리 '연장 탓'을 하지 않는다. 비록 낡은 도낏자루가 마음에 들지 않더라도 새 도낏자루를 만들 때까지는 어쩔 수 없이 그 낡은 도낏자루를 사용해야 한다는 것도 안다.

미래의 텃밭을 일구려는 분들께 이 책이 작은 지혜의 창고 역할을 하기를 바라며 글을 맺는다.

세손(동궁) 시절 (1~24세)

"스스로 만족해하는 것은 교만 때문이고(自足屬於驕),
스스로에게 관대한 것은 나약한 까닭이다(自恕屬於懦).
나는 이것을 매우 두려워한다." 정조, 『홍재전서』 1권 『춘저록』

영조 28년(1752년, 1세)

9월 영조의 차남 사도세자와 혜경궁 홍씨 사이에서 출생
(22일). 이름은 산(祘). 용이 여의주를 안고 침상으
로 들어오는 생부의 태몽. 태어날 때 울음소리가 큰
종소리(洪鍾)처럼 우렁참.

영조 35년(1759년, 8세)

2월 왕세손에 책봉됨.

영조 37년(1761년, 10세) _____

1월   세손(정조), 영조와 '가르침을 받는 자세'에 대해
          대화.

3월   세손, 성균관 입학.『소학』배움.

영조 38년(1762년, 11세) _____

4월   세손, 영조와 대화.("나라 세운 것은 누구를 위해서인
          가?")

윤5월   세자, 뒤주에서 사망(21일).

7월   동궁(세자) 책봉. 세자궁에 춘방(春坊)과 계방(桂坊)
          을 둠(홍국영과의 만남).

8월   영조, 사도세자의 사건은 "종묘사직과 국가를 위해
          의(義)로써 은혜를 절제한 것"이라고 정당화(26일).

영조 40년(1764년, 13세) _____

2월   동궁(정조), 영조의 장남 고(故) 효장세자 양자로
          입적.

영조 43년(1767년, 16세) _____

봄   동궁, 영조 따라가 국왕의 시범 농경 토지인 적전(籍
          田)에서 쟁기질함.

영조 51년(1775년, 24세) _____

11월   좌의정 홍인한의 '세손 삼불필지설(三不必知之說, 노
          론·소론·이판·병판, 조정의 일은 몰라도 된다.)'(20일)

12월   동궁, 대리청정 시작(8일).

봄   동궁,『승정원일기』세초("사도세자 관련 차마 말할

수 없는 대목(壬午事關不忍言之文字)"을 세조하게 해
달라고 요청. 차일암(遮日巖)에 가서 세초시킴(정조
실록 행장).)

영조 52년(1776년, 25세)

3월　　　영조(1694~) 승하(5일).

즉위년 (1776년, 25세)

"지금 이후로 무릇 나를 섬기는 조정 신하는
노론이나 소론 할 것 없이 모두 대도(大道)에
나오도록 하라.(……) 국가 흥망의 기회가
이 한 가지 일에 달려 있다.(……) 이제부터는
내가 마땅히 등용하고 내칠(用捨) 때에 '노·소(老少)'
두 글자를 먼저 마음속에 두지 않을 것이고
오직 그 사람을 보아서 어진 이를 등용하고
불초한 사람은 버릴 것이다." 정조실록 0/9/22

0/3/10　　즉위 윤음. "과인은 사도세자 아들이다." 25세의 왕.

0/3/13　　홍국영 발탁, 승정원 동부승지로 삼음.

0/3/25　　정후겸 처단(경원부에 귀양).

0/3/26　　채제공을 형조 판서로 삼음.

0/5/3　　전 황해 관찰사 홍술해의 장리 죄에 대해 사형을 감
　　　　　　해 유배 보냄(국왕 암살 사건 계기).

0/9/25　　규장각 설치.

재위 1년 (1777년, 26세)

"사람이 하기 쉽고 억제하기 어려운 것으로,
성내는 것이 가장 심하다. 어쩌다가 화나는 일을 만나면
나는 반드시 화를 가라앉히고 사리를 살필 방도를
생각하여 하룻밤을 지낸 뒤에야 비로소 일을 처리하였다.
그렇게 하니 마음을 다스리는 데 일조가 되었다."

정조, 『홍재전서』 161권 『일득록』 1

1/3/21	서자 출신 벼슬에 소통시킬 방도 지시.
1/8/3	정유자 주조 완성. 문화 정치.
1/8/11	정조의 이복동생 이찬을 추대하여 반정을 꾀하려던 홍상범 등 국왕 암살 시도.
1/11/26	과거 시험 답안지에 과거의 폐단을 논한 이국관 귀양 보냄.

재위 2년 (1778년, 27세)

"우리 동방(東邦)은 문치(文治)로 나라를 세우고
무략(武略)도 또한 갖추었다. (……) '군자는 싸움을
하지 않을지언정 싸움을 하면 반드시 이긴다
(君子有不戰 戰必勝).'라고 하였다. 정조실록 2/6/4

2/2/6	노비 추쇄관 혁파 절목.
2/2/14	승문원 정자 이가환과의 긴 대화(당태종과 송신종의 정치 평가).

2월	박제가,『북학의』편찬.
2/3/15	채제공 중국행.
2/6/4	경장대고(민산, 인재, 융정, 재용). "인재를 작성(作成)하는 방도는 오직 배양(培養)과 교육인데, 평소에 배양도 없고 교육하는 방법도 없이 (······) 오로지 과거 시험으로만 뽑고 있다."
2/6/21	홍국영 여동생 원빈으로 정함.
2/8/1	삼남 유생 황경원, 서류 통청 상소.
2/12/4	홍봉한(1713~) 사망.

재위 3년 (1779년, 28세)

"임금은 배와 같고 백성은 물과 같다"(君猶舟也 民猶水也)."

정조실록 3/8/3

3/3/27	규장각에 서얼 출신 4검서관(檢書官)을 둠.
3/5/7	홍국영 누이 원빈 홍씨(1766~) 사망.
3/5/24	도승지 홍국영의 사직 상소와 뜻밖의 허락.
3/8/3	남한산성 거쳐 여주행(영릉).
3/9/26	도승지 홍국영의 사직(훈련대장 등) 상소, 정계에서 물러남.

재위 4년 (1780년, 29세)

"활쏘기는 나의 숙원 사업(宿業)이라 맞힐 때마다

좌우의 신하들에게 상을 내리곤 한다. (……) 마음에서
말미암고 힘에서 말미암지 않으며, 이겨도 스스로
만족하지 않고 지더라도 감히 원망하지 않는다.
승부를 겨루는 게 아니라 바로 심력(心力)을
겨주어 보는 데 목적이 있기 때문이다."

정조, 『홍재전서』 122권 『노론하전』 1

4/2/26	이조 판서 김종수, 홍국영 귀양 보낼 것 청함.
4/5/11	정언 김익조의 '아전 망국론'(조식)과 빈번한 수령 교제 문제 지적.
4/5/22	교리 강침, 왕의 잦은 활쏘기 비판.
4/6/5	내시와 와언(의사소통 왜곡 세력).
4/6/6	관리의 승진 · 평가에 아전이 개입.
4/7/20	세곡선의 고의적 침몰과 수령 · 아전 농간.
7월	박지원, 박명원의 자제군관으로 청나라 따라감. (1783년 『열하일기』 씀.)

재 위 5년 (1781년, 30세)

"글의 뜻(文義)을 해석할 때 겉일에 이미 말한 것을
한갓 답습하지만 말고 달리 새로운 뜻을 내어
경발(警發)하도록 하기를 힘쓰라." 정조실록 5/2/18

5/2/12	내시가 양반을 참칭하며 아전을 괴롭힘.
5/2/18	규장각, 초계문신 강제절목 올림.
5/4/5	홍국영(1748~) 사망.

5/4/21	수령과 아전의 갈등(금천 현감 신기).
5/7/2	세곡 운반선 파손과 아전 농간.
5/8/19	정조, "나는 일기에 대해 일찍이 버릇된 것이 있다. 반드시 취침하기 전에 기록."
5/8/26	김홍도 등, 정조 어진(御眞)을 베껴 그림(模寫).
5/12/11	함창 현감 박창회와 아전·사대부의 대결.

재위 6년 (1782년, 31세)

"도읍을 옮겨야 함을 말할 때 옛 도읍에서
살 수 없는 이유(故都不可居之由)와 새로운 도읍에
꼭 살아야 하는 이유(新邑必可居之故)를 모두 말해야 한다."

정조, 『홍재전서』 93권 『경사강의(서경)』 30

6/1/5	영의정 서명선, 우의정 이휘지(친사돈간) 등이 일제히 채제공 비판. "홍국영의 조아."
6/1/30	정조, 탕평의 의미 밝힘(조제(調劑)).
6/4/15	능주(綾州) 백성들, 잦은 수령 교체 폐단 호소(24년간 20명 수령).
6/5/26	공조 참의 이택징, 규장각 비판.
6/5/29	정조, 규장각 세운 뜻 설명.
6/6/10	서얼 소통 하교.
6/11/20	문인방 역모 사건(송덕상 관여, 『정감록』).
6/12/3	3137명 방면. 윤선거, 윤증의 관작 회복(소론 명예회복).

재위 7년 (1783년, 32세)

"조상의 빛난 얼을 잊지 않고 뒤따르는 것을
효(孝)라 하고, 자손들에게 복된 길을 열어 주는 것을
자(慈)라 하고, 일가 사이를 잘 챙기는 것을
목(睦)이라 하고, 그 방법을 백성들에게 적용하면
곧 인(仁)이 된다."

정조, 『홍재전서』 8권 『서인』 1, 「선원계보기략(璿源系譜記略) 서」

7/5/24	신분 차별 비판하는 격렬한 저항들(숙장문 북 두드리기, 봉화대에 불 지르기).
7/7/2	가뭄, 구언 전지.
7/7/18	수레 · 벽돌 등 중국 문물에 대한 홍양호의 상소.
7/10/15	정언 이석하, 과거 시험장의 기강과 문체에 대해 상소.

재위 8년 (1784년, 33세)

"옛날에 우임금은 수레에서 내려 죄인을 보고 흐느꼈다.
저들도 사람인데 어찌 천성적으로 잘해 보려고 하는
마음(好善之心)이 없겠는가. 다만 평소 교화시킴이
없었고(敎之無素) 잘 인도하지 못하였기(導之無方) 때문이다."

정조, 『홍재전서』 169권 『일득록』 9, 「정사(政事)」

8/3/20	왕, 상인들을 만남.

8/4/4	왕, 김상철(노론)과 서명선(소론)의 집안 싸움을 달래고 화해시킴(염파와 인상여 이야기).(정조의 통치술)
8/6/5	정언 윤득부(노론), 소론의 서명선을 비판하다 금갑도에 유배(6/6).
8/6/6	응교 이노춘(노론), 남인의 채제공을 탄핵하며, 국청 설치를 주장.
8/7/28	김하재 흉서 사건.
8/8/2	왕세자 책봉, 대사령 반포, 홍봉한에게 시호 내리고 흑산도 위리안치된 김귀주 육지로 나오게 함 (8/3).
8/10/23	중앙 관서 소속 노비(寺奴婢) 폐지 논쟁.
8/11/21	노론 심환지, 소론의 서명응·서명선을 비판함.
8/11/25	서명선, 심환지를 비판함.
8/11/29	이노춘의 상소에서 처음으로 "시파"라는 말이 언급됨.
8/12/12	김종수를 삭탈관직하여 추방함(정조의 인재 길들이기).

재위 9년 (1785년, 34세)

"'군대는 기변(奇變)이 중요하지 무슨 질서가 필요한가?'라고 말하는 사람이 있다. 이는 뭘 모르고 하는 소리다. 용병(用兵)을 잘하는 사람일수록 변화무쌍하면서도 더욱더 질서를 잃지 않는다. 질서를 잃지 않아야만 더욱 변화무쌍할 수 있는 것이다(不失其序而後 其變愈無窮也)."

수레바퀴가 어긋나고 기폭이 쓰러져 있는 상태에서야
무슨 변화를 시도할 수 있을 것인가.

정조, 『홍재전서』 8권 『서인』 1 「병학통(兵學通) 서」

9/1/3	추조 적발 사건. 이달에 천주교회 창립(진고개 김범우 집).
9/1/10	초계문신들에게 친히 시험을 보임.
9/2/10	강릉(명종)·태릉(문정왕후) 배알하고 군사 훈련 지휘. 상언 71통 판하.
9/2/29	홍국영 잔존 세력인 이율, 홍복영(홍낙순의 아들) 등의 역모 폭로됨. 노론의 위기의식과 저항.
9/7/2	무예 출신의 칭호를 장용위라 함.
9/8/7	급증하는 상언들(8월 7일 상언 38건 판하, 9월 5일 상언 80건 판하).

재 위 10년 (1786년, 35세)

"내 원래 의술에 대해서는 모르지만,
사람 병 고치는 것이나 나라 병 고치는 것이나
그 원리는 똑같을 것이다(醫人醫國 其理 固一也). (……)
만약 폐단의 근원이나 물정에는 컴컴한 상태에서
오직 이것이 좋은 법, 아름다운 제도라 하여
이것저것 막 시행하다 보면 이익이 있기는 고사하고,
나라를 망치지 않는 경우가 드물다."

정조, 『홍재전서』 8권, 『서인』 1 「수민묘전(壽民妙詮) 서」

10/5/11	왕세자(1782~) 사망.
10/5/15	양사, "홍진은 매우 심한 열(熱) 증세인데, 의관들이 삼과 부자 같은 극온(極溫)의 약제를 사용하였다."라고 주장.
10/5/22	의관들의 탄핵을 주장하는 삼사 합계에 대해 국왕, "증세에 따라 약을 쓰고 내 몸소 살피었으니"라고 하여 처벌 불가 주장.
10/7/22	나주에 정배된 김귀주(1740~) 사망.
10/8/9	단군릉 묘소 수리. "단군은 우리 동방의 맨 먼저 나온 성인, 제도 제정."
10/11/20	상계군 이담(1769~) 사망(이인에 의한 독살설).
10/12/1	정순왕후, 이담의 독살설 제기.
10/12/9	구명겸 효수, 구선복 능지처사.
10/12/12	이인 처벌 주장에 왕, 합문 닫아걸고 단식 투쟁.
10/12/28	이인을 강화부에 귀양, 신하들의 반발.

재위 11년 (1787년, 36세)

**"백성이란 물과 같아서 휘저으면 물결이 인다.
잠잠해진 연후에야 얼굴을 비춰 볼 수 있는
거울이 될 수 있다."** 정조실록 17/11/18

11/4/2	성균관 유생들의 권당.
11/4/16	아전층의 학습열.
11/4/20	충청 지역의 와언. "오랑캐 침입", "해적 침략."

재위 12년 (1788년, 37세)

"사대부는 하지 않는 바가 있은 연후에야
비로소 국사(國事)를 처리할 수 있다

(士大夫有有所不爲 然後方可以做國事)."

정조, 『홍재전서』 172권 『일득록』 12

12/1/13   특명으로 김종수를 형조 판서에 임명(19일). "내가 임금 되기 전의 친구."

12/1/23   장령 오익환(북인), 정조 비판.(장용위 설치 비판, 왕이 신하들을 업신여김.)

12/1/29   수찬 이홍재, 오익환 상소 비판. "임금을 손에 가지고 까불었습니다." 정조, 기다렸다는 듯 오익환 삭직시킴.

12/2/7   좌의정 이재협 파직(오익환을 사주한 죄).

12/2/11   채제공(남인)을 우의정에 임명함("탕평 인사").

12/2/15   채제공 입상(入相)에 반대가 많자 왕, 채제공 죄안을 해명함.

12/2/24   앞으로는 상소문에 "당목(黨目)"이란 말을 쓰지 못하도록 함.

12/2/29   정조의 득의탕평. "오늘과 같은 적은 아마도 처음", "자부."

12/3/8   서명선, 채제공과 함께 정사에 참여할 수 없다 하고 물러감.

12/4/10   이시수(소론)를 이조 참의로 삼음. 11일 김희(노론)를 이조 참판, 정범조(남인)를 사간원 대사간으로 삼음(탕평책, 쌍거 호대).

12/5/5	도감중군-금군별장-포도대장의 추천 코스를 혁 파하고 유능한 자라면 곧장 추천할 수 있도록 함 (군사 분야 개혁).
12/7/19	장용영 향군 절목 새로 정함.
12/8/2	정언 이경명, 서학 문제 거론, "요망한 학설." 서학 전파와 언문의 관계.
12/8/3	우의정 채제공 등 대신과 비변사 유사당상을 불러 서학에 대해 대화.
12/8/20	혼란한 과거장에서 네 명 사망. 과장의 문체 거론.
12/11/10	이인좌의 난 공적으로 남인 조덕린·황익재의 죄 명을 씻어 줌(탕평 정치).
12/11/11	사관 김조순(노론) 등, 남인 계열의 조덕린 죄명 씻 어 준 일 취소 주장.
12/11/16	당쟁 속에서 희생당한 김덕령 등의 비석 세우게 함.
12/11/26	노론 윤시동, 조덕린 죄명 씻어 주라고 상소 사주 한 채제공 공격. 윤시동 불서용.

재위 13년 (1789년, 38세)

**"인재는 때로 신분(世類)과 무관하게 나오니,
기이한 꽃이나 신기한 풀이 시골구석의
더러운 도랑에 나는 것과 같다."**

정조, 『홍재전서』172권 『일득록』12

13/1/26	생원 정약용, 제술 시험에서 장원.

13/3/7	규장각 검서관의 전천 특별 승진 법규 마련(45개월→30개월에 승진 가능).
13/3/24	노론 김종수와 소론 이성원의 갈등.
13/4/13	청계천 준천(濬川).
13/7/11	박명원의 상소로 사도세자 묘(영우원)를 천장하기로 결정.
13/7/15	수원 읍 소재지를 팔달산 밑으로 옮김. 광주의 두 면을 떼어 수원에 붙임.
13/7/27	소론의 이재협을 좌의정으로 삼음(탕평 내각).
13/9/26	강화도 안치된 이인의 서울 입성. 정순왕후의 강력한 반발. 대신들의 저항("사사로움").
13/10/7	현륭원(사도세자 능) 어제 지문 지음.
13/10/16	현륭원 완공.
13/11/2	초계문신 친시 거행.
13/12/8	전랑통청권(銓郎通淸權要) 다시 폐지(인사 분야 경장).

국외

6월	프랑스 혁명 발발.
	미국, 워싱턴이 초대 대통령으로 취임.

재위 14년 (1790년, 39세)

"이 책은 바로 붕당 간 분쟁의 내용인데,
왜 황극으로 명을 했는가? 그것은 황극이라야만
붕당설을 깨 버릴 수 있기 때문이다. (······)
자기 마음을 공평히 하고 사리를 잘 살펴 잘못이

자기에게 있으면 자책을 하고, 상대에게 있을 때는
용서를 하여 서로서로 훈계하고 타이르면서
자기 위치에서 자기 도리를 다하면 그것이 바로
황극의 도인데, 무슨 붕당이 필요하겠는가?"

정조, 『홍재전서』 8권 『서인』 1 「황극편(皇極編) 서」

14/2/8~12	수원 화성과 현륭원 방문.
14/2/19	수원의 새 고을에 사람들을 모아들이는 일 논의.
14/3/6	서북 지방 무술 힘쓸 것 권고(지역 탕평).
14/3/20	김종수를 우의정에 임명.
14/3/28	'좌제공 우종수 체제.'
3월	정약용, 해미현으로 유배 감.
14/4/16	조운의 폐단과 아전, 사공, 향임(부패의 연결고리).
14/6/24	원자(순조) 태어남. 1154명을 대사령으로 풀어 줌.
14/7/1	배다리(舟橋) 제도 정함.
14/10/29	창덕궁 춘당대에 나아가 장용영 훈련 실시.

재위 15년 (1791년, 40세)

"임금의 큰 정사는 사람을 등용하고 사람을
신임하는 것(用人任人)보다 앞서는 것이 없다.
신임하고 등용하는 방도에 있어서
장수와 재상에 관한 것이 더욱 중요하니
'의심스러우면 맡기지 말고 맡겼으면 의심하지 말라
(疑之勿任 任之勿疑).'라는 것은 옛사람의 격언이다." 정조실록 15/6/5

15/1/25	신해통공 공포.
15/2/12	난전 금지를 둘러싼 채제공과 김문순(평시서 제조) 의 대립.
15/2/12	왕, 초계문신의 나쁜 문체(文體) 경고.
15/3/29	채제공에게 노비 폐단 문제를 자세히 연구하여 올 리도록 함.
15/6/4	서얼과 중인에게도 정3품의 무관직인 기사장(驥 士將)에 임명될 수 있게 함(신분 탕평).
7월	안정복(1712~) 사망.
15/10/16	진산사건 발생. 그 이후 '서학 정국.'
15/10/23	남인 홍낙안의 채제공 비판 상소.
10월	김홍도 등, 정조 어진 그림.

재위 16년 (1792년, 41세)

"옛날 임금들은 언제나『세종실록』에 있는 글귀를 외우고 그 규례를 쓰곤 하셨다." 정조실록 16/12/27

16/1/21	충청 감사 박종악을 우의정에 임명.
16/3/24	이조 낭관과 한림권점에 대해 전교함(인재 경장).
16/4/27	1차 영남 만인소.
16/5/7	2차 영남만인소("선(先) 변무 후(後) 주토").
16/5/22	정조, 세도세자 사건에 대한 자신의 생각 밝힘.
16/8/24	쌀을 시장 가격에 따라 매매하라고 지시.
16/9/12	이가환을 사간원 대사간으로 임명.
16/9/20	승지 심환지, 이가환 문제로 정조 비판.

16/10/19	문체반정. 김조순 반성문 요구(11월 13일).
16/11/8	정조, "시장 상인은 서울 백성 중에서 근본."
16/11/9	잠시 유배 보낸(10월 8일) 채제공을 석방. "그는 나를 저버렸어도 나는 그를 저버리지 않았다."(정조의 인재 길들이기)
16/12/30	전국 인구 743만 8185명(경상도)평안도)전라도).

국외

9월	프랑스, 왕정 폐지하고 공화정 수립.

재위 17년 (1793년, 42세)

"한갓 겉모양만 아름답게 꾸미고 견고하게 쌓을
방도를 생각하지 않으면 참으로 옳지 않지만,
겉모양을 아름답게 하는 것도 적을 방어하는 데에
도움이 된다. 병법에 상대방의 기를 먼저 꺾는 것을
귀하게 여겼다. 이 때문에 소하(蕭何)는 미앙궁(未央宮)을
크게 지으며 '웅장하고 화려하지 않으면
위엄을 보일 수 없다(非壯麗, 無以重威).'라고 말했다."

정조실록 17/12/08

17/1/12	현륭원 행차. 수원부의 호칭을 화성(華城)으로 바꿈. 수원 유사가 장용영 외사 겸임케 함. 채제공을 수원부 유수로 임명.
17/1/25	장용영 내영과 외용 절목. 이덕무(1741~) 사망.
17/5/1	부수찬 어용겸, 금령 설치 비판.

17/5/7 인재 소통 위해 서자와 중인 등용하도록 전교함 (12일).

17/5/25 채제공을 영의정에, 김종수를 좌의정에 임명.

17/5/28 채제공, 사도세자 원수를 처단할 것 요청 상소. 김종수의 반격(30일). 둘 다 파직(6/11).

17/6/22 홍낙성을 영의정, 김희를 우의정으로 삼음(노론 중심 체제).

17/7/16 왕의 부스럼병, 피재길의 단방약(고약) 신기한 효력.

17/7/21 이순신을 영의정으로 추증(임진왜란 200주년).

17/8/8 사도세자 사건에 대한 영조의 속마음이 적힌 금등지사 공개.

17/9/12 김종수, 금등지사와 관련 채제공 비판, "흉역의 마음."

17/9/14 홍양호를 판의금부사로, 이가환을 성균 대사성으로 삼음(노론과 남인의 탕평 인사).

17/10/21 장용외영 군제 절목, 18가지 무예를 『무예도보』에 의거하여 가르치고 시험 보일 것.

17/10/26 의주 부윤 이의직, 영국에서 보내온 열아홉 가지 공물 소개.

17/10/29 창덕궁 춘당대에서 문관과 무관에게 돈내기 활쏘기 하게 함.

17/12/6 수원 화성 수축 논의. 유형원의 『반계수록 보유』 칭찬.

17/12/10 유형원에게 이조 참판 성균관 좨주를 증직. "대체로 그 사람은 실용성 있는 학문으로(有用之學) 국가 경영에 관한 글을 저술하였으니, 기특하도다."

재위 18년 (1794년, 43세)

> "현륭원에 갔다가 돌아올 적에는 언제나
> 나의 발걸음이 나도 모르게 더더지고 배양재(陪養峙)를
> 지나 이 고개에 이르면 걸로 고개를 들고 서성거리게 된다."

정조실록 18/1/15

18/1/24	교서관에서 활자로 찍은 삼경과 사서를 바침(정유자).
18/2/28	화성 성역 개시.
18/4/2	경기 감사 서용보, 과천 지역이 고갯길 험하고 다리가 많은 반면 금천 길은 지대가 평평하고 거리도 비슷하다고 함(금천에 행궁 짓게 함).
18/4/7	초계문신의 성적을 점검하는 강제문신추절목(講製文臣追節目) 마련함.
18/4/10	은언군(철종의 조부) 해후. 왕대비의 단식과 사제 거둥 위협, 왕의 협상안(사사로운 정을 공법 밖에서 펴자), 김희 등의 반대, 왕의 "권도와 경도"(최명길의 예).
18/6/3	월송만호 한창국의 울릉도 여행기.
18/6/28	『무원록언해』 인쇄 반포.
18/8/6	노비법(궁궐 관청 소속 노비 폐지 문제) 논쟁.
18/8/27	대마도주 평의공의 편지.
18/9/5	좌의정 김이소, 같은 노론의 김종수 비판(노론 내부의 갈등).
18/10/9	남인 이가환을 성균관 대사성에 임명(탕평 인사).
18/10/29	홍양호에게 패관류(稗官類)의 소품 사 오지 말라

고 지시(문체반정의 일환).

18/11/1 수원 화성 공사 정지 윤음.

18/12/20 노론 심환지를 이조 참판으로 삼음(탕평 인사).

재위 19년 (1795년, 44세)

"오늘날의 급선무로는 지금의 규정을 가지고
지금의 습속을 변화시키는 것이다(以今之規 變今之俗). (⋯⋯)
한 시대의 이목(耳目)을 새롭게 하여(新一代耳目) 10년 동안
누적되어 온 풍습을 변화시켜 보려고 한다(變十年風習)."

정조실록 19/2/2

19/1/7 홍대협, 연풍 현감 김홍도의 다스리지 못한 죄 탄핵.

19/1/11 첨지 권유(노론 벽파, 김종수 계열), 왕의 측근인 정
동준 죄 폭로.

19/1/17 사도세자에게 존호("기명(基命)").

19/2/4 연경 갔다가 돌아오던 박종악(1735~ , 금성위 박명
원의 조카) 사망.

19/2/9 혜경궁을 모시고 현륭원 행차. 회갑연.

19/8/2 노론의 이의필, 이가환 무리 처벌 주장. 이의필을
단천부에 유배.

19/8/18 수어청 혁파, 광주부(廣州府) 승격시켜 유수를 둠
(군사 분야의 경장).

19/8/24 창원 안핵어사 유경, 이여절의 폭정 보고.

19/9/14 『충무공 이순신 전서』 발간.

19/10/12 이조 판서 심환지(노론), 허적(남인) 관직 복구 취

소 요구.

19/10/22 좌의정 유언호, 왕의 독단과 금령 설치를 비판.

19/11/24 첨지 양주익(세종 때의 집현전 학사 양성지의 방손
(傍孫))의 탕평론.

19/12/16 채제공을 좌의정으로, 윤시동을 우의정에 임명(탕
평 내각 회복). 이해에 이덕무의 『청장관전서』 간행.

국외

1월 청나라, 건륭제 퇴위, 가경제(인종) 즉위.

재위 20년 (1796년, 45세)

"언로가 진정으로 넓게 열려 있다면 어찌
참소하는 말이 있겠는가. 대부분 남을 헐뜯는 말 아니면
모함하는 말이다. (······) 이에 화타(華陀)와 편작(扁鵲)이
밖으로 나타나는 증상만을 치료하던 의술을 모방하여
대증 요법(對證療法)으로 투약하듯 하고 있다. (······)
서로 화합할 수 있는 가능성이 까마득하기만 하다."

정조실록 20/10/13

20/2/18 규장각 제학 심환지, 은언군 만나는 정조 비판.

20/3/22 훈련대장 이주국, 향군 상번 규정 혁파 주장(10만
양병).

20/8/19 수원 화성 완성(둘레 4400보).

20/10/3 정조의 자식 자랑과 자기 자랑.

20/11/8 김인후 문묘 종사 의식. "참된 유자", "해동의 염

재위 21년 (1797년, 46세)

"책을 많이 읽으려고 할 게 아니라 컬일하고
치밀하게(專精) 읽어야 한다. 신기한 것을 보려고
애쓸 게 아니라 평상(平常)적인 것을 보아야 한다.
컬일하고 치밀하게 읽다 보면 컬로 환히 깨닫는 곳이
있고(專精之中 自有豁處), 평상적인 내용 중에 자연히
오묘한 부분이 들어 있다(平常之中 自有妙處)."

정조, 『홍재전서』 164권 『일득록』 4

21/1/1	향약과 향음주례의 필요성 강조(정조가 꿈꾸는 이상 정치).
21/2/18	'조정자' 윤시동(1729~) 사망.
21/5/10	유언비어('동래에 왜선 한 척이 무기 가득 싣고 정박 중') 퍼뜨린 자 효시.
21/6/21	승지 정약용, 서학 문제로 사직 상소(「자명소(自明疏)」).
21/6/24	이병모, 정약용 비판하며 파직 요구.
21/7/18	아전의 권세("고을에 현감이 셋", 수령 1인, 아전 2인).
21/10/20	정조의 개탄. "정치를 해도 날로 기대처럼 되지 않고 교화 역시 뜻한 대로 되지 않아 어제가 그제만 못하고 오늘이 어제만 못하다." 이해 이긍익, 『연려실기술』 59권 9책 지음.

재위 22년 (1798년, 47세)

"근래에 와서 다행히도 태극·음양·오행의 이치를
깨닫게 되었고 또 사람은 각자 생김새대로 이용해야 한다는
이치도 터득했다. 그리하여 대들보감은 대들보로,
기둥감은 기둥으로, 오리는 오리대로, 학은 학대로
살게 하여 그 천태만상을 나는 그에 맞추어 필요한 데
이용만 할 뿐이다. 오로지 그의 단점은 버리고 장점만 취하며,
잘하는 것은 드러내고 못하는 것은 숨겨 줄 따름이다."

『홍재전서』 10권, 『서인』 4 「만천명월주인옹 자서」

22/1/11	정조의 백성관. "백성이란 지극히 어리석으면서도 신명한 것이다(蚩蚩至愚而神). 내 마음에 흡족하지 못한 것은 곧 백성의 뜻에도 만족하지 못할 것이니, 어찌 두려워할 것이 아니겠는가."
22/1/17	남인 채제공과 노론 이병모의 대결.
22/3/16	정조, 호조 판서 김화진에게 돈 두께가 시대상 반영한다고 함.(나쁜 시대일수록 얇음.)
22/3/18	장용영 설치(좋은 취지). 중간 담당자(아전)의 왜곡. 원망의 소리(나쁜 결과).
22/3/24	이주국(1721~) 사망.
22/4/18	정조의 노비관. "노비도 또한 백성이다."
22/5/2	전황으로 주전(鑄錢) 문제 논의.
22/5/12	정조, "왕 혼자 1000칸 창고 지킨다." 개탄.
22/6/1	채제공의 사직 상소, 수락(2일).
22/6/5	정조의 백성관. "워낙 어리석어 함께 일 시작을 도모할 수 없다."

22/8/26	헌납 임장원, 잔폐한 민정에 대비되는 수원 화성의 화려한 경관 비판.(왕이 초심 잃고 무사안일에 빠져 있음.)
22/8/28	심환지를 우의정으로, 이병모를 좌의정으로 삼음.
22/11/30	농사에 관한 구언전지. 이우형의 수차(水車) 제도.
22/12/13	균역법의 좋은 취지가 왜곡되는 이유(사대부의 면세, 아전 농간).
22/12/20	"음관 수령이 일 잘한다."(과거 합격이 업무 수행 능력과 무관함.)
22/12/30	전국 인구 741만 2686명.

재위 23년 (1799년, 48세)

**"일에서 완벽하기를 요구하지 말고,
말을 다 하려고 하지 말라(事不要做到十分 言不要說十分)."**

정조, 『홍재전서』 161권 『일득록』 1

23/1/7	김종수(1728~) 사망.
23/1/18	채제공(1720~) 사망.
1월	전국적 전염병 만연, 12만 8000여 명 사망.
23/3/24	화완옹주 석방(친인척 문제로 에너지 소모).
3월	박지원, 『과농소초』 지어 올림.
23/7/10	정조의 시력과 지병. 처음으로 안경 착용.
12월	규장각, 『홍재전서』 간행.

국외

| 1월 | 청나라, 건륭제(1711~) 사망.

재위 24년 (1800년, 49세)

"『서경』에 '오직 임금만이 극을 만든다(惟皇作極).'라고
하지 않았던가. 위에서는 극을 세우고 밑에서는 그 극을
돕는 것인데 극이란 용마루(屋極), 북극(北極)과 같은 말이다.
용마루가 일단 세워져야 문지도리, 문기둥, 문빗장,
문설주 등이 각기 제자리에 들어서고 북극이 그 자리에
자리 잡고 있어야 수많은 별이 에워싸고 돌아가는 것이다."

정조실록 24/6/16

24/1/1	왕세자 책봉.
24/1/17	마지막 현륭원 행행(行幸).
24/2/5	정조의 숨은 계획. "잠시 기다리라."
24/2/26	세자빈 간택(김조순의 딸 "군계일학").
24/3/10	'나라 살림꾼' 정민시(1745~) 사망.
24/3/21	과거 열풍(문과 11만 1838명, 무과 3만 5891명, 총 14만 7729명 하루에 과거 시험 응시).
24/4/15	정조의 낙망과 권태로움.
24/5/30	오회연교(五晦筵敎, 의리 탕평 실시, 8년 주기로 홍국영, 김종수, 채제공 등용).
24/6/10	정조의 몸에 종기.
24/6/16	'용마루론' 주장. "숨은 세력 자수하라."
24/6/28	창경궁 영춘헌으로 이동 후 훙(薨).

3월   일본, 창평판(昌平坂) 학문소(동경대 전신) 개설.

11월   미국, 제퍼슨 대통령 당선.

1차 자료

1. 사서(史書)류

『태조실록』, 『세종실록』, 『숙종실록』, 『영조실록』, 『정조실록』, 『순조실록』, 『승정원일기』, 『일성록』

2. 문집(文集)류

『심리록(審理錄)』(정조), 『홍재전서(弘齋全書)』(정조), 『정조어찰첩(正祖御札帖)』(정조), 『경세유표(經世遺表)』(정약용), 『목민심서(牧民心書)』(정약용), 『반계수록(磻溪隧錄)』(유형원), 『성호사설(星湖僿說)』(이익), 『택리지(擇里志)』(이중환), 『북학의(北學議)』(박제가), 『한중록(閑中錄)』(혜경궁 홍씨), 『몽오집(夢梧集)』(김종수), 『번암집(樊巖集)』(채제공), 『천주실의(天主實義)』(마테오 리치)

2차 자료

1. 단행본

강만길, 『조선 후기 상업 자본의 발달』(고려대학교출판부, 1993).

강명관, 「문체와 국가 장치: 정조의 문체반정을 둘러싼 사건들」, 안대회 엮음, 『조선 후기 소품문의 실체』(태학사, 2003).

강혜선, 『정조의 시문집 편찬』(문헌과 해석사, 2000).

경기문화재단, 『화성성역의궤 국역증보판』 상, 하(경기문화재단, 2005).

고동환, 『조선 후기 서울 상업 발달사 연구』(지식산업사, 1998).

권연웅, 「심리록의 기초적 검토: 정조 대의 사회 판결」, 이기백선생고희기념 한국사학논총간행위원회 엮음, 『한국사학논총: 이기백 선생 고희 기념』 하(일조각, 1994).

김문식, 『정조의 경학과 주자학』(문헌과해석사, 2000).

──, 『정조의 제왕학』(태학사, 2007).

──, 『조선 후기 지식인의 대외 인식』(새문사, 2009).

김백철, 『조선 후기 영조의 탕평 정치』(태학사, 2010).

김봉렬, 『김봉렬의 한국 건축 이야기 1: 시대를 담는 그릇』(돌베개, 2006).

김성윤, 『조선 후기 탕평 정치 연구』(지식산업사, 1998).

김준혁, 『이산 정조, 꿈의 도시 화성을 세우다』(여유당, 2008).

김태준, 박희병 교주, 『증보 조선 소설사』(한길사, 1990).

김태형, 『심리학자, 정조의 마음을 분석하다』(역사의 아침, 2009).

김해영, 『철학자, 정조의 효치를 분석하다』(안티쿠스, 2012).

김호, 『원통함을 없게 하라: 조선의 법의학과 무원록의 세계』(프로네시스, 2006).

김홍우, 「정조조의 천주학 비판」, 김영국 외, 『한국 정치사상』(박영사, 1991).

――――, 『현상학과 정치 철학』(문학과지성사, 1999).

달레, 샤를르, 최석우 외 옮김, 『한국 천주교회사』(한국교회사연구소, 1987).

류, 제임스, 이범학 옮김, 『왕안석과 개혁 정책』(지식산업사, 1991).

매슬로, 에이브러햄, 오혜경 옮김, 『동기와 성격』(21세기북스, 2009).

미야케 히데토시, 조학윤 옮김, 『근세 일본과 조선통신사』(경인문화사, 1994).

박광용, 「조선 후기 당쟁과 정치 운영론의 변천」, 한국정신문화연구원 역사연구실 엮음, 『조선 후기 당쟁의 종합적 검토』(한국정신문화연구원, 1992).

――――, 「진보적 개혁을 꿈꾸면서 보수적 개혁을 추진한 정조」, 역사문제연구소 엮음, 『실패한 개혁의 역사』(역사비평사, 1997).

――――, 『영조와 정조의 나라』(푸른역사, 1998).

――――, 「유교 본질 정치의 두 가지 길: 정조와 김종수」, 박광용 외, 『역사의 길목에 선 31인의 선택』(푸른역사, 1999).

박병호, 「국역 심리록 해제」, 정조, 박찬수·김기빈 옮김, 『국역 심리록』 1(민족문화추진회, 1998).

박영규, 『조선의 왕실과 외척』(김영사, 2003).

박제가, 안대회 옮김, 『궁핍한 날의 벗』(태학사, 2000).

박현모, 『정치가 정조』(푸른역사, 2001).

──, 『세종의 수성(守成) 리더십』(삼성경제연구소, 2006).

박훈, 『메이지 유신은 어떻게 가능했는가』(민음사, 2014).

베이커, 도널드, 김세윤 옮김, 『조선 후기 유교와 천주교의 대립』(일조 각, 1997).

손정목, 『조선 시대 도시 사회 연구』(일지사, 1988).

송지원, 『정조의 음악 정책』(태학사, 2007).

송찬식, 『조선 후기 사회 경제사의 연구』(일조각, 1997).

신복룡, 「천주학의 전래와 조선조 지식인의 고뇌: 마테오 리치를 유념 하면서」, 『한국 정치사상사』(나남, 1997).

신병주, 『66세의 영조, 15세 신부를 맞이하다』(효형출판, 2001).

아이작슨, 월터, 안진환 옮김, 『스티브 잡스』(민음사, 2011).

유봉학, 『조선 후기 학계와 지식인』(신구문화사, 1998).

육사 한국군사연구실, 『한국 군제사: 근세 조선 전기편』(육군본부, 1968).

윤정구, 『진성리더십』(라온북스, 2015).

이동환, 「조선 후기 문학 사상과 문체의 변이」, 이동환 엮음, 『한국 문 학 연구 입문』(지식산업사, 1982).

이상익, 『유가 사회 철학 연구』(심산, 2001).

이수건, 「조선 후기 '영남'과 '경남'의 제휴」, 벽사이우성교수정년퇴직 기념논총간행위원회 엮음, 『민족사의 전개와 그 문화: 벽사 이우 성 교수 정년퇴직 기념 논총』 하(창작과 비평사, 1990).

이시이 도시오, 「후기 이조 당쟁사에 대한 일고찰」, 홍순민 옮김, 이 태진 엮음, 『조선 시대 정치사의 재조명』(범조사, 1985).

이원순, 『조선 서학사 연구』(일지사, 1986).

이은순, 『조선 후기 당쟁사 연구』(일조각, 1990).

이태진, 『조선 후기의 정치와 군영제 변천』(한국연구원, 1985).

――――, 「정조의 '대학' 탐구와 새로운 군주론」, 성대경 엮음, 『이회재 의 사상과 그 세계』(성균관대학교출판부, 1992).

――――, 『왕조의 유산』(지식산업사, 1994).

임미선 외, 『정조 대의 예술과 과학』(문헌과 해석사, 2000).

정경원, 『디자인 경영』(안그라픽스, 2006).

정만조, 「조선 시대 붕당론의 전개와 그 성격」, 한국정신문화연구원 역사연구실 엮음, 『조선 후기 당쟁의 종합적 검토』(한국정신문화연구 원, 1992).

정석종, 『조선 후기의 정치와 사상』(한길사, 1994).

정약용, 『정본 여유당전서』 4(다산학술문화재단, 2012).

――――, 이익성 옮김, 『경세유표』 1, 2, 3(한길사, 1997).

――――, 박석무 옮김, 『다산산문선』(창비, 2013).

정옥자, 『조선 후기 조선 중화 사상 연구』(일지사, 1998).

――――, 『조선 후기 문화 운동사』(일조각, 1997).

정옥자 외, 『정조 시대의 사상과 문화』(돌베개, 1999).

정조, 백승호 외 옮김, 『정조어찰첩(正祖御札帖)』(성균관대학교 출판부, 2009).

――――, 선종순 외 옮김, 『국역 심리록(審理錄)』 1~5(민족문화추진회, 1998~2006).

진영첩, 표정훈 옮김, 『주자강의』(푸른역사, 2001).

최봉영, 「임오화변과 영조 말·정조 초의 정치 세력」, 한국정신문화연구원 역사연구실 엮음,『조선 후기 당쟁의 종합적 검토』(한국정신문화연구원, 1992).

최의창,『가지 않은 길: 인문적 스포츠 교육론 서설』(레인보우북스, 2015).

한상권,『조선 후기 사회와 소원 제도』(일조각, 1996).

_____,「영조·정조의 새로운 상업관과 서울 상업 정책」, 이태진 외,『서울 상업사』(태학사, 2000).

한영우,『나시 읽는 우리 역사』(경세원, 1997).

_____,『정조의 화성 행차 28일』(효형출판, 1999).

호광, 윤용남 외 옮김,『완역 성리대전』1(학고방, 2018).

혜경궁 홍씨, 정병설 옮김,『한중록』(문학동네, 2010).

幣原坦,『朝鮮政爭志』(東京: 三省堂, 1907).

Aristotle, *Politics* Book 3(London: Oxford University Press, 1952).

Farr, M., *Design Management*(London: Hodder and Stoughton, 1966).

Machiavelli, N., G. Bull(trans.), *The Prince*(New York: Penguin Books, 1995).

_____, *Discourses on Livy*(New York: Oxford University Press, 1997).

Palais, J. B., *Politics and Policy in Traditional Korea*(Cam.: Harvard University Press, 1975).

_____, *Confucian Statecraft and Korean Institutions: Yu Hyongwon and the Late Choson Dynasty*(Seattle: Univ. of Washington Press, 1996).

Plato, "Gorgias", "Protagoras", "Republic", E. Hamilton & H. Cairns(eds.), *Plato: The Collected Dialogues*(Princeton, New Jersey: Princeton

Univ. Press, 1961).

2. 논문

강광식, 「정파 정치와 관련한 조선조의 유교 정치 문화: 사화와 당쟁의 정치 문화 비교 분석」, 《한국의 정치와 경제》 3(1993).

강만길, 「조선 후기 상업 자본의 성장: 경시전·송상 등의 도고 상업을 중심으로」, 《한국사 연구》 1(1968).

고동환, 「18세기 서울에서의 어물 유통 구조」, 『한국사론』 28(1992).

금장태, 「조선 후기 유학·서학 간의 교리 논쟁과 사상적 성격」, 《교회사연구》 2(1979).

김동철, 「채제공의 경제 정책에 관한 고찰: 특히 신해통공 발매론을 중심으로」, 《부대사학》 4(1980).

김문식, 「19세기 전반 경기 학인의 경학사상과 경세론」(서울대학교 박사 학위 논문, 1995).

———, 「조선 후기 지식인의 자아 인식과 타자 인식: 대청 교섭을 중심으로」, 《대동문화연구》 39(2001).

김성윤, 「정조 시대의 문반직 운영과 정치 구도의 변화」, 《부대사학》 19(1995).

———, 「조선 후기 정조의 탕평 정치 연구」(부산대학교 박사 학위 논문, 1996).

김문식, 「18세기 후반 서울 학인의 청학(淸學) 인식과 청 문물 도입론」, 《규장각》 17(1994).

김성진, 「조선 후기 소품체 산문 연구」(부산대학교 박사 학위 논문, 1991).

김영호, 「조선 후기에 있어서 도시 상업의 새로운 전개」, 《한국사연구》 2(1968).

김준석, 「조선 후기 국가 재조론의 대두와 그 전망」(연세대학교 박사 학위 논문, 1990).

김준혁, 「조선 정조 대 장용영 연구」(중앙대학교 박사 학위 논문, 2007).

김호, 「정조 대의 의료 정책」, 《한국학보》 82(1996).

박광용, 「탕평론과 정국의 변화」, 《한국사론》 10(1984).

_____, 「정조년간 시벽 당쟁론에 대한 검토」, 《한국문화》 11(1990).

_____, 「19세기 전반의 정치사상」, 《국사관논총》 40(1992).

_____, 「조선 후기 '탕평' 연구」(서울대학교 박사 학위 논문, 1994).

박현모, 「정조의 성왕론과 경장 정책에 관한 연구」(서울대학교 박사 학위 논문, 1999).

_____, 「정조의 정치 현실 인식과 권도론」, 《한국학보》 97(1999).

_____, 「정조의 탕평 정치 연구: 성왕론의 이념과 한계」, 《한국정치학회보》 34집 1호(2000).

배우성, 「정조 연간 무반 군영 대장과 군영 정책」, 《한국사론》 24(1991).

변광석, 「18세기 평시서의 시전 운영과 시전 체계의 변질」, 《부대사학》 17(1993).

설석규, 「규장각 연구: 정조 대의 정국과 관련하여」 상, 《대구사학》 29(1986).

_____, 「정조의 정치 운영론」, 《조선사 연구》 1(1992).

_____, 「16~18세기 유소와 공론 정치」(경북대학교 박사 학위 논문, 1994).

손태수, 「『한중록』과 『붉은 왕세자빈』에 나타난 분화 횡단성 연구: 사도세자의 죽음을 중심으로 한 심층 심리학적 고찰」, 《정신문화연구》 110(2008).

신복룡, 「당쟁과 식민지 사학」, 《한국정치학회보》 24 특별호(1991).

신양선, 「채제공의 사회경제사상에 관한 고찰」, 《경주사학》 7(1988).

심재우, 「심리록 연구: 정조 대 사형 범죄 처벌과 사회 통제의 변화」 (서울대학교 박사 학위 논문, 2005).

─────, 「18세기 후반 범죄의 통계적 분석: 『심리록』을 중심으로」, 《법사학연구》 32(2005년 10월).

안대회, 「18·19세기 주거 문화와 상상의 정원: 조선 후기 산문가의 기문(記文)을 중심으로」, 《진단학보》 97(2004).

안외순, 「정약용의 사상에 나타난 서학과 유학의 만남과 갈등」, 《정치사상연구》 2(2000).

안재순, 「한국 근대사에 있어서 정조의 통치 철학에 관한 연구: 그 전통성과 개방성을 중심으로」(성균관대학교 박사 학위 논문, 1990).

오석원, 「유가의 권도와 상도에 관한 연구」, 《동양학》 27(1997).

유봉학, 「18세기 남인의 분열과 기호 남인 학통의 성립」, 《한신대논문집》 1(1983).

─────, 「18·9세기 노론 학계와 산림」, 《한신대논문집》 3(1986).

─────, 「18·9세기 대명 의리관과 대청 의식의 추이」, 《한신대논문집》 5(1988).

이세영, 「18·19세기 곡물 시장의 형성과 유통 구조의 변동」, 《한국사론》 9(1985).

이수건, 「정조조의 영남만인소」, 《교남사학》 창간호(1986).

이재호, 「탕평 정책의 본질고」 상, 《부산대논문집》 31(1981).

──────, 「탕평 정책의 본질고」 중, 《부산사학》 6(1982).

──────, 「탕평 정책의 본질고」 하, 《부산대인문논총》 24(1983).

이종주, 「북학과 산문 문체 의식의 성격」, 《진단학보》 70(1990).

이지은, 「역사문화환경 보전 사업에 대한 프로젝트 관리 적용 평가
     연구」(경원대학교 석사 학위 논문, 2012).

이태진, 「조선 왕조의 유교 정치와 왕권」, 《한국사론》 23(1990).

──────, 「정조: 유교적 계몽 절대 군주」, 《한국사시민강좌》 13(1993).

전미희, 「냉수비·봉평비에 보이는 신라 6부의 성격」, 《한국고대사연
     구》 17(2000).

정순옥, 「정조의 법의식: 《심리록》 판부를 중심으로」, 《역사학연구》
     21(2003).

정옥자, 「정조의 초계문신 교육과 문체 정책」, 《규장각》 6(1982).

──────, 「정조의 교화 사상」, 《규장각》 19(1996).

조성윤, 「조선 후기 서울 지역 중인 세력의 성장과 한계」, 《역사비평》
     21(1993).

최의창, 「학교 체육 수업을 통한 정의적 영역의 교육: 통합적 접근의
     가능성 탐색」, 《체육과학연구》 22권 2호 (한국스포츠개발원, 2011).

하우봉, 「일본과의 관계」, 《한국사》 22(1995).

Park, Young Min, *Finding the Future of Project Management from Hwaseong
     Fortress*(Anchorage: University of Alaska Anchorage, 2008).

정조 평전

1판 1쇄 펴냄 2018년 11월 30일
1판 3쇄 펴냄 2022년 1월 19일

지은이 박현모
발행인 박근섭 · 박상준
펴낸곳 (주)민음사

출판등록 1966. 5. 19. 제16-490호
주소   서울특별시 강남구 도산대로1길 62(신사동) 강남출판문화센터 5층
          (우편번호 06027)
대표전화 02-515-2000 | 팩시밀리 02-515-2007
홈페이지 www.minumsa.com

* 잘못 만들어진 책은 구입처에서 교환해 드립니다.